世界级制造业创新生态系统知识优势研究

赵长轶 著

国家社会科学基金项目（批准号：18BGL032）资助

科学出版社

北京

内 容 简 介

通过梳理国内外相关文献和理论，本书科学界定了世界级先进制造业创新生态系统及其知识优势，分析了世界级先进制造业创新生态系统知识优势的类型和来源；结合先进制造业创新生态系统的实证研究和案例分析，通过研究知识优势的形成过程、演化阶段、影响因素、评价体系，探析了先进制造业创新生态系统知识优势的形成机理；基于先进制造业创新生态系统知识优势的形成机理，结合世界级先进制造业创新生态系统相关政策的收集和分析，探索了世界级先进制造业创新生态系统的培育政策。

本书具有较强的理论创新价值和现实指导意义，适合对本主题感兴趣的学者、政府部门工作者、企业管理者、学生等各类人士阅读。

图书在版编目（CIP）数据

世界级制造业创新生态系统知识优势研究 / 赵长轶著. —北京：科学出版社，2024.3

ISBN 978-7-03-075262-8

Ⅰ. ①世… Ⅱ. ①赵… Ⅲ. ①制造工业 - 工业发展 - 研究 - 世界 Ⅳ. ①F416.4

中国国家版本馆CIP数据核字（2023）第050092号

责任编辑：郝 悦 / 责任校对：姜丽策
责任印制：张 伟 / 封面设计：有道设计

科学出版社 出版
北京东黄城根北街16号
邮政编码：100717
http://www.sciencep.com

北京中科印刷有限公司印刷
科学出版社发行 各地新华书店经销

*

2024年3月第 一 版 开本：720×1000 B5
2024年3月第一次印刷 印张：16 1/4
字数：327000

定价：168.00元
（如有印装质量问题，我社负责调换）

目　　录

第一章　绪　　论

制造业①是立国之本,我国已是世界第一制造大国,但大而不强,缺乏创新驱动发展的能力是问题的根源所在。为此,党的十九大和2017年中央经济工作会议对制造业的发展做出了重要部署——"培育若干世界级先进制造业集群"②,推进"制造大国向制造强国转变"③。十九届五中全会也将打造先进制造业集群纳入我国"十四五"期间重点建设内容。党的二十大报告提出,"坚持把发展经济的着力点放在实体经济上,推进新型工业化,加快建设制造强国、质量强国、航天强国、交通强国、网络强国、数字中国","推动制造业高端化、智能化、绿色化发展"④。在"互联网+"、大数据和知识迭代加速背景下,制造业创新范式从"线性"向"非线性"转变,创新源的配置格局已发生深刻变化,只有积极寻求产业创新要素间紧密联系的新途径,发展培育世界级先进制造业创新生态系统,才能抢占未来全球高端制造业的领先地位。世界级先进制造业创新生态系统的构建,就是要形成其他体系难以破解、模仿、超越或破坏的知识优势,提升产业创新绩效,最终实现产业创新生态系统的价值增值。因此,研究世界级先进制造业创新生态系统知识优势形成机理与培育政策迫在眉睫。

此外,本书还具有独到的学术价值和应用价值。在学术价值方面:首先,丰富和完善了世界级先进制造业创新生态系统及其知识优势的理论内涵,系统梳理了相关理论,提炼出世界级先进制造业创新生态系统及其知识优势的科学内涵。其次,丰富和发展了产业创新生态系统理论,结合制造业的特征,从知识管理的视角系统研究制造业创新生态系统的知识优势问题,既将产业创新生态系统的研

---

① 本书的"制造业"特指"先进制造业"。

② 习近平. 决胜全面建成小康社会 夺取新时代中国特色社会主义伟大胜利——在中国共产党第十九次全国代表大会上的报告[EB/OL]. https://www.gov.cn/zhuanti/2017-10/27/content_5234876.htm, 2017-10-27.

③ 中央经济工作会议在北京举行[EB/OL]. https://www.gov.cn/xinwen/2017-12/20/content_5248899.htm, 2017-12-20.

④ 习近平. 高举中国特色社会主义伟大旗帜 为全面建设社会主义现代化国家而团结奋斗——在中国共产党第二十次全国代表大会上的报告[EB/OL]. https://www.gov.cn/xinwen/2022-10/25/content_5721685.htm, 2022-10-25.

究拓展到制造业领域，又从知识管理视角拓展了产业创新生态系统管理理论体系的研究。最后，丰富和完善了组织间知识优势理论，从产业创新生态系统的视角，探讨其知识优势的形成机理，拓宽了知识优势理论的研究视角和内容。在应用价值方面：第一，有利于提升我国制造业创新能力。研究制造业创新生态系统知识优势形成机理，为系统内企业迅速形成、巩固和拓展知识优势提供新思路，能有效提高系统内企业知识管理水平和产业创新成功率，对推动我国制造业创新生态系统良性发展具有重要的指导意义。第二，有利于指导我国培育若干世界级先进制造业创新生态系统，为政府制定培育政策提供科学依据和决策支撑。

具体而言，本书的创新性主要体现在以下四方面。第一，研究视角创新。本书将当前知识优势的研究对象扩展到先进制造业创新生态系统这一新兴组织结构，具有一定的理论前沿性和现实针对性。第二，研究理论创新。本书通过研究制造业创新生态系统的功能结构，将知识优势分为客户与市场知识优势、产业链整合知识优势、产学研合作知识优势三类，提高了知识优势的可观测性和可预见性，建立了一套适用于先进制造业创新生态系统的知识优势理论体系，有助于完善知识优势的理论研究；提出了先进制造业创新生态系统知识优势的"点—链—网"演化逻辑，将研究从较多关注某一知识优势的生命周期性，扩展到关注不同类型知识优势的遗传、衍生、变异、选择等进化机制，以及多个类型知识优势的混沌网络特性，有助于拓展知识优势演化的研究。第三，研究方法创新。本书建立了制造业创新生态系统知识优势评价指标体系，并基于主客观组合赋权和模糊综合评价法构建了先进制造业创新生态系统知识优势评价模型，以科学衡量制造业创新生态系统知识优势的整体水平，发现导致系统知识优势不佳的相关因素。该指标体系及评价模型为知识绩效管理提供了新思路，是创新知识优势评价体系研究方法的一次有益尝试。第四，应用实践创新。本书通过研究先进制造业创新生态系统知识优势及其影响因素，提出了"网络嵌入—知识整合—政府支持—先进制造业创新生态系统知识优势"的理论模型，构建了先进制造业创新生态系统培育政策框架，为先进制造业创新生态系统强化知识管理实践提供了理论基础。

第二章 文 献 综 述

世界级先进制造业创新生态系统知识优势形成机理与培育政策是一个多领域交叉融合的研究，既包括产业创新生态系统，也包括知识优势，还包括制造业创新及世界级集群。接下来将分别从这四个领域对既有研究进行综述，为本书提供坚实的理论基础。

第一节 产业创新生态系统

自"创新"由经济学家熊彼特（Schumpeter）于1912年提出以来，关于创新理论的研究经历了由简单到复杂的演变过程。创新生态系统理论的提出体现了创新研究范式由关注系统中要素特征及要素构成转向关注要素之间、要素与系统、系统与环境之间共生演化的动态过程[①]。根据研究层次的差异，学者们将创新生态系统分为区域创新生态系统、产业创新生态系统、企业创新生态系统。根据系统功能的差异，学者们又将创新生态系统分为知识创新生态系统和商业创新生态系统。本章将从概念、构成要素与评价、价值创造与获取、特定产业情景、数字化与产业创新生态系统四方面对产业创新生态系统的研究进行综述。

一、概念、构成要素与评价

（一）创新生态系统

创新生态系统是从生态仿生学角度研究创新系统的价值耦合。1985年，

---

① 胡曙虹，黄丽，杜德斌.全球科技创新中心建构的实践：基于三螺旋和创新生态系统视角的分析：以硅谷为例[J]. 上海经济研究，2016，（3）：21-28.

Lundvall[1]率先提出"创新系统"(system of innovation)的概念。1987年,Freeman[2]提出了"国家创新系统"(national innovation system)的概念。1996年,Cooke等[3]提出了"区域创新系统"(regional innovation systems)的概念。Malerba认为创新生态系统可以使产业间形成联系,促进技术进步,提出了"产业创新系统"和"集群创新系统"等概念[4]。从20世纪90年代初开始,很多学者在研究创新生态系统的过程中从产业的角度入手,针对某些产业进行了深入研究。1993年,Moore从战略管理角度提出了"商业生态系统"概念[5],为今后产业生态系统的相关研究提供了新思路。2004年,美国政府定义了"创新生态系统",提出创新应被看作经济和社会之间连续不断的、多方面相互作用的一个生态系统,而不是一个机械的或线性的过程[6]。随着创新模式从传统线性创新1.0到耦合交互创新2.0,再到迈向创新生态系统3.0,创新生态系统研究日益受到学术界重视[7]。科技创新的飞速发展,促使以创新生态系统为代表的跨边界合作模式逐渐超越了单个企业或市场的范畴,创新的范围、组织和行为模式等已发生根本性变化。开放式创新理论最早由Chesbrough于2003年提出,他认为创新活动的边界在开放环境下逐渐消融[8]。Gloor指出,未来形成竞争优势的关键是基于平台的创新网络[9]。

(二)产业创新生态系统的定义和特征

产业生态系统最早由Frosch和Gallopoulos提出,他们认为经济活动是一种与自然生态体相类似的循环体系,两者中都有相互依赖的生产者、消费者和规划机

① Lundvall B-A. Product Innovation and User-Producer Interaction[M]. Aalborg:Aalborg University Press,1985.

② Freeman C. Technology Policy and Economic Performance:Lessons from Japan[M]. Lond and New York:Frances Printer Publishers,1987.

③ Cooke P N,Heidenreieh M H,Braczyk H J. Regional Innovation Systems:The Role of Governance in a Globalized World[M]. London:UCL Press,1996.

④ Malerba F. Sectoral systems of innovation and production[J]. Research Policy,2002,(31):247-264.

⑤ Moore J F. Predators and prey:a new ecology of competition[J]. Harvard Business Review,1993,71(3):75-83.

⑥ Deborah Wince-Smith. Innovate America:thriving in a world of challenge and change[R]. Washington D.C:National Competitiveness for um(NcF),2005.

⑦ 赵长轶,王莹. 我国高技术产业生态位评价研究:基于省际面板数据的实证研究[J]. 决策咨询,2021,(2):56-63.

⑧ Chesbrough H W. Open Innovation:The New Imperative for Creating and Profiting from Technology[M]. Boston:Harvard Business Shool Press,2003.

⑨ Gloor P A. Swarm Creativity Competitive Advantage Through Collaborative Innovation Networks[M]. New York:Oxford University Press,2006.

构等角色[1]。Fransman提出产业创新生态系统的构成要素主要包括产业体系、硬件、软件、创新型人才及外部环境这五个[2]。Ruth和Davidsdottir认为产业生态系统的目标是充分利用生产过程中产生的各种副产品,实现产业和环境的和谐[3]。Xu等认为创新生态系统有两个核心属性——集成价值链和交互式网络[4]。Cohendet等认为创新生态系统是由知识在系统中的流动创造的[5]。余凌和杨悦儿对产业技术创新生态系统的平衡性与稳定性进行研究,将其分为核心与营养两个子系统[6]。汪志波认为产业技术创新生态系统作为综合性系统,其中,众多要素是密切配合、协调互动的,包括企业、科研机构、政府及产业发展的技术条件、科技政策等要素[7]。林婷婷提出产业技术创新生态系统由技术创新群落与外界环境组成,通过物质、信息、能量间流动构成一体化依存关系,兼具动态性、整体性、生态性、复杂性、开放性和耗散结构特征[8]。伍春来等认为,理解产业创新生态系统应同时考虑产业内部不同技术创新生态系统之间的竞合关系[9]。何向武等指出产业创新生态系统具有自组织、学习与发展功能,由内部环境子系统、外部环境子系统和创新群落子系统构成[10]。郭燕青等基于系统成分和系统关系两个维度对产业创新生态系统进行了研究[11]。孙源认为产业创新生态系统是相互联结的创新群落,是通过产业体系内创新资源的相互作用构成的共存共生、动态演化的系统[12]。牛媛媛和王天明认为产业创新生态系统是一个不断发展的社区,承担着共享技术和

① Frosch R A, Gallopoulos N E. Strategies for manufacturing[J]. Scientific American, 1989, 261(3): 144-152.

② Fransman M. Innovation in the new ICT ecosystem[J]. Communications & Strategies, 2008, 68(4): 89-109.

③ Ruth M, Davidsdottir B. The Dynamics of Regions and Networks in Industrial Ecosystems[M]. Northampton: Edward Elgar, 2009.

④ Xu G N, Wu Y C, Minshall T, et al. Exploring innovation ecosystems across science, technology, and business: a case of 3D printing in China[J]. Technological Forecasting and Social Change, 2018, 136: 208-221.

⑤ Cohendet P, Simon L, Mehouachi C. From business ecosystems to ecosystems of innovation: the case of the video game industry in Montreal[J]. Industry and Innovation, 2021, 28(8): 1046-1076.

⑥ 余凌, 杨悦儿. 产业技术创新生态系统研究[J]. 科学管理研究, 2012, 30(5): 48-51.

⑦ 汪志波. 产业技术创新生态系统演化机理研究[J]. 生产力研究, 2012, (3): 192-194.

⑧ 林婷婷. 产业技术创新生态系统研究[D]. 哈尔滨工程大学博士学位论文, 2012.

⑨ 伍春来, 赵剑波, 王以华. 产业技术创新生态体系研究评述[J]. 科学学与科学技术管理, 2013, 34(7): 113-121.

⑩ 何向武, 周文泳, 尤建新. 产业创新生态系统的内涵、结构与功能[J]. 科技与经济, 2015, (28)4: 31-35.

⑪ 郭燕青, 李磊, 姚远. 中国新能源汽车产业创新生态系统中的补贴问题研究[J]. 经济体制改革, 2016, 197(2): 29-34.

⑫ 孙源. 共生视角下产业创新生态系统研究[J]. 河南师范大学学报(哲学社会科学版), 2017, 44(1): 127-134.

技能的职责，生态系统的参与者共同进化[1]。综上，基于Saxenian的研究，本书提出产业创新生态系统是某个产业中各创新群落之间及与创新环境之间共同构成的自组织、自修复的开放、复杂的大系统，其创新群落包括研究、开发、应用等三大群落[2]。

（三）产业创新生态系统的形成、演化和评价

Tansley首次提出了生态系统的概念，认为生态系统是由生物群落和无机环境构成的[3]。Iansiti和Levien通过对微软及沃尔玛的研究，提出创新生态系统是企业由独立的实体转向企业与其利益相关主体间的利益共生组织的转变结果[4]。Adner则对创新生态系统进行了分类并考察了半导体光刻行业，提出产业创新生态系统能够实现单一公司无法完成的目标，并具体体现在价值网络、开放式创新、战略支配等方面[5]。Still等基于网络中心和基础关系方法构建了企业创新生态系统的演化框架[6]。Chen等对中国风力涡轮机行业创新生态系统协同创新网络的动态特性和进化过程进行分析，探讨了系统演变的驱动力[7]。Visscher等将创新生态系统分为两层：开放式探索层和半封闭式探索层，前者旨在确定机会，后者旨在抓住机会[8]。郭莉构建了产业生态系统演化的诺斯路径依赖模型，发现最早的产业创新最易于突破路径依赖，也易于经济良性协调发展[9]。陈衍泰等分析了产业生态系统构建阶段的"价值-创造机制"，以及管理阶段的"价值-获取机制"[10]。徐建中和王纯旭采用粒子群算法，通过集对、因子和主成分投影法的组合，建立了产业

① 牛媛媛，王天明. 知识密集型产业创新生态系统建设：以荷兰 ASML 公司为例[J]. 科技导报，2020，38（24）：120-128.

② Saxenian A. Regional Advantage：Culture and Competition in Silicon Valley and Route 128[M]. Cambridge：Harvard University Press，1994.

③ Tansley A G. The use and abuse of vegetational concepts and terms[J]. Ecology，1935，16（3）：284-307.

④ Iansiti M，Levien R. Strategy as ecology[J]. Harvard Business Review，2004，82（3）：68-78，126.

⑤ Adner R. Ecosystem as structure：an actionable construct for strategy[J]. Journal of Management，2017，43（1）：39-58.

⑥ Still K，Huhtamäki J，Russell M J，et al. Insights for orchestrating innovation ecosystems：the case of EIT ICT Labs and data-driven network visualisations[J]. International Journal of Technology Management，2014，66（2/3）：243-265.

⑦ Chen Y，Rong K，Xue L，et al. Evolution of collaborative innovation network in China's wind turbine manufacturing industry[J]. International Journal of Technology Management，2014，65（1）：262-299.

⑧ Visscher K，Hahn K，Konrad K，et al. Innovation ecosystem strategies of industrial firms[R]. R&D Management Conference，2017.

⑨ 郭莉. 基于路径依赖模型的产业生态创新研究[J]. 科技管理研究，2009，（5）：216-218.

⑩ 陈衍泰，孟媛媛，张露嘉，等. 产业创新生态系统的价值创造和获取机制分析：基于中国电动汽车的跨案例分析[J]. 科研管理，2015，（S1）：68-75.

技术创新生态系统运行稳定性的3层级评价指标体系①。刘友金研究了技术的"集群式创新"模式，提出了产业集群技术创新的研究分析框架并运用行为生态学作为其原理②。刘友金和易秋平通过构建相关博弈模型系统分析了产业集群中创新单元之间的聚集行为，总结了创新单元的一般性聚集过程与模式③。刘鸿宇等构建了中国云谷的制度层、主体层和知识层的三维产业集群创新生态系统模型，提出SO（strength & opportunity，优势和机会）发展战略④。孙源从共生视角提出了产业创新生态系统是基于环境因子作用，由产业链、价值链和生态链等共生单元形成的创新⑤。何向武和周文泳从生产经营水平、研发创新活动水平与固定资产投资水平协同关系两方面构建了区域高技术产业创新生态系统协同性的分类评价体系⑥。程鹏等通过对光伏行业嵌入和重构生态系统的案例的抽样研究，构建了后发企业在生态系统环境下的关系模型⑦。吴菲菲等对我国高技术产业创新生态系统的有机性进行了评价⑧。许冠南等提出了"科学—技术—市场"多层联动的新兴产业创新生态系统分析框架⑨。

何向武和周文泳综合创新生态系统理论、Lotka-Volterra（种间竞争）模型和聚类分析法，从生产经营水平、研发创新活动水平与固定资产投资水平的协同关系两方面出发，构建了一套区域高技术产业创新生态系统协同性的分类评价体系⑥。吴菲菲等从四螺旋模式出发，采用协同学与生态学概念及方法对我国高技术产业创新生态系统的有机性进行了分析、评价，评估了我国高技术产业创新生态系统的整体协同性和动态可持续发展能力⑧。许冠南等基于创新全周期提出了"科学—技术—市场"多层联动的新兴产业创新生态系统分析框架，并对3D打印产业进行了实证研究⑨。王宏起等结合创新生态系统稳定性表现，从结构、功能及效益三个维度，构建了战略性新兴产业创新生态系统稳定水平评价指标体系，设计了基于规则的战略性新兴产业创新生态

① 徐建中，王纯旭. 基于粒子群算法的产业技术创新生态系统运行稳定性组合评价研究：以电信产业为例[J]. 预测，2016，35（5）：30-36.

② 刘友金. 中小企业集群式创新[M]. 北京：中国工业经济出版社，2004.

③ 刘友金，易秋平. 行为生态学视角的集群中创新单元聚集行为[J]. 系统工程，2006，（9）：38-42.

④ 刘鸿宇，杨彩霞，陈伟，等. 云计算产业集群创新生态系统构建及发展对策[J]. 求索，2015，（11）：82-87.

⑤ 孙源. 共生视角下产业创新生态系统研究[J]. 河南师范大学学报（哲学社会科学版），2017，44（1）：127-134.

⑥ 何向武，周文泳. 区域高技术产业创新生态系统协同性分类评价[J]. 科学学研究，2018，36（3）：541-549.

⑦ 程鹏，柳卸林，朱益文. 后发企业如何从嵌入到重构新兴产业的创新生态系统：基于光伏产业的证据判断[J]. 科学学与科学技术管理，2019，40（10）：54-69.

⑧ 吴菲菲，童奕铭，黄鲁成. 中国高技术产业创新生态系统有机性评价：创新四螺旋视角[J]. 科技进步与对策，2020，37（5）：67-76.

⑨ 许冠南，周源，吴晓波. 构筑多层联动的新兴产业创新生态系统：理论框架与实证研究[J]. 科学学与科学技术管理，2020，41（7）：98-115.

系统稳定水平的评价方法①。

二、产业创新生态系统的价值创造与获取

产业创新生态系统通过促进产业间形成联系和技术进步创造更多的价值，在创造价值的过程中，产业创新生态系统中的知识系统、业务系统及财务支持系统有十分重要的作用[2~5]。龙头企业在创新和价值获取方面的管理和协调作用是产业创新生态系统的重要特征[2]。学者们通过研究龙头企业如何处理与上下游产品或服务的关系来探索产业创新生态系统中相互依赖的结构[3]。

Dhanaraj和Parkhe[2]指出龙头企业是产业创新网络和价值获取的关键协调者，产业创新生态系统内部的交互机制可通过龙头企业的网络结构来研究。实证研究中学者们通过研究龙头企业如何处理与上下游产品或服务的关系来探索创新型公司的创新生态系统中的相互依赖的结构[3]。

Ritala等[4]研究了产业创新生态系统的价值获取机制，并探讨了不同机制对于产业生态系统发展的作用。Dhanaraj和Parkhe[2]指出了龙头企业在产业创新网络和价值获取过程中的重要作用。Fransman[6]构建了信息通信产业的生态模型，分析了产业创新生态系统的要素构成，主要包括产业体系、硬件、软件、创新型人才及外部环境等五要素。

三、特定产业情景的研究

制造业创新生态系统领域的研究主要集中在制造业产业安全评价体系[7]和

① 王宏起，刘梦，武川，等. 区域战略性新兴产业创新生态系统稳定水平评价研究[J]. 科技进步与对策，2020，37（12）：118-125.

② Dhanaraj C，Parkhe A. Orchestrating innovation networks[J]. Academy of Management Review，2006，31（3）：659-669.

③ Adner R，Kapoor R. Value creation in innovation ecosystems：how the structure of technological interdependence affects firm performance in new technology generations[J]. Strategic Management Journal，2010，31（3）：306-333.

④ Ritala P，Armila L，Blomqvist K. Innovation orchestration capability：defining the organizational and individual level determinants[J]. International Journal of Innovation Management，2009，13（4）：569-591.

⑤ Clarysse B，Wright M，Bruneel J，et al. Creating value in ecosystems：crossing the chasm between knowledge and business ecosystems[J]. Research Policy，2014，43（7）：1164-1176.

⑥ Fransman M. Innovation in the new ICT ecosystem[J]. Communications ＆ Strategies，2008，68（4）：89-109.

⑦ 李妍. 创新生态系统下制造业产业安全评价体系的构建与实证研究[J]. 中国科技论坛，2018，（9）：22-30.

制造业技术创新生态系统的构成、技术扩散及开放治理等方面[1~8]。学者们的研究主要集中在制造业和文化创意产业[9]。制造业创新生态系统领域的研究主要集中在制造业产业安全评价体系[10]和制造业技术创新生态系统的构成、技术扩散及开放治理等方面[1]。高技术产业创新生态系统领域的研究强调以模块化的手段和专利化的技术标准为耦合路径[2]，用技术标准完善创新生态系统保障机制[3]，提出有效的运行机制进而能确保系统内部各企业在同一标准平台上实现模块互动与价值共创[4]。汽车产业创新生态系统领域的研究分析了产业生态系统在构建和管理过程中的价值创造与价值获取机制[5]，基于系统动力学理论探析了政府引导、研发支出和产业投入等变量对产业生态系统发展的作用机制[6]。战略性新兴产业创新生态系统领域的研究主要关注风险和治理[7]。医药制造业创新生态系统领域研究了创新生态系统演化模型[8]。文化创意产业领域的研究中，学者们提出模仿、竞争合作与知识传导是创意产业创新生态系统的形成机制[9]。

　　关于高科技产业创新生态系统。Dhanaraj和Parkhe指出创新生态系统的核心企业是整个高科技创新系统的关键组成部分，并且核心企业在系统协调中起到主要作用[11]；Morris和Pratt提出群体合作的方向对系统能否成功运行起着重要作用[12]；傅羿芳和朱斌提出制造型生态网络、中介类亚群落、研究类种群、外部环境、集

① 赵伟峰. 我国装备制造业协同创新生态系统运行研究[D]. 哈尔滨工程大学博士学位论文，2017.

② Adomavicius G，Bockstedt J C，Kauffman G R J. Making sense of technology trends in the information technology land-scape：a design science approach[J]. MIS Quarterly，2008，32（4）：779-809.

③ Fransman M. Innovation in the new ICT ecosystem[J]. Communications & Strategies，2008，68（4）：89-109.

④ 何向武，周文泳. 区域高技术产业创新生态系统协同性分类评价[J]. 科学学研究，2018，36（3）：541-549.

⑤ 陈衍泰，孟嫒嫒，张露嘉，等. 产业创新生态系统的价值创造和获取机制分析：基于中国电动汽车的跨案例分析[J]. 科研管理，2015，（S1）：68-75.

⑥ 宋燕飞，尤建新，栾强. 汽车产业创新生态系统仿真与影响因素分析[J]. 同济大学学报（自然科学版），2016，44（3）：473-481.

⑦ 吴绍波，顾新. 战略性新兴产业创新生态系统协同创新的治理模式选择研究[J]. 研究与发展管理，2014，26（1）：13-21.

⑧ 何向武，周文泳. 创新生态系统序变量与演化关系：以我国医药制造业为例[J]. 科技与经济，2019，32（3）：31-35.

⑨ 郑志，冯益. 文化创意产业协同创新生态系统构建对策研究[J]. 科技进步与对策，2014，31（23）：62-65.

⑩ 李妍. 创新生态系统下制造业产业安全评价体系的构建与实证研究[J]. 中国科技论坛，2018，（9）：22-30.

⑪ Dhanaraj C，Parkhe A. Orchestrating innovation networks[J]. Academy of Management Review，2006，31（3）：659-669.

⑫ Morris S A，Pratt D. Analysis of the Lotka-Volterra competition equations as a technological substitution model[J]. Technological Forecasting and Social Change，2003，70（2）：103-133.

群内生态环境等子系统共同构成了高科技产业集群创新生态系统[①]；张利飞采用"生物演化密度依赖"模型研究了高科技产业创新生态系统上、中、下游技术种群之间的耦合关系，证明了技术互动性与技术种群之间耦合强度的正相关性，技术的重要性程度、垄断程度越强，对其他技术种群对此技术种群的耦合强度促进作用就越大[②]。杨剑钊和李晓娣提出高新技术产业创新生态系统的四大运行机制是风险识别与防控、协同共生、利益分配和环境匹配[③]；吴菲菲等通过将市场采纳程度作为第四螺旋形成四螺旋视角对高技术产业进行评价，并由此评估第四螺旋与协同效应的关系[④]。

关于战略性新兴产业创新生态系统。战略性新兴产业是高科技产业的一个分支，属于高科技产业中最具战略发展意义的新兴产业类型，包括我国近年重点培育和发展的半导体、环保、高端装备、光伏等高新产业。Giarratana以软件行业为例，研究了新兴产业的企业进入条件和成长的影响因素[⑤]；Klepper通过比较硅谷和底特律的产业发展特点，指出新兴产业发展的关键在于组织再造和继承，并且新兴产业的企业可以在现有产业内孵化完成[⑥]；部分学者聚焦于战略性新兴产业创新生态系统的协同、治理及风控研究，如吴绍波关注了契约设计在战略性新兴产业创新生态系统激励代理组织的研究、开发与知识投入活动中的重要性[⑦]；李煜华等分析了战略性新兴产业创新生态系统内企业与科研院所协同创新的稳定性条件[⑧]；吴绍波提出协商、声誉、信息披露和平台开放、信任等机制是战略性新兴产业创新生态系统的四大治理机制[⑨]，具体包括宏观文化、集体制裁、谈判协商、利益分享机制等[⑩]；吴绍波等研究了战略性新兴产业创新生态系统如何基于协作R&D（research and development，科学研究与试验发展）、专利许可等模式形

---

① 傅羿芳，朱斌. 高科技产业集群持续创新生态体系研究[J]. 科学学研究，2004，（S1）：128-135.

② 张利飞. 创新生态系统技术种群非对称耦合机制研究[J]. 科学学研究，2015，（7）：1100-1108.

③ 杨剑钊，李晓娣. 高新技术产业创新生态系统运行机制[J]. 学术交流，2016，（8）：134-139.

④ 吴菲菲，童奕铭，黄鲁成. 中国高技术产业创新生态系统有机性评价：创新四螺旋视角[J]. 科技进步与对策，2020，37（5）：67-76.

⑤ Giarratana M S. The birth of a new industry：entry by start-ups and the drivers of firm growth：The case of encryption software[J]. Research Policy，2004，33（5）：787-806.

⑥ Klepper S. The origin and growth of industry clusters：the making of Silicon Valley and Detroit[J]. Journal of Urban Economics，2010，67（1）：15-32.

⑦ 吴绍波. 战略性新兴产业创新生态系统协同创新的知识投入激励研究[J]. 科学学与科学技术管理，2013，34（9）：71-76.

⑧ 李煜华，武晓锋，胡瑶瑛. 共生视角下战略性新兴产业创新生态系统协同创新策略分析[J]. 科技进步与对策，2014，31（2）：47-50.

⑨ 吴绍波. 战略性新兴产业创新生态系统协同创新的治理机制研究[J]. 中国科技论坛，2013，（10）：5-9.

⑩ 吴绍波，顾新. 战略性新兴产业创新生态系统协同创新的治理模式选择研究[J]. 研究与发展管理，2014，26（1）：13-21.

成相互认可的一套技术标准[1]；吴绍波和刘敦虎认为新兴产业平台创新生态系统成员间冲突的表现形式和冲突水平各有不同，应采取完善合作契约、提高信息透明度、合理公平分配利益、加强成员间信任等措施消除负面影响[2]；刘磊则探讨了中国光伏产业开拓—扩张—调整三时期阶段性发展模式失败的实质，战略性新兴产业对创新生态的要求与传统创新生态系统存在冲突，并据此提出了适应战略性新兴产业发展的传统创新生态系统进化的可能性和途径[3]；许冠南等以增材制造行业为例，分析了政策对新兴行业的影响，提出政策整体促进行业发展，但发展过程中同时存在产业链发展不均衡等问题[4]。

关于新能源、汽车、科技服务等产业创新生态系统。Lutjen等以八家德国新能源公司为例，确定了与生态系统有关的动态能力[5]；吕荣胜和叶鲁俊探讨了节能产业创新生态系统的耦合机理，包括企业间链式耦合、系统要素间网式耦合及空间耦合[6]。武建龙和刘家洋提出了新能源汽车创新生态系统"小生境→开放式平台→全面拓展"三个演进阶段，分析了脆弱性、盲目扩张和匹配依赖等三类风险及其应对策略[7]。郭燕青等模拟分析了中国新能源汽车产业创新生态系统在合作均衡与竞争均衡条件下的最优政府补贴问题，认为在充分合作创新情况下，政府补贴可以退出，并且政府补贴的重点应转向弱生态位种群[8]。宋燕飞等基于系统动力学理论构建了汽车产业创新生态系统模型，并通过仿真分析发现研发支出比重、产业投入比重、政府引导系数对该系统发展影响强度依次递减[9]。王丽平等研究了价值共创模式及其协作机制在科技服务业创新生态系统中的作用[10]；周

① 吴绍波，刘敦虎，彭双. 战略性新兴产业创新生态系统技术标准形成模式研究[J]. 科技进步与对策，2014，31（18）：68-72.

② 吴绍波，刘敦虎. 新兴产业平台创新生态系统冲突形成及其管理对策研究[J]. 科技进步与对策，2014，31（5）：65-69.

③ 刘磊. 战略性新兴产业与传统创新生态系统的冲突及进化：以中国光伏产业为例[J]. 科技进步与对策，2014，31（17）：50-54.

④ 许冠南，方梦媛，周源. 新兴产业政策与创新生态系统演化研究：以增材制造产业为例[J]. 中国工程科学，2020，22（2）：108-119.

⑤ Lutjen H, Schultz C, Tietze F, et al. Managing ecosystems for service innovation: a dynamic capability view[J]. Journal of Business Research，2019，104：506-519.

⑥ 吕荣胜，叶鲁俊. 中国节能产业创新生态系统耦合机理研究[J]. 科技进步与对策，2015，32（19）：50-55.

⑦ 武建龙，刘家洋. 新能源汽车创新生态系统演进风险及应对策略：以比亚迪新能源汽车为例[J]. 科技进步与对策，2016，33（3）：72-77.

⑧ 郭燕青，李磊，姚远. 中国新能源汽车产业创新生态系统中的补贴问题研究[J]. 经济体制改革，2016，（2）：29-34.

⑨ 宋燕飞，尤建新，栾强. 汽车产业创新生态系统仿真与影响因素分析[J]. 同济大学学报（自然科学版），2016，44（3）：473-481.

⑩ 王丽平，李菊香，李琼. 科技服务业创新生态系统价值共创模式与协作机制研究[J]. 科技进步与对策，2017，34（6）：69-74.

全通过生态位理论研究实例得出创新生态系统的内在动力是资源要素的流动①。

关于创意产业创新生态系统。部分学者研究了创意产业创新生态系统的演化,认为它体现出显著的生命周期性,包括知识传导、竞合与模仿机制②③;郑志和冯益构建了中国文化创意产业创新生态系统结构模型④;王霞等以上海文化产业为例建立了一个文化产业创新生态系统模型,分析了产业链和技术链各环节的价值耦合特征⑤。曹如中等认为政府、企业、科研院所与中介等所代表的主体、功能和环境三要素共同组成了创意产业创新生态系统,承担了相应的组织生态功能⑥。

四、数字化与产业创新生态系统的研究

掌握数据的组织将成为产业创新生态系统的领导者,不断发展的数字技术和数字化平台为产业创新生态系统提供全新的系统架构,促进了知识跨组织流动⑦。数字化使产业发展呈现制造业服务化、价值链去中介、价值链数字化和生产定制化等新特点⑧,改变了产业创新的过程和本质、价值创造的方式和过程及价值分配的规则,重塑产业竞争力格局⑨。数字创新将促使产业创新生态系统的组织结构、治理机制发生根本性变化⑩,从而推动产业创新生态系统的数字化转型⑪。

数字技术在快速发展。学者们在数字创新管理、数字创新生态系统、数字商业模式、数字平台生态等方面开展了大量研究。学者们强调数据是一种重要的创新资源,同时,数字创新本身所具有的不确定性、自生长性、融合性等特征,改

---

① 周全. 生态位视角下企业创新生态圈形成机理研究[J]. 科学管理研究,2019,37(3):119-122.

② 曹如中,高长春,曹桂红. 创意产业创新生态系统演化机理研究[J]. 科技进步与对策,2010,27(21):81-85.

③ 曹如中,刘长奎,曹桂红. 基于组织生态理论的创意产业创新生态系统演化规律研究[J]. 科技进步与对策,2011,28(3):64-68.

④ 郑志,冯益. 文化创意产业协同创新生态系统构建对策研究[J]. 科技进步与对策,2014,(23):62-65.

⑤ 王霞,李雪,郭兵. 基于SD模型的文化产业创新生态系统优化研究:以上海市为例[J]. 科技进步与对策,2014,31(24):64-70.

⑥ 曹如中,史健勇,郭华,等. 区域创意产业创新生态系统演进研究:动因、模型与功能划分[J]. 经济地理,2015,35(2):107-113.

⑦ 张超,陈凯华,穆荣平. 数字创新生态系统:理论构建与未来研究[J]. 科研管理,2021,42(3):1-11.

⑧ 詹晓宁,欧阳永福. 数字经济下全球投资的新趋势与中国利用外资的新战略[J]. 管理世界,2018,34(3):78-86.

⑨ 柳卸林,董彩婷,丁雪辰. 数字创新时代:中国的机遇与挑战[J]. 科学学与科学技术管理,2020,41(6):3-15.

⑩ 杨伟,周青,方刚. 产业创新生态系统数字转型的试探性治理:概念框架与案例解释[J]. 研究与发展管理,2020,32(6):13-25.

⑪ Nambisan S, Lyytinen K, Majchrzak A, et al. Digital innovation management: reinventing innovation management research in a digital world[J]. MIS Quarterly, 2017, 41(1):223-238.

变了产业技术创新范式，将促使产业创新生态系统的组织结构、治理机制发生根本性变化[①]，从而推动产业创新生态系统的数字化转型[②]。

五、产业创新生态系统研究述评

国外对创新生态系统的研究倾向于企业创新生态系统，聚焦于开放式创新的研究。国内则聚焦于协同、创新的研究，但是整体缺乏对于产业创新生态系统形成机理和政策影响的研究。同时，国内的研究多集中于对特定对象或地区的研究，对象也大多集中在高科技等产业，对于产业创新生态系统本质和国内外研究的对比分析较缺乏。此外，对产业创新生态系统中知识相关领域的研究，如知识溢出等较少，这能够成为未来研究的方向。

第二节 知 识 优 势

学术界对知识优势的理论研究最早可追溯到战略管理学派对于基于知识的竞争优势研究，可以看作是对竞争优势来源研究的延展和深化。其主要理论为企业竞争优势内生论[③]，后演化为资源基础理论[④]、企业核心能力理论[⑤⑥]、巴顿的核心竞争理论[⑦]，以及波特的竞争战略理论、比较优势与竞争优势理论[⑧⑨]等。目前，关于知识优势的研究尚处于起步阶段，相关研究主要集中于2001~2013年，研究内容包括知识优势的内涵与分类、形成（维持）与丧失（消散）、不同类型组织的知识优势等。

---

① 杨伟，周青，方刚. 产业创新生态系统数字转型的试探性治理：概念框架与案例解释[J]. 研究与发展管理，2020，32（6）：13-25.

② Nambisan S，Lyytinen K，Majchrzak A，et al. Digital innovation management：reinventing innovation management research in a digital world[J]. MIS Quarterly，2017，41（1）：223-238.

③ Penrose E T. The Theory of the Growth of the Firm[M]. London：Basil Blackwell，1959.

④ Wernerfelt B. A resource-based view of the firm[J]. Strategic Management Journal，1984，5（2）：171-180.

⑤ Prahalad C K，Hamel G. The core competence of the corporation[J]. Harvard Business Review，1990，（5/6）：79-90.

⑥ Markides C，Williamson P. Related diversification，core competences and corporate performance[J]. Strategic Management Journal，1994，（15）：149- 165.

⑦ 巴顿 D L. 知识与创新[M]. 孟庆国，侯世昌译. 北京：新华出版社，2000.

⑧ Prusak L. The knowledge advangtage[J]. Strategy and Leadership，1996，（2）：6-8.

⑨ 曾珠. 从比较优势、竞争优势到知识优势：日本知识产权战略对中国的启示[J]. 云南财经大学学报（社会科学版），2008，（6）：50-55.

一、知识优势的内涵与分类

现有的文献对于知识优势的内涵作了不同的解释。Ruggles和Holtshouse认为知识优势即基于知识的竞争优势，知识优势存在于不同的层面，包括个人、组织、战略和经济等四个层面[①]。易敏利和刘开春认为，企业的知识优势来源于一些高价值的品牌、技术诀窍及知识产权、成员等无形资产，它们比有形资源更具价值、稀缺性、不可模仿性与不可替代性，因此无形资源更能为企业赢得竞争优势[②]。

Antonio和Montes以某医院的知识存量为例，归纳提出知识存量是组织知识优势的主要来源[③]。李久平等认为知识优势来源于知识链在知识流动过程中的知识共享和知识创造，包括知识存量优势和知识流量优势，是二者的集成[④]。

李其玮等认为知识优势是优于对手、可持续的、更能带来利润或效益的优势知识[⑤]。许照成和侯经川认为，知识优势是企业相对于竞争对手而言，由知识生产形成的具有独特的、难以转移的、差异化的知识产品所具有的优势[⑥]。

目前，学界主要将知识分为显性知识与隐性知识。Polanyi将显性知识定义为一种正式的语言来传递交流的[⑦]。张雯和王正斌将隐性知识的内涵概括为：适用于特定环境的、经验导向的、高度个性化的、难以形式化和沟通的、会产生因果模糊知识的，它通常以个人的经验、印象、感悟、团队默契、技术诀窍、组织文化、风俗等形式存在，而难以用语言、文字、图像等形式来表达清楚[⑧]。

二、知识优势的形成（维持）与丧失（消散）

在知识优势的形成与丧失方面，目前文献从不同视角出发进行了研究。首先，学者们从企业层面研究了知识优势的形成。董小英认为企业资源特质、运行体系的复杂性、技术领先性和创新能力与知识优势的形成密切相关[⑨]。曾珠认

① Ruggles R，Holtshouse D. 知识优势：新经济时代市场制胜之道[M]. 吕巍等译. 北京：机械工业出版社，2001.

② 易敏利，刘开春. 论基于知识优势的竞争战略[J]. 西南民族大学学报（人文社科版），2004，（2）：253-256.

③ Antonio J，Montes R. Knowledge identification and management in a surgery department[J]. Journal of International Management，2001，（7）：1-29.

④ 李久平，顾新，王维成. 知识链管理与知识优势的形成[J]. 情报杂志，2008，（3）：50-53.

⑤ 李其玮，顾新，赵长轶. 影响因素、知识优势与创新绩效：基于产业创新生态系统视角[J]. 中国科技论坛，2018，（7）：56-63.

⑥ 许照成，侯经川. 知识优势对企业竞争力的作用机理研究[J]. 科技管理研究，2020，40（21）：134-142.

⑦ Polanyi M. The Tacit Dimension[M]. London：Routledge and Kegan Paul，1966.

⑧ 张雯，王正斌. 隐性知识对企业竞争优势的作用研究[J]. 预测，2012，31（6）：66-70.

⑨ 董小英. 知识优势的理论基础与战略选择[J]. 北京大学学报（哲学社会科学版），2004，（4）：37-45.

为实现知识分享、提高学习速度、降低边际成本和规模管理外溢有助于形成企业知识优势[①]。

其次，学者们研究了知识链知识优势和产学研合作创新网络知识优势的形成过程。徐勇认为知识优势体现出萌芽、增强、维持、丧失的四阶段生命周期，持续的知识创新是企业形成知识优势链、确保知识优势连续性的关键力量，并指出了持续创新的六种常见模式[②]。张省和顾新提出，知识链知识优势的形成一般需要经历知识资源层、知识整合层和知识创造层三个层次[③]。唐承林和顾新认为企业通过知识在网络内各行为主体之间的知识共享与知识创造，实现知识的集成、整合和创新，完成知识在网络中的价值增值过程，从而形成产学研合作创新网络的知识优势[④]。

最后，学者们从社会资本等层面对知识优势的形成与丧失进行了研究。蒋天颖等的研究表明，中小企业社会资本促进知识共享与创造[⑤]。就知识优势的丧失（消散）而言，许晓冰等从知识优势市场价值的实现角度，将知识优势的丧失分为绝对丧失与相对丧失，其中绝对丧失主要源于竞争企业的模仿、虚拟企业间知识流动引起的核心知识外流和重要员工流失；相对丧失是由于市场的敏感度不足、选择失误、对信息与知识资源的整合能力不足等造成的知识优势未能转化成价值所带来的优势消散[⑥]。徐勇进一步提出，企业知识优势的消散源于知识的"漏斗效应"与知识外溢、竞争对手的模仿与超越、"熊彼特冲击"导致的"创造性破坏"，以及消费者需求偏好的改变[②]。谢佩洪等认为竞争者模仿、内外交流、技术与管理人员流失、专利保护到期等所带来的知识外溢、扩散与复制，造成了任何组织的知识优势均难以长期保持[⑦]。

三、不同类型组织的知识优势研究

知识优势是指基于知识和创新的动态竞争优势，知识优势存在于不同层面，

① 曾珠. 从比较优势、竞争优势到知识优势：日本知识产权战略对中国的启示[J]. 云南财经大学学报（社会科学版），2008，（6）：50-55.

② 徐勇. 企业知识优势的丧失过程与维持机理分析[J]. 学术研究，2004，（5）：26-31.

③ 张省，顾新. 知识链知识优势的形成与评价[J]. 情报资料工作，2012，（3）：24-28.

④ 唐承林，顾新. 产学研合作创新网络知识优势来源与形成研究[J]. 科技管理研究，2010，30（11）：113-116.

⑤ 蒋天颖，张一青，王俊江. 企业社会资本与竞争优势的关系研究：基于知识的视角[J]. 科学学研究，2010，28（8）：1212-1221.

⑥ 许晓冰，孙九龄，吴泗宗. 虚拟主导企业如何保持其知识优势[J]. 上海理工大学学报（社会科学版），2006，（2）：67-71.

⑦ 谢佩洪，王在峰，张敬来. 挑战企业持续竞争优势的内外部因素和势力[J]. 科学学与科学技术管理，2008，（1）：117-120.

包括个人、组织、战略、经济等①，其中组织知识优势和区域知识优势与我们的研究主题密切相关。

（一）组织知识优势

资源基础论认为知识是企业获取可持续竞争优势的最重要的资源②。Grant认为组织的知识优势来源于其知识存量③。顾新等认为知识优势是在知识流动过程中一条知识链相对于另一条知识链所表现出来的优势④。唐承林和顾新认为知识链知识优势的形成一般需要历经知识资源层、知识整合层和知识创造层⑤。李其玮等将产业创新生态系统的知识优势界定为某个产业创新生态系统优于对手的、可持续的、更能带来利润或效益的优势知识与技能⑥。Ganguly等讨论了默会知识流动和知识质量对企业创新能力及竞争优势的重要作用⑦。邓程等实证检验了技术知识与新产品开发优势的关系⑧。

（二）区域知识优势

Braczyk等将区域共享知识视为驱动产业集群发展和区域竞争优势的一个重要因素，强调知识是产业集群和区域竞争优势的重要来源⑨。区域竞争优势已从传统的比较优势转化为知识优势，知识的创造和扩散通过影响现有企业的竞争和新创企业的发展形成了区域知识优势。Asheim等提出了基于区域优势的区域创新政策模型⑩。Clarysse等分析了知识、商业生态系统及其金融

① Brown J S, Duguid P. Knowledge and organization: a social-practice perspective[J]. Organization Science, 2001, 12（2）: 198-213.

② Alavi M, Leidner D E. Review: knowledge management and knowledge management systems: conceptual foundations and research issues[J]. MIS Quarterly, 2001, 25（1）: 107-136.

③ Grant R M.Toward a knowledge-based theory of the firm[J]. Strategic Management Journal, 1996, 17（S2）: 109-122.

④ 顾新，李久平，王维成. 知识流动、知识链与知识链管理[J]. 软科学，2006，（2）：10-12，16.

⑤ 唐承林，顾新. 知识网络知识优势的种群生态学模型研究[J]. 科技进步与对策，2010，27（20）：133-136.

⑥ 李其玮，顾新，赵长轶. 影响因素、知识优势与创新绩效：基于产业创新生态系统视角[J]. 中国科技论坛，2018，（7）：56-63.

⑦ Ganguly A, Talukdar A, Chatterjee D. Evaluating the role of social capital, tacit knowledge sharing, knowledge quality and reciprocity in determining innovation capability of an organization[J]. Journal of Knowledge Management, 2019, 23（6）: 1105-1135.

⑧ 邓程，杨建君，刘瑞佳，等. 技术知识与新产品开发优势：战略导向的调节作用[J]. 科学学研究，2021，39（9）：1632-1640.

⑨ Braczyk H J, Cooke P, Heidenreich M. Regional Innovation Systems: The Role of Governances in a Globalized World[M]. London: Routledge, 1998.

⑩ Asheim B, Boschma R, Cooke P. Constructing regional advantage: platform policies based on related variety and differentiated knowledge bases[J]. Regional Studies, 2011, 45（7）: 893-904.

支持网络[①]。Caiazza等认为提升区域知识优势的关键是制定政策降低知识过滤器对现有企业和新创企业的影响[②]。吕晓静等分析了知识专业化和关联性时空演化特征及其对区域竞争优势的影响[③]。

归纳来看，组织类型主要包括国家、产业（集群）、企业、供应链及虚拟企业（团队）、知识链与知识网络等。

（1）关于国家知识优势研究。谢康等探讨了通过企业知识优势的集成效应来上移企业学习曲线，扩展了企业的最右边界，进而拓宽了国家生产的可能性边界，形成国家知识优势的整个过程[④]。曾珠提出了类似的观点，国家知识优势是企业知识优势在国家层面的反映，其涵盖了知识的产权保护、创新、培育、转化与利用等多个方面[⑤]。王雪茹从日本建设知识优势的经验出发，论述其在知识产权和保护，知识创新和培育，知识转化和利用三个方面的可学习之处[⑥]。

（2）关于产业（集群）知识优势研究。黄本笑和张婷分析了现代制造业的比较优势和竞争优势，指出在知识经济时代数字化制造是现代制造业追求知识优势的必然选择，并进一步研究了产业集群条件下的知识优势，提出集群内企业之间的地理接近性有利于知识持续、高强度、快速交换，知识的空间黏滞促进企业或产业集群形成竞争优势；集群内的产业链分工合作的价值链，为分散的知识整合提供有利途径；集群内良好的关系资本和社会网络，促进了企业之间的信任，增强了合作意愿，减少了交易费用；产业集群中的研究机构对知识创新及知识优势的形成起到重要作用[⑦]。

（3）关于企业知识优势研究。Durant-Law引入描述域和预测域来研究隐性知识的特性及其扩散、转化渗透过程，认为隐性知识是形成比较优势的关键；当一个公司在知识渠道中从数据和信息描述域向处理知识预测域提升时，就会显现隐性知识优势[⑧]。易敏利和刘开春提出了基于知识优势的企业竞争战略，包括防御性和进攻性竞争战略[⑨]。任靖楠提出了知识优势对跨国公司的推动作用是通过新

① Clarysse B，Wright M，Bruneel J，et al. Creating value in ecosystems：crossing the chasm between knowledge and business ecosystems[J]. Research Policy，2014，43（7）：1164-1176.

② Caiazza R，Richardson A，Audretsch D. Knowledge effects on competitiveness：from firms to regional advantage[J]. Journal of Technology Transfer，2015，40（6）：899-909.

③ 吕晓静，张贵，刘霁晴. 知识专业化与关联性对竞争优势的影响[J]. 科技进步与对策，2021，38（22）：132-140.

④ 谢康，吴清津，肖静华. 企业知识分享、学习曲线与国家知识优势[J]. 管理科学学报，2002，（2）：14-21.

⑤ 曾珠. 从知识优势培育角度谈中国对外贸易战略调整[J]. 国际经贸探索，2009，25（7）：23-27.

⑥ 王雪茹. 基于日本经验的中国国家知识优势的培育[J]. 中国经贸导刊，2012，（5）：61-62.

⑦ 黄本笑，张婷. 知识优势：现代制造业的追求[J]. 科技管理研究，2004，（4）：68-70，80.

⑧ Durant-Law G. The tacit knowledge advantage[J]. Law，2003：1-9.

⑨ 易敏利，刘开春. 论基于知识优势的竞争战略[J]. 西南民族大学学报（人文社科版），2004，（2）：253-256.

产品或服务的开发、企业的运营、同顾客的联系等三种途径表现出来的[1]。杨轶雯进一步提出技术知识是外贸企业的核心竞争优势，而获取外部技术知识的有效途径就是知识联盟[2]。刘谷金和盛小平设计了由知识审计、获取、创造、吸收、保护与应用及知识领导、协调、控制、组织、测评等组成的知识价值链，研究了企业通过实施知识价值链管理来获得持续的知识竞争优势的策略[3]。

（4）关于供应链及虚拟企业（团队）知识优势研究。Hines等以14家上市公司的供应链为样本，探索知识优势的来源，基于新的知识价值流分析工具（new knowledge value stream analysis tools）的动态方法，研究如何创造有效的知识价值流，并通过肯尼亚的纺织产业的知识价值流来验证[4]。Maqsood等通过研究建筑业供应链与知识共性及信任、承诺、知识管理、创造性学习链对知识优势形成的作用，为建筑业设计了一个知识优势框架[5]。Ratcheva认为虚拟团队知识创造过程是一个非常复杂的互动过程，提出了在虚拟伙伴关系中对于知识创造的互动过程的初步理论框架[6]。

（5）关于知识链、知识网络等知识优势研究。就知识链而言，张省等基于动态能力构建了知识链知识优势的理论框架模型，对知识链如何形成知识优势的过程进行阐述[7]，并进一步提出了知识链知识优势形成的三个层次，以知识存量、知识流量为基础构建了知识链知识优势评价指标体系[8]。张斌发现绩效工资制度、核心企业面子收益、知识链共享成本与收益、激励强度等因素影响知识主体之间的知识共享水平[9]。唐承林和顾新建构了知识网络种群生态学Logistic（逻辑斯蒂）模型，发现不同类型知识链的不断加入能促使知识网络整体知识存量的增加与形成，并指出网络内各知识链通过协同共生实现网络整体知识优势参与市场竞争[10]。唐承林等探讨了知识网络中"知识创新、网络和整合能力—知识优势—竞争优势"

---

[1] 任靖楠. 论知识优势在企业跨国经营中的作用：以通信设备制造业为例[D]. 广东外语外贸大学硕士学位论文，2009.

[2] 杨轶雯. 我国外贸企业核心竞争优势的培育：基于知识联盟视角[J]. 价格月刊，2013，（11）：58-61.

[3] 刘谷金，盛小平. 从价值链管理到知识价值链管理：企业获取竞争优势的必然选择[J]. 湘潭大学学报（哲学社会科学版），2011，35（5）：76-81.

[4] Hines P, Rich N, Hittmeyer M. Competing against ignorance: advantage through knowledge[J]. International Journal of Physical Distribution & Logistics Management，1998，（1）：18-43.

[5] Maqsood T, Walker D, Andrew Finegan. Extending the knowledge advantage: creating learning chains[J]. Learning Organization，2007，（2）：123-141.

[6] Ratcheva V. The knowledge of advantage virtual teams: processes supporting knowledge synergy[J]. Journal of General Management. 2008，（3）：53-67.

[7] 张省，顾新，张江甫. 基于动态能力的知识链知识优势形成：理论构建与实证研究[J]. 情报理论与实践，2012，35（11）：34-38.

[8] 张省，顾新. 知识链知识优势的形成与评价[J]. 情报资料工作，2012，（3）：24-28.

[9] 张斌. 基于知识地位不平等的知识链知识共享博弈模型[J]. 河南财政税务高等专科学校学报，2020，32（2）：48-52.

[10] 唐承林，顾新. 知识网络知识优势的种群生态学模型研究[J]. 科技进步与对策，2010，（20）：133-136.

之间的关系，发现知识创造能力提升是形成知识优势的先决条件，而知识价值增值则起到了十分关键的作用①。就知识配置机制与产学研协同而言，余维新等提出基于知识优势的知识配置机制是开放式创新模式下组织间知识分工协同的三大机制之一②；吴悦等从知识流动视角提出产学研协同创新是通过知识共享、知识创造最终形成知识优势的过程③。

四、知识优势与竞争优势

目前，学界就知识是企业竞争优势的最重要来源达成共识，关于知识优势与竞争优势的研究较少且主要集中于产业或单一组织内部的实证研究，研究内容主要集中于两大方面。

（一）构建企业竞争优势的知识来源、类型

Lin和Wu探讨了知识深度与三种知识来源——研发、战略联盟与收购，通过对美国电子产业进行实证研究发现外部采购战略、收购和联盟可以非常有效地提高公司的财务业绩，但内部知识来源不像外部知识来源那么有效④。Marczewska等采用深度访谈的形式探讨了波兰绿色技术企业竞争优势的建立，发现波兰绿色企业的知识源于其与市场参与者及其他实体建立的关系，通过这些关系和其他可获取信息所获得的关于市场与市场参与者的知识是其核心竞争力的构成基础⑤。Bloodgood通过研究知识的来源、独特性和与企业的互补，提出了相关、无关、错误知识获取对企业竞争优势的影响⑥。

（二）知识优势对竞争优势的转化、影响

现有文献对于知识向竞争优势的转换方法认知主要有：知识管理、知识共

---

① 唐承林，顾新，夏阳. 基于动态能力的知识网络知识优势向竞争优势转化研究[J]. 科技管理研究，2013，（13）：185-189，199.

② 余维新，顾新，万君. 开放式创新模式下知识分工协同机制研究：知识流动视角[J]. 中国科技论坛，2016，（6）：24-30.

③ 吴悦，张莉，顾新，等. 知识流动视角下产学研协同创新过程的协同作用研究[J]. 兰州大学学报（社会科学版），2016，44（4）：128-136.

④ Lin B W，Wu C H. How does knowledge depth moderate the performance of internal and external knowledge sourcing strategies[J]. Technovation，2010，30（11/12）：582-589.

⑤ Marczewska M，Jaskanis A，Kostrzewski M. Knowledge，competences and competitive advantage of the green-technology companies in Poland[J]. Sustainability，2020，12（21）：8826.

⑥ Bloodgood J M. Knowledge acquisition and firm competitiveness：the role of complements and knowledge source[J]. Journal of Knowledge Management，2019，23（1）：46-66.

享、知识创造及知识资本化。知识优势对竞争优势的影响主要体现在成本、技术两方面。

（1）在知识管理方面，Liu在台湾进行的一项研究收集了177家大型制造企业的回应。结果表明，社会知识管理能力与竞争优势之间存在正向关系[①]。但也有研究表明，在知识管理建立竞争优势时引入其他变量，知识管理的作用将会降低。Lee等通过问卷调查的方式收集了195家马来西亚制造业中企业管理人员的数据，通过PLS-SEM（partial least square-structural equation modelling，偏最小二乘–结构方程模型）和ANN（artificial neural network，人工神经网络）分析，发现当科技创新被引入时，知识管理对于竞争优势的贡献会被降低[②]。

（2）在知识共享方面，Nag和Gioia提出企业中的知识共享可以使员工生产过程中应用最新的技术，从而提高效率，节约成本，这反过来导致每个产品线的利润成本更低[③]。Jeon和Lee认同知识共享是实现竞争优势可持续发展的途径。他们从人性的角度出发，指出在激烈的竞争下，人们会变得更不愿意分享他们的知识[④]。

（3）在知识创造方面，相关研究则较少。Yu等利用315家中国工业企业的调查数据，采用结构方程模型进行分析。研究结果表明，知识创造过程对持续竞争优势没有显著的直接影响，只能通过技术创新能力的中介作用影响可持续竞争优势[⑤]。

（4）在知识资本化方面，张涛通过比较全球主要国家的相对竞争优势，认为知识生产、知识资本化和制造基础这一链条有助于塑造国家竞争优势[⑥]。

此外，有学者从如何保护持续竞争优势的角度切入。Ahmad等指出当企业的竞争优势来自知识密集型资源时，若竞争对手获得这些知识，这种优势就会被侵蚀、泄露甚至对竞争优势产生潜在的破坏性后果，所以未来需要更全面的框架来战略性地解决知识泄露问题[⑦]。

① Liu C C. An empirical study on the construction of measuring model for organizational innovation in Taiwanese high-tech enterprises[J]. International Journal of Innovation Management, 2005, 9（2）: 299-304.

② Lee V H, Foo A T L, Leong L Y, et al. Can competitive advantage be achieved through knowledge management? A case study on SMEs [J]. Expert Systems with Applications, 2016, 65: 136-151.

③ Nag R, Gioia D A. From common to uncommon knowledge: foundations of firm-specific use of knowledge as a resource[J]. Academy of Management Journal, 2012, 55（2）, 421-457.

④ Jeon H G, Lee K C. Emotional factors affecting knowledge sharing intentions in the context of competitive knowledge network[J]. Sustainability, 2020, 12（4）: 1-23.

⑤ Yu C, Zhang Z, Lin C, et al. Knowledge creation process and sustainable competitive advantage: the role of technological innovation capabilities[J]. Sustainability, 2017, 9（12）: 1-16.

⑥ 张涛. 国家竞争优势的来源: 知识生产、知识资本化和制造基础[J]. 探索与争鸣, 2019,（7）: 136-146, 160.

⑦ Ahmad A, Bosua R, Scheepers R. Protecting organizational competitive advantage: a knowledge leakage perspective[J]. Computers & Security, 2014, 42（4）: 27-39.

五、知识优势研究评述

就知识优势的界定、形成而言，不同学者对其进行研究的视角不同，导致最终结论存在较大差异，尚未统一。因此，未来亟须深入分析知识优势的本质，知识优势研究领域也有待拓宽。

当前，有关知识优势的研究主要集中在国家、产业层面或单一组织内部，且多以实证研究为主，研究样本构成代表性较低，结果较难推广。研究成果涉及企业知识优势的形成、消散、维持等方面，对知识优势影响因素的研究比较缺乏。一些学者从知识存量和流量两方面构建了知识优势的评价指标体系，但相关研究缺乏理论体系。产业创新生态系统作为一种新兴组织结构，其知识优势的形成更具协同性和复杂性，其形成路径比单一组织更复杂，系统知识优势维持的难度更大，影响因素亦更复杂。产业创新生态系统知识优势的评价研究还鲜有学者涉足，产业创新生态系统知识优势会导致创新绩效提高，但是如何促进和提高知识优势的水平尚待更深入的研究。此外，学者们在知识优势与竞争优势关系方面的相关研究较少，且多以企业为对象进行研究，而在产业创新生态系统如何保持知识优势与竞争优势方面研究较少，这些都是知识优势未来可以深入研究和探索的领域。

第三节 制造业创新

目前，对于制造业创新的研究最早可以追溯到二十世纪五六十年代，根据创新领域的流派划分，制造业创新主要集中于技术创新流派，对于知识创新与制度创新则很少涉及。制造业创新的研究往往是与其他领域相结合开展，如产业融合、产业集聚、全球价值链与要素市场等，通过融合研究来探索该领域能否及如何促进制造业创新。

一、制造业创新的概念

制造业是国民经济的基础，自改革开放以来，我国制造业发展速度加快。2010年我国制造业产值超过美国，成为世界制造业第一大国。但我国现在面临着制造业大而不强的难题，在科技革命与工业革命时代下，面对德国的工业4.0，美国的工业互联网规划，中国急需制造业的创新发展来实现更长远的目标。

《金融时报》评论称"制造业是创新的主战场，是保持国家竞争实力和创新活力的重要源泉"①。周民良认为，全面实现制造业的转型，未来在全面建设小康社会的过程中，就必须依靠创新驱动实现制造业从平面式数量扩张到立体式质量提升的变化②。由此可见，在未来制造业转型时期，制造业创新发展是巩固我国制造业国际地位的必由之路，也是推进我国制造业持续发展的重要措施。现代创新概念是由熊彼特于1912年提出的，根据熊彼特的理论，引进新产品、引用新技术、开辟新市场、控制原材料的新供应来源、实现企业的新组织都是创新③。

二、产业融合与制造业创新

产业融合是在技术进步和放松管制的条件下，发生在产业边界和交叉处的技术融合，原有产业的产品特征和市场需求发生了变化，影响了企业之间的关系，从而导致产业界限发生变化④。

目前，关于产业融合对制造业创新的影响方面，大部分学者持有积极的态度。Hacklin等⑤指出，技术融合的不断累积会引起颠覆性创新，从而使企业保持竞争优势；Niedergassel和Leker发现化学产业融合程度越高，其生产效率就越高⑥。Lei⑦认为产业融合会带来制造业价值链的分解重组，形成新兴细分市场，促进新创企业进军该行业。Paunov和Rollo⑧从知识外溢的角度提出信息技术的出现消除了原有知识传递的地理障碍，增强了制造业产业知识储备向创新成果的转化效率，从而提高了产业创新效率。冯华和谢雁娇⑨提出互联网平台提高了信息传递的速度和效率，减少了企业管理层次，提高了企业创新的灵活性和创新能力。潘莉莉⑩实证研究了信息业与制造业融合对制造业创新效率的促进作用，提出与信息产业的融合是制造业发展的新机遇。

---

① 韩雪萌. 中国制造业：2025 的期盼[N]. 金融时报，2015-05-20（002）.

② 周民良. 依靠创新驱动改造提升制造业[N]. 经济日报，2012-05-04（014）.

③ 熊彼特. 经济发展理论[M]. 叶华译. 北京：中国社会科学出版社，2009.

④ 马健. 产业融合理论研究评述[J]. 经济学动态，2002，（5）：78-81.

⑤ Hacklin F，Marxt C，Fahrni F. Coevolutionary cycles of convergence：an extrapolation from the ICT industry[J]. Technological Forecasting and Social Change，2009，（76）：723-736.

⑥ Niedergassel B，Leker J. Open innovation：chances and challenges for the pharmaceutical industry[J]. Future Medicinal Chemistry，2009，1（7）：1197-1200.

⑦ Lei D T. Industry evolution and competence development：the imperatives of technological convergence[J]. International Journal of Technology Management，2000，19（7/8）：699-738.

⑧ Paunov C，Rollo V. Has the internet fostered inclusive innovation in the Developing World?[J]. World Development，2016，78（2）：587-609.

⑨ 冯华，谢雁娇. 互联网经济下的产业融合实证研究[C]. 中国工业经济青年作者学术研讨会暨新经济环境下工业经济改革与发展论坛，2013.

⑩ 潘莉莉. 产业融合对制造业创新效率的影响研究[D]. 江西财经大学硕士学位论文，2020.

还有一些学者认为，产业融合与制造业创新之间并非简单的线性关系。罗瑶[①]认为产业融合水平的提高确实可以带动制造业创新效率的提升，但是这种提升效应具有区域异质性及产业异质性。在我国东部中部地区，产业融合对制造业创新效率只存在基本的线性影响，即持续的促进作用；西部地区则是呈现倒"U"形规律，融合对于制造业创新产生先促进后抑制作用。在具体产业上，信息业与资本密集型、劳动密集型的制造业融合呈现倒"U"形规律，与技术密集型的制造业融合则是线性规律。姜博等[②]对我国装备制造业的产业融合程度及创新效率进行了测量，提出产业融合程度与我国装备制造业创新效率存在倒"U"形曲线关系，网络中心性强化了二者之间的关系，网络异质性削弱了二者之间的关系。

还有一些学者认为产业融合反而会阻碍制造业创新。谭清美和陈静[③]认为，若是制造业内部原有的资源和能力难以支撑企业战略，致使融合中后期制造业企业融合建设成本超出负荷、技术人才缺失、信息混乱等危机出现，反而会让企业创新能力下降。

一些学者对产业融合促进制造业创新的路径进行了研究。高智和鲁志国[④]提出制造业与高技术服务业的融合发展可以通过创新效应、制度效应、配置效应和协同效应四个机制对装备制造业的创新效率产生正向直接效应。张伯旭和李辉[⑤]认为互联网+与制造业的融合，将从智能装备、智能工厂、智能系统和智能产业四个路径促进制造业的发展。

三、产业聚集与制造业创新

产业集群是指在某一特定领域中，大量产业联系密切的企业及相关支撑机构在空间上集聚，并形成强劲、持续竞争优势的现象[⑥]。

在产业聚集对制造业创新的影响上，主要有以下三种观点。

（1）一种观点认为，产业聚集会促进创新。何永达[⑦]认为，产业聚集可以通

① 罗瑶. 产业融合对制造业创新效率影响的异质性研究[D]. 湖南大学硕士学位论文，2019.

② 姜博，马胜利，唐晓华. 产业融合对中国装备制造业创新效率的影响：结构嵌入的调节作用[J]. 科技进步与对策，2019，36（9）：77-86.

③ 谭清美，陈静. 信息化对制造业升级的影响机制研究——中国城市面板数据分析[J]. 科技进步与对策，2016，33（20）：55-62.

④ 高智，鲁志国. 产业融合对装备制造业创新效率的影响——基于装备制造业与高技术服务业融合发展的视角[J]. 当代经济研究，2019，（8）：71-81.

⑤ 张伯旭，李辉. 推动互联网与制造业深度融合——基于"互联网+"创新的机制和路径[J]. 经济与管理研究，2017，38（2）：87-96.

⑥ Porter M. Clusters and the new economics of competition[J]. Harvard Business Review，1998，（6）：77-90.

⑦ 何永达. 内生视角下产业集聚、技术创新与循环经济研究——以造纸业为例[J]. 企业经济，2010，（8）：47-50.

过规模经济、专业分工、技术创新溢出效应等方式，推动企业创新效率的提升，提高企业的创新能力。郭冬梅和王英[1]立足于我国医药产业，认为产业集聚推动区域医药产业的技术创新水平的提升。聂普焱和苏银珊[2]实证研究了珠三角产业聚集与城市技术创新水平之间的关系。在珠三角，不同城市之间聚集水平有所差别，同时，产业聚集对城市技术创新产生正向的影响。曹玉平[3]认为制造业集聚对创新有一定的促进作用。

（2）有一些学者并不支持产业聚集促进制造业创新的观点。谢子远和鞠芳辉[4]研究了我国产业集群对于国家高新区创新效率的影响，发现产业集群显著降低了国家高新区的创新效率。

（3）还有一些学者认为这并非简单的线性关系，在不同的情况下，产业聚集对制造业创新的影响也是不同的。有一些研究将产业集群分为专业化产业集群与多元化产业集群，对二者分别进行研究。国外学者van der Panne[5]实证研究发现地区专业化水平促进企业新产品开发，地区多样化水平对企业新产品开发则没有影响。Fritsch和Slavtchev[6]通过研究德国城市数据提出多样化和专业化集聚存在地区差异，且对创新效率都是倒"U"形影响。

韩庆潇等[7]、杨浩昌等[8]研究了制造业聚集情况下不同行业的创新效率，发现聚集对于不同行业创新的影响是不同的，存在着明显的行业差异。Ooms等[9]将36个欧洲地区基于研究方向和聚集分为不同类型，研究不同类型下成功与不成功地区的分布，得出不同地区创新效率是不同的，各地区应发展自己的模式。

关于聚集对于制造业创新影响的路径，主要有以下观点。

朱允卫[10]认为，集群内的企业既有竞争又有合作，既有分工又有协作，彼此之间形成一种互动性的关联，由这种互动形成的竞争压力、潜在压力有利于构成

① 郭冬梅，王英. 区域集聚对医药产业技术创新的影响分析[J]. 科技管理研究，2013，33（2）：13-16.

② 聂普焱，苏银珊. 珠三角产业集聚与城市技术创新的实证研究[J]. 现代管理科学，2012，（11）：31-33.

③ 曹玉平. 出口贸易、产业空间集聚与技术创新——基于20个细分制造行业面板数据的实证研究[J]. 经济与管理研究，2012，（9）：73-82.

④ 谢子远，鞠芳辉. 产业集群对我国区域创新效率的影响——来自国家高新区的证据[J]. 科学学与科学技术管理，2011，32（7）：69-73.

⑤ van der Panne G. Agglomeration externalities: marshall versus jacobs [J]. Journal of Evolutionary Economics，2004，14（5）：593-604.

⑥ Fritsch M，Slavtchev V. How does industry specialization affect the efficiency of regional innovation systems[J]. The Annals of Regional Science，2010，45（1）：87-108.

⑦ 韩庆潇，查华超，杨晨. 中国制造业集聚对创新效率影响的实证研究——基于动态面板数据的GMM估计[J]. 财经论丛，2015，（4）：3-10.

⑧ 杨浩昌，李廉水，刘军. 制造业聚集、科技创新与行业差异[J]. 中国科技论坛，2016，（3）：75-80.

⑨ Ooms W，Werker C，Caniëls M C J，et al. Research orientation and agglomeration: can every region become a Silicon Valley?[J]. Technovation，2015，45/46：78-92.

⑩ 朱允卫. 企业规模、集群结构与技术创新优势[J]. 经济地理，2004，（2）：187-191.

集群内企业持续的创新动力。他认为加强基于企业集群的技术创新研究，能为加强区域技术创新体系建设，提高国家技术创新优势提供理论指导。

蔡宁和吴结兵[1]研究了集群企业的学习氛围，提出了群内个体间的学习（第一类学习）以及系统的学习（第二类学习）应从培育合作与优化结构两个方面制定政策，促进集群创新的发展。

张璐等[2]实证研究发现制造业专业化聚集和多样化聚集对制造业创新效率的影响具有明显的地区差异，其中，专业化集聚通过规模效率和纯技术效率影响制造业创新综合效率，多样化聚集通过纯技术创新效率影响制造业创新综合效率。

四、要素市场与制造业创新

要素价格扭曲指的是在市场经济体制改革过程中，有限的要素资源可能无法按照市场机制实现最优配置。

张杰等[3]认为在要素市场扭曲程度越深的地区，要素市场扭曲对中国企业创新投入的抑制效应越大，这种效应会因企业特征的差别而有显著差异。要素市场扭曲是造成外资企业与本土企业竞争力差距的重要因素之一，地方政府对于要素市场的管控，在短期内虽然可能有助于地方政府调动资源促进经济增长，但从长期而言会影响地区创新效率。白俊红和卞元超[4]通过中国各省份实证研究提出要素市场扭曲是阻碍中国创新效率提升的重要因素。

Sun等[5]研究了全球价值链下我国的制造业绿色创新，认为在全球价值链下，制造业绿色创新主要面对四类风险，分别为创新风险、制造风险、营销风险、服务风险。

Bi等[6]认为，对于中国这样的追随者而言，其制造业早已融入全球价值链中，并受其管辖。全球价值链要求制造业企业具有高度的兼容性与灵活性，但中国并不具备这些。低碳创新原有的三个支柱（政府监管、市场拉动、技术推动）在全球价值链下并未起到其应有作用。

① 蔡宁，吴结兵. 产业集群的网络式创新能力及其集体学习机制[J]. 科研管理，2005，（4）：22-28，21.

② 张璐，牟仁艳，胡树华，等. 专业化，多样化集聚对制造业创新效率的影响[J]. 中国科技论坛，2019，（1）：57-65.

③ 张杰，周晓艳，李勇. 要素市场扭曲抑制了中国企业 R&D? [J]. 经济研究，2011，46（8）：78-91.

④ 白俊红，卞元超. 要素市场扭曲与中国创新生产的效率损失[J]. 中国工业经济，2016，（11）：39-55.

⑤ Sun Y, Wu L, Yin S. Green innovation risk identification of the manufacturing industry under global value chain based on grounded theory[J]. Sustainability，2020，12（24）：1-26.

⑥ Bi K, Huang P, Wang X. Innovation performance and influencing factors of low-carbon technological innovation under the global value chain: a case of Chinese manufacturing industry[J]. Technological Forecasting & Social Change，2016，111：275-284.

Zhang和Gallagher[1]研究了我国光伏产业的发展，指出了光伏产业在全球价值链下的创新路径：①垂直整合，减少中间环节的成本，促进上游价值环节的技术知识与下游环节的市场知识的快速整合，在全球价值链两端构建联系。②促进人才在行业内的国际性流动，而非以往公司内部之间、公司与公司之间。③建立新的独立品牌，而非以往追随发达国家逐步学习。

刘冬冬等[2]通过实证研究发现中国制造业研发资本价格扭曲和进口中间品价格扭曲都抑制了制造业创新效率，研发劳动力价格扭曲则促进制造业创新效率，但在高技术制造业中效果不同，随着中国制造业在全球价值链中的位置变化，上述作用有增加的趋势。

五、制造业创新文献述评

首先，由以上文献可见，目前对于制造业创新的研究均已较为完善，但是更多地集中于跟其他领域结合进行研究，对制造业创新的内涵、特征等内容研究较少。

其次，虽然有许多文献分析了其他领域与制造业创新之间的关系，但是这些文献大多是基于实证研究的检验，从理论层面分析它们的内在逻辑关系与作用机理的文献较少。在进行研究时，实证研究与理论研究二者缺一不可。

最后，在关于制造业创新的研究中，大多数文献只针对制造业领域的技术创新，对知识创新关注不多。随着制造业的发展，制造业企业往往不会再局限于基础知识的应用与技术的开发，它们也需要参与到基础知识的创新探索中，以知识创新带动技术创新。

第四节　世界级集群与世界级企业

一、世界级集群

当前，世界格局正在发生变化，随着信息技术的发展运用，制造业与信息产业相关技术开始深度融合，加速了制造业的网络化进程。跨领域、全方位、多层

---

① Zhang F, Gallagher K S. Innovation and technology transfer through global value chains: evidence from China's PV industry[J]. Energy Policy, 2016, 94: 191-203.

② 刘冬冬，黄凌云，董景荣. 研发要素价格扭曲如何影响制造业创新效率——基于全球价值链视角[J]. 国际贸易问题，2020，（10）：112-127.

次的创新制造业集群开始竞争。欧美发达国家为谋求全球竞争力将打造世界级集群作为核心的战略目标。德国设立了15个全球性领先工业集群作为工业4.0时代的核心竞争战略。2006年，日本政府发布了第三个科学技术（五年）基本计划，旨在建立世界级区域集群。欧盟于2008年确定了打造世界级集群的战略目标。美国于2010年通过《美国竞争力再授权法案》，要求实施区域创新集群计划，同时奥巴马政府于2012年引入了公私伙伴关系等相关政策作为推动集群创新的手段。我国也对世界级集群制定了目标，党的十九大报告明确提出，要促进我国产业迈向全球价值链中高端，培育若干世界级先进制造业集群。研究者对世界级集群的研究还停留在概念、特征、演化路径与推进路径层面，且主要研究方法是案例分析，研究者也主要集中在中国、韩国等国家，欧美发达国家对世界级产业集群的研究较少。

（一）概念

世界级产业集群的概念，是由欧盟委员会在2010年的一份白皮书中提出的。世界级产业集群，通常是指能够在世界级水平上促进企业创新、区域发展及提升国际竞争力的一种生态系统，国际竞争力主要是指产业集群在全球市场上提供产品和服务的能力。赵作权等认为世界级竞争力集群是在国家级产业集群计划或战略中出现的拥有全球竞争力的集群[①]。冯德连提出世界级先进制造业集群是一种开放的、独特的区域创新网络，是在全球价值链环节处于中高端，在商业模式、产业平台、国际化运营、集群治理等方面在全球领先的先进制造业集群[②]。成长春和王曼认为世界级产业集群能在全球范围内开展创新活动和配置创新资源，对全球产业具有影响力和控制力[③]。杨春蕾提出世界级产业集群是一种由比较优势产业和各类生产要素集聚与融合形成的供应链、产业链、信用链、服务链、价值链、资金链等形成的链式共生平台[④]。赛迪智库发布的《世界级先进制造业集群白皮书》中将世界级先进制造业集群定义为，在一定区域内，给予专业化分工和比较优势，与先进技术、工艺、先进制造领域相关的企业及关联机构共生形成的高度协同、分工明确、布局合理、技术领先、产业链完善的产业创新网络，并在总量规模、创新能力、组织架构、管理运营、品牌效应、开放程度、制度环境、市场竞争力等方面处于世界领先水平，是先进制造业集群和区域一体化的高级形态[⑤]。

① 赵作权，田园，赵璐. 网络组织与世界级竞争力集群建设[J]. 区域经济评论，2018，（6）：44-53.

② 冯德连. 加快培育中国世界级先进制造业集群研究[J]. 学术界，2019，（5）：86-95.

③ 成长春，王曼. 长江经济带世界级产业集群遴选研究[J]. 南通大学学报（社会科学版），2016，32（5）：1-8.

④ 杨春蕾. 打造长江经济带世界级产业集群[N].中国社会科学报，2016-04-26（005）.

⑤ 赛迪：世界级先进制造业集群白皮书[EB/OL].https://finance.sina.com.cn/tech/2021-04-13/doc-ikmyaawa 9311711.shtml，2021-04-13.

各个学者对世界级集群的表述没有达成统一的共识，但对一些共同的特性有了相似的观点：世界级集群是一个具有创新引领能力、拥有相互关联机构、在全球价值链上具有一定影响力的区域网络。

（二）特征

王振提出世界级集群有七个特点——全球影响力、全球领先的营商环境、全球创新策源力、全球价值链中高端、深度嵌入全球价值链、世界级龙头企业、活跃的区域创新网络[①]。冯德连认为世界级先进制造业集群有主导全球价值链、集群网络创新、集群科技创新引领、集团品牌创新引领、集群国际化创新引领、集群治理创新引领的特征[②]。曾祥炎和成鹏飞认为世界级先进制造业集群的主要特征是在许多方面做到了国际领先——集群产业规模、集群创新能力、集群品牌价值、集群组织结构、集群制度环境、集群开放程度和集群占据全球价值链中高端[③]。王振提出世界级先进制造业集群有三个特点，即在全球的生产制造或服务总量中拥有较大份额、在产业关键技术研发上拥有自主知识产权、主导企业及其配套群在全球拥有制定市场主体及标准规则的影响力[①]。赛迪智库提出世界级先进制造业集群拥有世界前列的集群规模、世界领先的核心技术、世界领先的市场影响力和竞争力、全球知名企业和品牌、优越的政策环境、较完善的产业链、全方位开放多元化发展[④]。

（三）培育经验与推进路径

张佩和赵作权指出枢纽型集群组织是培育世界级竞争力集群的核心保障，国家需要中长期、分阶段推进世界级竞争力集群建设，培育世界级竞争力集群须加强"产学研"的紧密结合，优化国际协作[⑤]。《世界级先进制造业集群白皮书》指出创新体系建设是先进制造与集群竞争力的关键，大中小企业协同发展是先进制造业发展的保障，产业间协同发展是先进制造业集群竞争力的支撑，合理的评价制度能有效推进先进制造业集群发展。刘志彪提出将集群植入全球价值链能够推动世界级先进制造业集群的培养[⑥]。王振指出世界级先进制造业集群的建设应当

---

① 王振. 长三角地区共建世界级产业集群的推进路径研究[J]. 安徽大学学报（哲学社会科学版），2020，44（3）：114-121.

② 冯德连. 加快培育中国世界级先进制造业集群研究[J]. 学术界，2019，（5）：86-95.

③ 曾祥炎，成鹏飞. 全球价值链重构与世界级先进制造业集群培育[J]. 湖湘论坛，2019，32（4）：72-79.

④ 赛迪：世界级先进制造业集群白皮书[EB/OL].https://finance.sina.com.cn/tech/2021-04-13/doc-ikmyaawa9311711.shtml，2021-04-13.

⑤ 张佩，赵作权. 世界级竞争力集群培育的欧盟模式及其启示[J]. 中国软科学，2019，（12）：72-80.

⑥ 刘志彪. 攀升全球价值链与培育世界级先进制造业集群——学习十九大报告关于加快建设制造强国的体会[J]. 南京社会科学，2018，（1）：13-20.

推进区域分工路径、共建世界级产业集群的区域合作路径、共建世界级产业集群的政策配套路径[1]。曾祥炎和成鹏飞指出培育世界级集群需要突破发达国家跨国企业主导的全球价值链网络，同时，构筑高效的集群治理体系[2]。

在培育经验中，中国学者主要通过对中国产业集群的发展现状做出评析，在分析了中国产业集群的不足之后，就培育经验与推进路径提出了解决的方向与目标，如产学研结合、建立产业创新生态系统或以政策推动世界级产业集群发展。

二、世界级企业

世界级企业是大多企业发展的目标，中国企业发展为世界级企业能够推动我国经济的进一步发展，对产业结构的转型有重要作用。现学术界对于世界级企业的相关理论的研究主要包括概念、成长路径、驱动因素三方面。

（一）概念

对于世界级企业的概念，国内外学者众说纷纭，现在还没有形成一个统一的观点。

国外学者对世界级企业概念的研究相对较早，Hayes和 Pisano认为，该行业中最佳的公司为世界级企业[3]。Lee和Kim认为世界级企业就是与行业中最优秀竞争者表现得同样优异的企业[4]。Hodgetts等认为世界级企业是已经掌握全面质量管理和学习，并在几个重要的战略领域中被认为是最优秀的企业[5]。Schonberger认为世界级企业能够生产使顾客满意的产品，能同世界上的最佳企业进行竞争[6]。Owusu认为世界级企业在现在及未来，都能在全球环境下竞争成功并通过优质产品获得利润[7]。

国内学者对世界级企业的概念界定主要有，"世界级企业"具备七个主要特征：

① 王振. 长三角地区共建世界级产业集群的推进路径研究[J]. 安徽大学学报（哲学社会科学版），2020，44（3）：114-121.

② 曾祥炎，成鹏飞. 全球价值链重构与世界级先进制造业集群培育[J]. 湖湘论坛，2019，32（4）：72-79.

③ Hayes R H，Pisano G P. Beyond world-class：the new manufacturing strategy[J]. Harvard Business Review，1994，72（1）：77-84.

④ Lee S M，Kim B O. Developing the information systems architecture for world-class organizations[J]. Management Decision，1996，34（2）：46-52.

⑤ Hodgetts R M，Luthans F，Lee S M. New paradigm organizations：from total quality to learning to world-class [J]. Organization Dynamics，1994，22（3）：5-19.

⑥ Schonberger R J. World Class Manufacturing：The Next Decade Building Power，Strength and Value [M]. New York：Free Press，1996.

⑦ Owusu Y A. Importance of employee involvement in world-class agile management systems[J]. International Journal of Agile Management Systems，1999，1（2）：107-115.

有一定规模、关注产品质量和性能、全球竞争、按照世界通用准则运营、跨文化和跨国家管理、具备高度柔性、懂得保持与取舍核心专长[①]。王凤霞和杨国利认为世界级企业的竞争能力、绩效、运营能力都是世界级的[②]。张忠谋认为，世界级企业应当满足九个条件：符合世界主流的价值观、产品持续畅销、快速成长、为所在行业领导者（前三名）、关注股东报酬、尊重知识产权、学习型公司、全球化公司、世界性影响力公司[③]。胡鞍钢和徐枫认为，世界级企业通常满足三个条件之一：进入世界500强榜单；进入行业综合指标前十名，是行业领域的世界"领头羊"；拥有自主核心技术、著名品牌或国际标准。如果同时满足两个条件的企业，就是"世界级优秀企业"。[④]殷群认为世界级企业内涵的核心要素有三大特征：在规模上达到世界级、产品进入全球市场、具有自主知识产权的核心技术[⑤]。

国内外学者并没有对世界级企业的概念达成统一，但通过对文献的整理，学者们大多认为世界级企业应具有一定企业规模、拥有实力强劲的创新团队、产品能在全球进行竞争。

（二）成长路径

对于世界级企业的成长路径，蓝海林认为中国企业成为世界级企业的成长路径有：①拥有相对比较合理的产权结构和治理结构；②实施业务集中与市场多元化战略，从而能将资源配置到关键的价值创造以建立核心竞争力；③先成为中国第一，后成为世界第一；④建立成本与创新优势，发挥优势进行横向开拓战略或者横向兼并战略，提高市场占有率[⑥]。项兵认为世界级企业必须争夺高端人才并构建全球资源整合新路径[⑦]。叶军提出中国企业要成长为世界级企业需通过国家支持、不断推出有世界级影响力的产品和服务、进行制度建设、技术创新、精细化管理、人才聚集等[⑧]。

Daniel认为欧美世界级企业是先在某一产业领域具备了某种竞争优势，再通过企业核心竞争力与领先优势，迅速扩大经营规模，从而逐渐成长为世界级企业[⑨]。Stonebreaker和Leong则研究了日韩世界级企业的成长路径，提出这些企业采取模

① 蓝海林. 建立"世界级企业"：优势、路径与战略选择[J]. 管理学报，2008，（1）：9-13.
② 王凤霞，杨国利. 打造世界级企业：中国企业应对全球竞争的挑战[J]. 商业研究，2003，（19）：51-53.
③ 张忠谋. 迈向世界级公司的九个条件[J]. 华人世界，2008，（1）：108-109.
④ 胡鞍钢，徐枫. 世界级企业成功之道[J]. 学术界，2013，（5）：73-80，283.
⑤ 殷群. "世界级"创新型企业成长路径及驱动因素分析——以苹果、三星、华为为例[J]. 中国软科学，2014，（10）：174-181.
⑥ 蓝海林. 建立"世界级企业"：优势、路径与战略选择[J]. 管理学报，2008，（1）：9-13.
⑦ 项兵：什么叫"世界级企业"（上）[J]. 招商周刊，2005，（25）：26-27.
⑧ 叶军. 世界级企业要有世界级产品[J]. 装备制造，2007，（1）：48.
⑨ Daniel F B. Q&A：World-Class Manufacturing[J]. Surface MountTechnology，2004，18（1）：23-32.

仿创新与差异化战略相结合的方式,逐渐缩短与行业中领先企业的差距,并最终实现赶超[①]。

成长路径上,国内外学者主要通过案例分析的方式从领先企业和后发企业的角度对世界级企业的成长路径进行了理论讨论,可概括为建立创新优势、发挥核心优势迅速成长、拥有与核心优势相契合的企业战略和拥有具有影响力的产品。

(三)驱动因素

国内外学者对世界级企业的驱动因素进行了研究。Chank认为,人是最重要因素,核心是团队合作[②]。Haleem等认为,世界级企业成长因素中,高层管理人员更为重要[③]。Hamidizadeh和Farsijani认为知识管理(knowledge management)可以更新和提升组织知识,因此对世界级制造文化的形成具有重要的作用[④]。蓝海林认为中国企业出现一些"世界级企业"需要以下驱动因素,且主要分为国家特有优势和企业特有优势:国家特有优势包括要素成本、市场规模、市场结构、人才素质、经济转型过程的优势;企业特有优势包括市场份额、依靠不同优势获得的赢利,并将赢利用于创新能力的提升所带来的优势[⑤]。

殷群认为"世界级"创新型驱动因素中最重要的有三点——卓越的企业领导人、高效的创新团队、独特的经营策略[⑥]。金伟栋等认为,世界级企业应当具有世界级的系统规划能力,能够拥有一个可领导并管理世界级业务、高效创新团队和创新型员工的管理体系[⑦]。胡鞍钢和徐枫认为中国企业发展需要因地制宜,传承中国传统文化[⑧]。

在驱动因素中,国内外的学者的研究主要为定性研究,实证研究较少,现有的理论从后发企业的视角解答了"企业的优势来源"以及"如何追赶并超越世界级企业"的问题。

① Stonebreaker P W, Leong K. Operations Strategy: Focusing Competitive Excellence[M]. Boston: Allyn and Bacon, 1994.

② Chank K C. Intelligent corporate strategy: beyond world-class manufacturing[J]. Industrial Management & Data Systems, 1993, 93(2): 1-64.

③ Haleem A, Sushil, Qadri M A, et al. Analysis of critical success factors of world-class manufacturing practices: an application of interpretative structural modelling and interpretative ranking process[J]. Production Planning & Control, 2012, 23(10/11): 722-734.

④ Hamidizadeh M, Farsijani H. The role of knowledge management for achieving to world-class manufacturing[J]. The Journal of American Academy of Business, 2008, 14(1): 210-217.

⑤ 蓝海林. 建立"世界级企业":优势、路径与战略选择[J]. 管理学报, 2008,(1): 9-13.

⑥ 殷群."世界级"创新型企业成长路径及驱动因素分析——以苹果、三星、华为为例[J]. 中国软科学, 2014,(10): 174-181.

⑦ 金伟栋, 利高伟, 潘杰明, 等. 四种能力塑造世界一流企业[J]. 现代国企研究, 2011,(7): 48-58.

⑧ 胡鞍钢, 徐枫. 世界级企业成功之道[J]. 学术界, 2013,(5): 73-80, 283.

三、世界级集群及世界级企业文献评述

综上，对于世界级集群，学者们的研究主要包括定义、特征、演化路径等方面，研究方法主要是案例分析，演化路径的研究主要集中在政策层面。对于世界级企业，国外学者的研究要早于国内，但由于对于"世界级"这一限定词的主观性，学者们尚未对其内涵有统一的认识。研究内容主要集中在内涵、特征、成长路径、驱动因素四方面，主要的研究方法也是案例分析。学者们在驱动因素方面进行了一些实证研究，但实证研究大多为驱动因素对企业绩效的影响，如实施全面质量管理对企业绩效的影响等。

如何把世界级集群和世界级企业的相关理论与政策相结合，以嵌入全球价值链高端环节为目标来推动中国制造业集群朝着高端化、高质量发展是亟待解决的问题。因此，对世界级先进制造业创新生态系统知识优势形成机理与培育政策的研究可完善世界级集群和世界级企业演进过程相关理论的研究。

第五节　小　　结

本书从知识优势的视角研究制造业创新生态系统的问题。从理论研究的现状来看，制造业创新生态系统、知识优势等各领域不断涌现出有价值的研究成果，但是还存在着以下研究缺口。

一、产业创新生态系统研究缺口

基于现有的研究成果可以看出，研究大多针对某一特定对象或地区，研究对象集中在战略性新兴产业、技术集群、高科技或创意产业等三个具体点位上，虽然不同学者基于不同的研究视角和理论基础对产业生态系统的内涵、演化、评价、模型等做出不同的解释，但主要围绕演化、知识优势、系统（模型）构建等内容展开，鲜有人对产业创新生态系统本身的界定及其模型框架等进行深入研究。在产业创新生态系统方面，学者们主要研究产业生态系统理论和具体行业的产业生态系统，主要表现在节能环保产业、健康产业、医疗器械产业等方面，研究成果较分散；亦缺少针对中国经济技术变革特定背景和特征下的实证研究以及国内外经验对比与借鉴研究。在产业生态系统理论的研究层面，鲜有学者能够通过构建模型清晰地阐释产业生态系统的形成和运行机制。在具体行业的产业生态系统研究中，大多数研究都是基于某一个或者几个地区的面板数据进行实证研究，并且

研究的行业大多集中于几个特定的行业，对于更广泛的行业范围的适用性还有待考证。此外，鲜有学者对产业创新生态系统的形成、运行、演化等问题进行动态研究，也缺少产业创新生态系统与知识相关领域的研究，这些都是未来的研究方向。

二、知识优势研究缺口

目前的研究中，知识优势的研究主要围绕在其概念和内涵、形成和消失，以及具体不同组织的知识优势方面。有关知识优势的研究尚处于起步阶段，有战略管理学派对于知识的竞争优势研究的理论基础。不同学者对知识优势研究载体的不同、下定义时所选择的视角不同，导致不同作者对知识优势的界定存在较大差异，学界并未达成共识。因此，未来亟须深入分析知识优势的本质，以期对知识优势给出明确、权威的解释；此外，知识优势研究领域有待拓宽。

当前，有关知识优势的研究主要集中在国家、产业层面或单一组织内部，研究成果涉及企业知识优势的形成、消散、维持等方面，对知识优势影响因素的研究缺乏相关成果，且仅有少量学者从知识存量和流量两方面构建了知识优势的评价指标体系，相关研究缺乏理论体系。在知识优势的培育这个层面还缺乏深入的研究。现有的研究更多地站在企业层面，集中在企业内部的知识优势的形成机制上，而缺乏对于其他关联因素的研究。另外，在产业（集群）的知识优势研究方面，现有的研究主要在表达对于知识优势能够帮助企业在创新方面做得更好，以及能够在供应链中占据优势地位等相关结论的肯定，而缺乏对于这一结论的解释。产业创新生态系统作为一种新兴组织结构，其知识优势的形成更具协同性和复杂性，其形成路径比单一组织更复杂，系统知识优势维持难度更大，影响因素亦更复杂。现有文献对产业创新生态系统知识优势的评价研究较少，产业创新生态系统与知识优势的内在联系尚不明确。产业创新生态系统知识优势会导致创新绩效的提高，但是如何促进、如何提高尚待深入研究。

三、制造业创新研究缺口

制造业创新的研究深化了现代经济效率的理论体系，并结合产业融合、产业聚集和要素市场等方面讨论了影响创新效率的因素。但这些研究，还存在研究力度不够、实证性不够、对存在问题的挖掘不够等问题。另外，在制造业创新效率理论方面，还存在研究较为分散的问题。在不同的行业，如制药行业和装备制造业中，各个影响因子和创新效率的关系是否同向有待进一步研究。也就是说，在制造业的创新效率方面，还没有形成一个较为完整的理论体系。

以知识优势为视角研究制造业创新生态系统的作用机理的理论成果较少。由于资源和能力的难以模仿性，实际上比模仿更具威胁性的是对既有资源或能力的替代①，因而知识毫无疑问是我国制造业向大而强发展的创新基础。但是在制造业创新生态系统的研究方面，学者多以"生态学"的视角对创新生态系统本身的特征、结构、演进及运行机制进行研究，或者基于特定案例、特定区域进行实证研究。无论从发文量还是发文时间上来看，知识优势在产业创新生态系统内部的形成和培育机理都没有受到足够的关注。

四、世界级产业集群和世界级企业研究缺口

世界级产业集群的研究方面，概念和特征的界定都较为清晰，培育路径方面的研究也比较充分。世界级产业集群的概念由欧盟委员会提出，学者们基于各自的理解对世界级产业集群的内涵做出不同的解释。虽然定义各不相同，但都强调创新对于提升产业集群内企业和所在地区全球竞争力的重要意义。在世界级集群的推进路径上，学者们强调协同发展与创新，同时也需要配套政策和评价制度的跟进。

在世界级企业的研究方面，世界级企业的概念到目前为止还比较模糊，并没有形成学界认同的统一观点。关于世界级企业的成长路径和驱动因素，学者们普遍提及人才、管理、核心竞争力的重要性。首先，国内学者的研究要远远晚于国外学者的研究。其次，国内外学者研究的侧重点也有所不同，国内学者在研究世界级企业的基本概念方面，更多地从营收等指标上考量，而国外学者的研究则更加侧重战略和质量。在世界级企业的成长路径方面，研究的热点是两种典型的模式，一是欧美模式，二是日韩模式，缺乏基于中国本土实际情况和数据的实证研究。并且，在现有的研究中，尽管学者们提及了世界级企业的优势，但是缺少对于这种优势的形成和培育的研究。

目前对于世界级集群和世界级企业的研究更多停留在理论层面，探讨其内涵、特征、成长路径等理论，缺少对世界级集群和世界级企业的系统研究框架体系。另外，对于世界级集群和世界级企业的研究较为单一，缺乏考察其与产业创新生态系统、知识优势的联系。世界级集群和世界级企业的研究刚刚起步，因此还有待进一步的深入研究。随着世界级企业和世界级集群的不断发展，必然需要科学的理论和方法指导其发展壮大，这需要对世界级集群和世界级企业

① Dierickx I, Cool K. Asset stock accumulation and sustainability of competitive advantage[J]. Management Science, 1989, 35（12）: 1504-1511.

的系统深入研究，发现其内在的联系和知识优势形成机制，并建立科学合理的评价体系。未来，世界级集群竞争优势的形成过程、世界级企业与世界级集群之间的相互关系、世界级企业和世界级集群知识优势形成的影响因素等是可能的研究方向。

第三章　世界级先进制造业创新生态系统及其知识优势

美国等发达国家针对我国重点先进制造业关键核心技术所采取的技术封锁与遏制策略，使先进制造业如何突破关键核心技术，以应对国内外各种风险挑战，成为"十四五"时期我国发展现代产业体系、建设制造强国亟待解决的重大研究任务[1]。党的十九大、十九届四中全会、十九届五中全会、二十大均提到了加快建设制造强国[2]。构建和培育若干世界级先进制造业集群是推动我国制造业高质量发展的必然选择，这为我国制造业迈向全球价值链中高端提出了明确的方向。从本质上看，构建世界级先进制造业集群的目标就是在强化企业创新主体地位的基础上，实现关键核心技术创新领域自主可控式的全面突破[3]。近年来，以大数据、人工智能、云计算等为代表的数字技术的兴起，开启了第四次工业革命，从根本上改变了创新的过程和组织模式[4]。先进制造业创新范式的研究也从封闭式创新、开放式创新走向创新生态系统阶段[5][6]，各国之间先进制造业的竞争已转为

---

① 刘勇. "十四五"时期我国工业发展面临的形势与任务[J]. 国家治理，2020，（43）：3-10.

② 习近平. 决胜全面建成小康社会 夺取新时代中国特色社会主义伟大胜利——在中国共产党第十九次全国代表大会上的报告[EB/OL]. https://www.gov.cn/zhuanti/2017-10/27/content_5234876.htm，2017-10-27. 中国共产党第十九届中央委员会第四次全体会议公报[EB/OL]. https://www.gov.cn/xinwen/2019-10/31/content_5447245.htm，2019-10-31. 中国共产党第十九届中央委员会第五次全体会议公报[EB/OL]. https://www.gov.cn/xinwen/2020-10/29/content_5555877.htm，2020-10-29. 习近平. 高举中国特色社会主义伟大旗帜 为全面建设社会主义现代化国家而团结奋斗——在中国共产党第二十次全国代表大会上的报告[EB/OL]. https://www.gov.cn/xinwen/2022-10/25/content_5721685.htm，2022-10-25.

③ 杨思莹. 政府推动关键核心技术创新：理论基础与实践方案[J]. 经济学家，2020，（9）：85-94.

④ 刘志彪. 攀升全球价值链与培育世界级先进制造业集群：学习十九大报告关于加快建设制造强国的体会[J]. 南京社会科学，2018，（1）：13-20.

⑤ 陈劲，吴波. 开放式创新下企业开放度与外部关键资源获取[J]. 科研管理，2012，33（9）：10-21，106.

⑥ Russell M G, Smorodinskaya N V. Leveraging complexity for ecosystemic innovation[J]. Technological Forecasting and Social Change，2018，136：114-131.

产业创新生态系统之间的竞争①。以原始创新和颠覆性创新为主要特征的基础研究能力和应用研究能力是关键核心技术创新的基础②，而知识优势是培育和发展基础研究能力和应用研究能力的关键，因此，数字化背景下，如何培育拥有知识优势的先进制造业创新生态系统是我国制造业实现高质量发展的战略焦点问题。数字技术所带来的多元主体价值共创、迭代创新、非线性发展等特征，以及我国拥有的数家世界级互联网企业和庞大的数字化市场等，使我国在数字经济时代具备了弯道超车的可能性，因此，培育具有知识优势的先进制造业创新生态系统，将成为我国先进制造业在第四次工业革命时期突破产业价值链低端锁定，重塑全球产业发展格局的关键所在③。

基于此，本章将探讨以下问题：

（1）世界级先进制造业创新生态系统是什么？具备哪些特征？

（2）世界级先进制造业创新生态系统的知识优势是什么？具备哪些特征？

第一节　世界级先进制造业创新生态系统

如何实现高质量发展是当前我国制造业发展面临的最紧迫的问题。由于发达国家制造业回流和后发国家的快速追赶，我国制造业转型升级困难重重，而新冠疫情的影响在很大程度上会改写全球制造业发展的基本规则，供应链安全和产业生态困境使我国制造业面临前所未有的挑战。党的十九大报告明确提出，培育若干世界级先进制造业集群④，这为我国制造业迈向全球价值链中高端提出了明确的方向。从本质上看，构建世界级先进制造业集群的核心问题就是提升先进制造业的创新能力，与其他产业相比，先进制造业创新具有高风险、复杂化、网络化的特征⑤。创新合作与知识外溢已经成为先进制造业竞争新优势的来源⑥，创新合作与知识外溢来源的多样性决定了先进制造业获取竞争新优势需要实现各创新主

---

① Tsujimoto M，Kajikawa Y，Tomita J，et al. A review of the ecosystem concept：Towards coherent ecosystem design[J]. Technological Forecasting and Social Change，2018，136：49-58.

② 朱方明，汪海涛，贺立龙. 技术创新推动国家和区域经济跨越式发展的作用机制探析[J]. 四川大学学报（哲学社会科学版），2011，（2）：84-91.

③ Nambisan S，Zahra S A，Luo Y，et al. Global platforms and ecosystems：implications for international business theories[J]. Journal of International Business Studies，2019，50：1464-1486.

④ 习近平. 决胜全面建成小康社会 夺取新时代中国特色社会主义伟大胜利——在中国共产党第十九次全国代表大会上的报告[Z]. 北京：人民出版社，2017：10.

⑤ 刘志彪. 攀升全球价值链与培育世界级先进制造业集群：学习十九大报告关于加快建设制造强国的体会[J]. 南京社会科学，2018，（1）：13-20.

⑥ 冯德连. 加快培育中国世界级先进制造业集群研究[J]. 学术界，2019，（5）：86-95.

体间的竞合共生、有机耦合与价值共创①，先进制造业的创新范式也从封闭式创新、开放式创新到了创新生态系统阶段②，产业之间的竞争已转变为产业创新生态系统之间的竞争。美国硅谷、瑞典基斯塔科技园、德国慕尼黑科学园都是世界级先进制造业创新生态系统的先行者③，而我国先进制造业在创新方面一直受制于人，导致我国先进制造业在嵌入全球制造业价值链过程中被长期锁定在低端的位置④。创新生态系统理论的兴起⑤，为我国先进制造业提供了全新的发展思路，也为我国先进制造业在新时期重构全球价值链提供了理论指导。近年来，世界级先进制造业集群和制造业创新生态系统方面的研究开始涌现，但较少有学者研究世界级制造业创新生态系统（World Manufacturing Innovation Ecosystem，WMIE），在制造业亟待升级的今天，从理论上深入探索WMIE已迫在眉睫。研究WMIE，首先要明确其内涵和评价标准，到底什么是WMIE？WMIE如何获取世界级竞争力？在探析WMIE演进与发展规律的过程中，应采用什么样的研究框架？

　　本章从概念、特征、构成要素、运行机制、演化过程、评价标准等方面来探索世界级先进制造业创新生态系统的科学内涵。

一、概念和特征

　　当前学术界针对WMIE的相关研究较少，但已有学者将世界级集群与系统生态性相关联，认为世界级先进制造业集群应当具有高度组织网络化、协同创新、自组织共生等生态性特征，也有研究提出世界级先进制造业集群对群体内部和产业间存在关联与影响，并能够通过创新驱动引领全球技术创新和产业变革⑥，还有学者对制造业创新生态系统开展了研究⑦，但对WMIE，学术界还没有统一的定义，因此，在分析WMIE的概念和特征的基础上，本章提出了WMIE的评价标准。

（一）概念

　　产业创新生态系统的理论渊源可追溯到创新系统概念和生态系统概念，是从

---

① 赵璐，赵作权. 培育世界级先进制造业集群要以组织变革为核心[J]. 国家治理，2018，（25）：20-24.

② 陈劲，吴波. 开放式创新下企业开放度与外部关键资源获取[J]. 科研管理，2012，33（9）：10-21，106.

③ 李钟文，米勒 W，韩柯克 M，等. 硅谷优势：创新与创业精神的栖息地[M]. 北京：人民出版社，2002.

④ 刘志彪，张杰. 从融入全球价值链到构建国家价值链：中国产业升级的战略思考[J]. 学术月刊，2009，（9）：59-68.

⑤ Adner R. Match your innovation strategy to your innovation ecosystem[J]. Harvard Business Review，2006，84（4）：98.

⑥ 梁琦. 世界级先进制造业集群的基本特征和战略选择[J]. 国家治理，2018，（25）：6-9.

⑦ 滕堂伟，瞿丛艺. 借鉴加州制造业创新生态系统促进上海制造业高质量发展[J]. 科学发展，2018，（4）：21-29.

生态仿生学角度解释创新系统的一种价值耦合。通过借鉴自然界生态系统共生、多样性和演化的规律，基于复杂性、自适应性和非线性的视角，学者们强调创新生态系统中创新群落共生共赢、协同演化，以及与创新环境之间相互依赖的重要性。1985年Lundvall[①]率先提出创新系统（system of innovation）概念，他认为创新是一个复杂的非线性过程，是社会经济活动众多参与者和众多环节相互作用的结果。通过对全球最成功的创新生态系统——硅谷的研究，埃斯特琳[②]将创新生态系统视为一个热带雨林，认为创新生态系统由研究、开发和应用三大群落构成，其形成包括团队、信任、社会网络、身份和环境状况等重要因素。可见，创新生态系统是一个科技、经济、文化、社会与环境交融的概念，但与区域创新生态系统、国家创新生态系统等宏观的研究视角不同，产业创新生态系统则着眼于中观，其核心是产业链，其目标是通过产业链整合、产学研合作、政府与环境支持等实现产业的可持续发展。先进制造业创新生态系统是三大创新群落（知识生产群落、知识应用群落、价值实现群落）围绕先进制造产业链竞合共生、协同演化、动态互动形成的，以创新为显著特征的自组织、自修复的产业系统[③]。

　　世界级先进制造业创新生态系统是以获取世界级竞争力为发展目标的先进制造业创新生态系统。虽然欧盟委员会提出过发展世界级集群的政策文件，但各国对世界级竞争力衡量的标准不同：德国强调沿全球价值链的高水平的区域资源整合、进入国际顶级联盟、强大的科学经济基础和发展潜力；日本提出世界级知识集群的理念，强调吸引全球资金、技术、人才的潜力；法国将世界级竞争力赋予全球使命，强调集群成员的研发能力与经济潜力。在学术界，世界级竞争力还没有一个普遍认可的衡量标准，但在实业界，美国硅谷、北卡三角研究园、128号公路具备全球公认的世界级竞争力，而它们的共同特征是具备世界级规模、世界级创新能力和世界级品牌影响力。基于此，如图3-1所示，本书认为先进制造业创新生态系统的世界级竞争力包括世界级规模、世界级创新能力、世界级品牌影响力。世界级规模是指系统产业销售收入应达到世界级，在全球排名前三，主导产业产品销售到全球主要竞争集群或地区。世界级创新能力是指系统中的创新主体掌握产业关键核心技术，拥有强大的产业共性技术研发和自主创新能力，若干骨干企业位于所在产业全球价值链高端，得到全球相关集群、地区或企业的广泛认可。世界级品牌影响力是指系统在国际市场上的知名度、美誉度高，品牌历史悠久、能引领业界的发展方向、有支撑该品牌的知识，基本衡量指标包括市场占有率、品牌忠诚度和全球领导力。

① Lundvall B-A. Product Innovation and User-Producer Interaction[M]. Aalborg：Aalborg University Press，1985.

② 埃斯特琳 J. 美国创新在衰退? [M]. 闫佳，翁翼飞译. 北京：机械工业出版社，2010.

③ 赵长轶. 世界级先进制造业创新生态系统：内涵与研究框架建构[J]. 天府新论，2021，（5）：121-131.

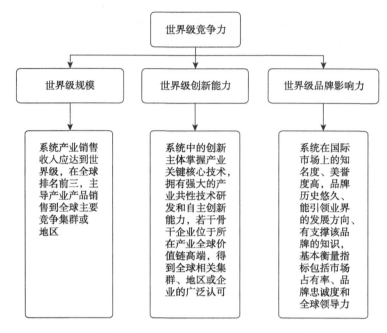

图 3-1　世界级竞争力评价标准示意图

（二）特征

WMIE除拥有先进制造业、产业创新生态系统、世界级竞争力等相关特征外[①]，还涌现出以下三方面的关键特征。

第一，以龙头企业为主导的核心创新体对WMIE的管理与协调能力是WMIE获取世界级竞争力的关键所在。与自然界的生态系统不同，WMIE是一个人为创造的具有生态特征的产业创新系统，在WMIE中，我们通过围绕产业链构建以龙头企业为主导的核心创新体来统筹和运营WMIE，核心创新体通过控制系统的知识链、技术链和价值链，整合核心创新资源，统筹并分配系统价值，构建标准化共生界面，为其他参与者提供某种技术标准或关键资源或规制手段以提高各主体的自身价值，从而成为管理系统主体和协调系统种群的核心力量，积极有效地促进和引导WMIE的持续健康成长[②]。如图3-2所示，WMIE从本质上来讲是一个介于科层与市场之间的网络组织，WMIE以龙头企业为中心向上和向外扩展将系统中各主体统一到中心–外围的网络结构中。以龙头企业为主导的核心创新体对WMIE的管理与协调能力主要体现在管理知识流动性、管理创新专用性、管理网络稳定性三方面。

---

① 陈跃刚，吴艳，高汝熹. 广域集群：世界级产业和企业的孵化器[J]. 经济问题探索，2008，（7）：126-129.

② Williamson P J，de Meyer A. Ecosystem advantage：how to successfully harness the power of partners[J]. California Management Review，2012，55（1）：24-46.

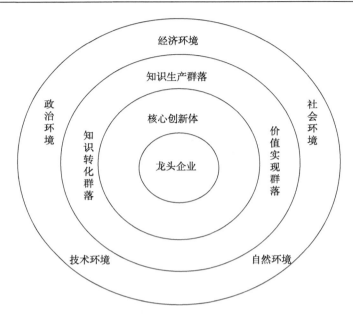

图 3-2　WMIE 中心-外围示意图

　　第二，知识生产群落、知识转化群落和价值实现群落之间的生态联结是WMIE
实现持续健康成长的基础。从生态学的研究来看，自然界生态系统中的生物越多
样化，生态系统就越稳定，因此，与产业集群强调单一的产业链上的企业不同，
WMIE更加突出系统中需要有多元化的主体和群落。从演化经济学的视角来看，
WMIE中多元化的主体和要素，通过产生、选择、遗传和变异不断演化形成了知
识生产群落、知识转化群落和价值实现群落，三个群落在竞合共生中保持生态联
结与平衡。由于知识本身的公用品性质，学者们对知识生产是否应纳入创新生态
系统有不同的看法[1]。我们认为WMIE与一般制造业创新生态系统的区别在于其目
标是获取世界级竞争力，而世界级的竞争力从根本上源于该系统的知识优势和创
新能力[2]，因此，知识生产群落是WMIE的重要组成部分。一方面，因为知识生产
是知识转化和技术创新（特别是原始创新和突破性创新）的源泉，也是价值实现
的前提。知识生产是通过知识生产群落的科学研究产生具有原始创新性的论文、
专利等研究成果，这些研究成果的知识产权价值及其对产业未来技术发展的影响
力是决定该系统能否获取世界级竞争力的前提。另一方面，知识生产群落所产生
的知识外溢、研发外溢及大量研究人员对本区域的知识学习文化氛围的影响是全
方位和长远的，对根植于该区域的系统核心创新体的创新文化形成、创新思想激

---

　　① 王毅，吴贵生. 产学研合作中粘滞知识的成因与转移机制研究[J]. 科研管理，2001，（6）：114-121.

　　② Thornhill S. Knowledge, innovation and firm performance in high-and low-technology regimes[J]. Journal of Business Venturing, 2006, 21（5）: 687-703.

发、创新能力培育、知识优势获取都具有决定性意义。知识转化是实现知识的商业化，是知识转化群落将具有公用品性质的知识转化为商业化的创新性技术的过程[①]。知识转化是实现从知识生产到技术创新的重要一跃，是实现自主创新、原始创新和突破性创新的关键所在，也是知识能否转化为竞争力的关键所在[②]。知识转化群落是连接科学研究与技术创新的桥梁。由于科学研究与产业化之间目标与价值取向存在巨大差异，知识转化成功率不高，因此，有效的知识转化才能真正实现知识的商业化价值[③]。知识转化包括以下四个步骤：一是对知识进行搜索，获取有潜在商业化价值的知识，二是对所选择的知识进行解码，三是对解码的知识结合市场需求进行吸收、应用和整合，四是将吸收的知识转化为市场需要的技术。知识转化群落的主体包括创业者、新创企业、公司创业平台、孵化器、各类创新创业平台等[④]。价值实现包括价值创造与价值获取，价值实现群落通过对客户价值的创新性理解利用知识转化阶段所形成的创新性技术实现价值创造，通过满足客户价值进行价值获取，能否获取价值取决于买方和卖方的议价能力[⑤]。因为从长期来看，一个群落创造的价值增量可能不会被完全获取，同时，一个主体创造的价值可能被另一个层面的参与者所获取。例如，知识生产群落生产具有商业化价值的知识，被知识转化群落转化为市场化的技术，这些技术又可能被价值实现群落挖掘并识别，转化为客户需要的产品或服务，并成为价值实现群落的经济效益[⑥]。在这个过程中，知识生产群落进行基础研究，获得了知识产权收益，发表了论文或申请了专利；知识转化群落成功将知识转化为商业化的技术，创立了拥有商业化技术的公司，或者将该技术卖给大公司获取了丰厚的回报；价值实现群落中的龙头企业将商业化的技术通过生产制造流程形成客户需要的且领先于行业技术水平的产品和服务，并以客户满意的方式交付给客户，获得了超额利润，形成了企业的世界级竞争力[⑦]。WMIE中的龙头企业是价值分配规则的制定者，拥有

① 王开明，万君康. 论知识的转移与扩散[J]. 外国经济与管理，2000，（10）：2-7.

② Zahra S A, van de Velde E, Larrañeta B. Knowledge conversion capability and the performance of corporate and university spin-offs[J]. Industrial & Corporate Change，2007，16（4）：569-608.

③ Wennberg K, Wiklund J, Wright M. The effectiveness of university knowledge spillovers: performance differences between university spinoffs and corporate spinoffs[J]. Research Policy，2011，40（8）：1128-1143.

④ Rasmussen E, Borch O J. University capabilities in facilitating entrepreneurship: a longitudinal study of spin-off ventures at mid-range universities[J]. Research Policy，2010，39（5）：602-612.

⑤ Teece D J. Profiting from technological innovation: implications for integration, collaboration, licensing and public policy[J]. Research Policy，1986，15（6）：285-305.

⑥ Zahra S A, Kaul A, Teresa Bolivar-Ramos M. Why corporate science commercialization fails: integrating diverse perspectives[J]. The Academy of Management Perspectives，2018，32（1）：156-176.

⑦ 陈劲，赵闯，贾筱，等. 重构企业技术创新能力评价体系：从知识管理到价值创造[J]. 技术经济，2017，（9）：1-8，30.

价值创造的主导权及价值获取的话语权①。知识生产群落所生产的知识与知识转化群落所创新的技术都需要在价值实现群落的运营下实现其价值，而这些价值如何获取、如何分配则由价值实现群落的核心主体——龙头企业主导②。

　　第三，知识链、技术链和价值链之间的协同治理是WMIE各主体实现生态联结的核心。知识生产群落、知识转化群落、价值实现群落之间的关系，以及如何治理它们之间的生态联结，对于WMIE目标的实现具有重要的影响。从本质上看，对知识链、技术链、价值链的协同治理是实现知识生产群落、知识转化群落、价值实现群落生态联结的核心和关键。系统中的知识链决定了知识生产群落各主体之间的关系，知识链同时也会间接影响知识转化群落和价值实现群落，技术链决定了知识转化群落各主体之间的关系，同时也会间接影响知识生产群落和价值实现群落，价值链决定了价值实现群落各主体之间的关系，同时也会间接影响知识生产群落和知识转化群落。知识链、技术链与价值链三者之间既相互联系又相互影响：源于科学的突破性创新一般是从知识链开始，到技术链，再到价值链；源于客户与供应商的渐进式创新，一般是从价值链开始，到技术链，再到知识链，或是，从价值链开始，到知识链，再到技术链③。WMIE又处于动态的政治、经济、社会文化、科技和自然环境中，系统内部各群落不断演化、竞合共生，从而实现系统的世界级竞争力。我们认为系统的世界级竞争力是通过系统内部龙头企业为主导的核心创新体对系统的管理和协调实现的，因此，龙头企业为主导的核心创新体可根植于某一区域，而由于系统的开放性，系统的其他物种是动态演化的，会随着系统的发展，不断产生、变异、进化、移入和移出。

（三）WMIE与相关概念的区别

　　WMIE与世界级先进制造业集群概念非常接近，为进一步明晰WMIE的概念，以下将WMIE与世界级先进制造业集群作对比分析。

　　首先，WMIE与世界级先进制造业集群的分析单位不同。WMIE描述了系统内各创新主体如何围绕龙头企业主导的核心创新体不断提升知识学习能力、技术创新能力、价值实现能力的演化过程，其分析单位是核心创新体与其他创新主体及创新群落共同构成的生态系统架构。世界级先进制造业集群描述的是在一定区域内，与特定先进技术相关的若干行业组织、企业及科研院所等机构，围绕共同目标，共生形成高度网络化的组织、能够引领全球产业变革和技术创新、具有强

　　① 魏江，张莉，李拓宇，等. 合法性视角下平台网络知识资产治理[J]. 科学学研究，2019，37（5）：856-865.

　　② Sanchez R, Mahoney J T. Modularity, flexibility, and knowledge management in product and organization design[J]. Strategic Management Journal，1996，17（S2）：63-76.

　　③ Dewar R D, Dutton J E. The adoption of radical and incremental innovations: an empirical analysis[J]. Management Science，1986，32（11）：1422-1433.

大根植性和包容性的网络，其分析单位是集群①。

其次，WMIE与世界级先进制造业集群回答的问题不同。WMIE回答的问题是系统内部各创新群落如何通过生态共生架构实现系统的世界级竞争力。世界级先进制造业集群试图回答各类机构如何在地理上集聚，如何通过竞合共生形成产业组织，如何通过集群内部"结网和互动"形成世界级的集群网络②。

最后，WMIE与世界级先进制造业集群的关注点不同。WMIE关注系统内各创新群落之间的生态共生与创新联结，在关注价值获取的同时也关注知识生产、技术创新和价值实现，世界级先进制造业集群则关注对集群组织各种关系的管理，主要关注价值获取③。

综上，我们认为WMIE是在某一先进制造业领域拥有世界级竞争力的一个具有知识学习能力、技术创新能力和价值实现能力的可持续发展的开放创新系统，是以根植于某一区域的龙头企业为主导的核心创新体为共生平台，在全球范围内吸引创新资源形成知识生产群落、知识转化群落、价值实现群落共同参与，知识学习、技术创新和价值实现的，与环境和谐共生的自组织生态系统。

二、构成要素

先进制造业创新生态系统是围绕某一先进制造业形成的创新生态系统，基于创新生态系统的"主体-资源-环境"观，先进制造业创新生态系统包括创新主体、创新资源和创新环境三部分。

（一）创新主体

开放式创新理论强调企业创新已从封闭走向开放，从企业内部创新走向开放、合作创新。创新生态系统理论中，创新主体已不仅是企业，还包括高校、科研院所、政府、金融机构、用户、个人等，创新的研究已拓展到社会学、生态学等交叉领域。从产业经济学和演化经济学的视角来看，产业之间的竞争已从产业链、集群之间的竞争逐渐演变为产业创新生态系统之间的竞争，先进制造业创新生态系统是一个随着产业生命周期的演化而不断进化的过程，产业技术范式、模块创新、知识管理等在其进化过程中发挥着重要作用。

---

① 陈瑛，汤建中，邓立丽. 长三角世界级先进制造业基地建设的经济评析[J]. 上海经济研究，2005，（5）：62-67.
② 赵璐，赵作权. 培育世界级先进制造业集群要以组织变革为核心[J]. 国家治理，2018，（25）：20-24.
③ 张佩，赵作权. 如何培育世界级竞争力集群?——以挪威为例[J]. 科学学研究，2020，38（2）：218-226.

创新价值链（innovation value chain，IVC）是用于分析创新活动的有效工具。价值链（value chain）的概念源于Porter，他提出将公司的活动划分为设计、生产、营销、交付和其他相关的战略活动，价值链不是独立活动的集合，而是相互依存活动的系统。Hage和Hollingsworth提出了想法创新网络（idea innovation network）概念，该网络包含六个反映研究的领域：基础研究、应用研究、产品开发研究、生产研究、质量控制研究和商业化/营销研究[1]。Hansen和Birkinshaw提出了创新价值链，并将创新视为一个连续的，包括想法产生（idea generation）、想法发展（idea development）和已开发概念扩散（the diffusion of developed concepts）的三阶段过程[2]。基于创新价值链模型，结合知识管理理论，本书提出基于知识的创新价值链模型（图3-3）。

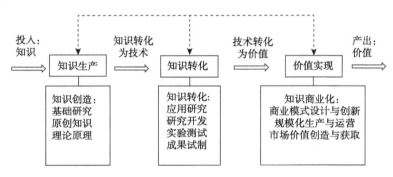

图 3-3　基于知识的创新价值链模型示意图

如图3-3所示，基于知识的视角，创新价值的实现有三个阶段：知识生产—知识转化—价值实现，这三个阶段是动态互动的，即，任何阶段都可以通过返回到前面的阶段实现知识的迭代和价值的重塑，从而推动知识螺旋上升式增值，进而实现价值的持续创新。基于知识的创新价值链，投入知识，产出价值，打开了从知识转化为价值的黑箱。知识生产是指知识创造，主要包括基础研究、原创知识、理论原理等；知识转化是指知识转化为技术的过程，主要包括应用研究、研究开发、实验测试、成果试制等；价值实现是指技术转化为价值，是知识商业化的过程，包括商业模式设计与创新、规模化生产与运营、市场价值创造与获取等。创新生态系统理论强调系统中的创新主体不是孤立的个体，而是多元化的创新主体通过竞合互动、共生演化以创新群落的形式存在，因此，从基于知识的创新价值链模型的视角，本书将先进制造业创新生态系统的创新主体分为三大群落——知识生产群落、知识转化群落和价值实现群落。

---

① Hage J, Hollingsworth J R. A strategy for the analysis of idea innovation networks and institutions[J]. Organization Studies, 2000, 21（5）: 971-1004.

② Hansen M T, Birkinshaw J. The innovation value chain[J]. Harvard Business Review, 2007, 85（6）: 121-129.

1. 知识生产群落

基础知识是先进制造业创新生态系统可持续发展的基础，先进制造业知识生产群落是指在本区域生产和创造知识的创新主体，主要包括高校、科研院所等开展基础研究的组织，具有显著的空间黏滞性。

产业链上下游的企业往往在地理上集聚，在以创新为显著特征的先进制造业中，集聚的主要好处是获得本地知识。但不同知识储备水平的集群对企业创新绩效的影响不同。新经济地理学强调了马歇尔外部性在经济生产空间集聚、区域集中和经济增长中的作用，但区域知识溢出对知识生产的作用仍很少被研究。区域知识溢出反映了信息和思想在邻近区域知识生产者之间的扩散和转移，知识转移机制包括通过高校、科研院所、研究机构和产业互动形成的空间联系。创新经济学指出企业研发活动和大学科研活动的知识溢出对区域知识具有显著的影响，但影响程度具有地理边界，一些学者对产生影响的距离进行了研究和测算。Audretsch和Feldman认为知识溢出会增强创新的空间集聚[1]，Henderson等认为溢出机制中存在地理因素[2]。默会知识受到空间距离的影响，因此，创新主体在区域上更邻近时，更容易形成区域科研网络，从而促进创新。可见，地理黏滞性是默会知识的重要特征，区域邻近性是默会知识促进创新的重要前提。

作为科学研究的重要组成部分，基础研究的概念随着人类对科学认识的深化而不断发展变化。对基础研究概念内涵的研究，不能脱离整个概念在历史长河中的演变来解读。1945年，布什的著名报告《科学：没有止境的前沿》明确指出，基础研究不需要考虑最终用途，基础研究导致新知识，最终不可避免地导致实际应用，按照基础研究—应用研究—开发—生产经营的线性模型展开，"线性模型"为政府支持基础研究提供了"理论基础"并最终导致1950年美国国家科学基金会的成立[3]。美国国家科学基金会和最新的《弗拉斯卡蒂手册》指出基础研究是一种实验性或者理论性的工作，主要是为了获得现象或者可观察事实的基本原理的新知识，它不以任何的应用或者使用为目的[4][5]。由于美国科技的世界领先地位，各国纷纷效仿，致使基础研究的概念及论述被广泛传播和应用。虽然从布什提出创新的"线性模型"后，基础研究作为一个研究范畴和政策术语在国内外相关规

---

① Audretsch D B, Feldman M P. Innovative clusters and the industry life cycle[J]. Review of Industrial Organization, 1996, 11（2）: 253-273.

② Henderson R, Jaffe A, Trajtenberg M. Patent citations and the geography of knowledge spillovers: a reassessment: comment[J]. American Economic Review, 2005, 95（1）: 461-464.

③ 布什 V. 科学：没有止境的前沿[M]. 范岱年译. 北京：商务印书馆, 2005.

④ 张先恩, 刘云, 周程, 等. 基础研究内涵及投入统计的国际比较[J]. 中国软科学, 2017,（5）: 131-138.

⑤ 张炜. 基础研究定义与经费的比较讨论?[J]. 中国科学基金, 2019, 33（5）: 423-428.

划实践和文献中被广泛提及，但是由于政治、经济、科技和社会文化背景不同，世界各国关于基础研究的定义也不同。联合国教科文组织科技统计处提出，科学研究工作可以分为基础研究、应用研究和开发研究（试验发展）。其中基础研究主要是为了获得自然现象和可观察事实新的基本原理及新知识而开展的实验性和理论性工作，不考虑其有何特定的或具体的应用[①]。美国普林斯顿大学的司托克斯通过对玻尔、巴斯德和爱迪生等的案例研究，补充了布什的范式，构建了新的"四象限"理论思维框架，纯基础研究不考虑具体的实用目的，又称玻尔象限；由应用引起的基础研究是既寻求扩展认识的边界，又受到应用目的影响的基础研究，兼有理论和实用的双重目的，又称巴斯德象限[②]。经济合作与发展组织制定的《弗拉斯卡蒂手册》将基础研究定义为"为获取以现象和观察事实为基础的新知识的试验或理论工作"[③]。我国学者对于基础研究的定义与《弗拉斯卡蒂手册》发布的概念相似，基础研究没有特定的目标，主要成果为新知识、新原理等，有助于提升企业的原始创新能力。

知识生产群落的主要目标是进行巴斯德象限的基础研究，即以应用为目的的生产、发现和创造新知识，是从知识基础、理论原理、模型方法等方面对技术创新的知识原理、机理等进行研究。因此，知识生产群落的基础研究成果具有公共品的特征，对所在区域具有溢出效应，但区域知识对区域和产业创新溢出效应的显著性，还不能一概而论。学者们在知识溢出对区域和产业创新绩效的影响领域进行了大量研究，发现当区域和产业知识吸收能力较强时，知识溢出对区域和产业创新绩效具有显著的促进作用。区域和产业知识吸收能力有多种影响因素，其中，培育和建设产业创新生态系统是提升区域和产业知识吸收能力的重要途径。

早期对集群的研究集中于集聚外部性，这些外部性与获得顾客、熟练劳动力和专门投入相关，高技术产业中的企业被认为主要通过获取本地知识而从集群中受益。在高技术环境中，现有的经验证据表明，地理集群与企业的发明成果之间存在正相关关系。一些研究已经发现，本地知识的数量对集群企业的发明具有有益的影响。例如，McCann和Folta发现集群中专利累积数量与企业专利实施可能性之间存在正相关关系[④]。这一领域的研究表明，随着该地区知识数量的增加，获取知识的机会也在增加。但学者们发现本地拥有的知识并不容易溢出到集群企

① 联合国教科文组织科技统计处. 科学技术统计指南[M]. 宋化民等译. 武汉：中国地质大学出版社，1990.

② 司托克斯 D E. 基础科学与技术创新：巴斯德象限[M]. 周春彦，谷春立译. 北京：科学出版社，1999.

③ 经济合作与发展组织编，张玉勤译，高昌林校. 弗拉斯卡蒂手册：研究与试验发展调查实施标准（第 6版）[M]. 北京：科学技术文献出版社，2010.

④ McCann B T, Folta T B. Performance differentials within geographic clusters[J]. Journal of Business Venturing, 2011, 26（1）：104-123.

业，特别是当它是静态的且具有竞争性价值时，而知识交流的质量是集群差异的一个重要维度。基于这些见解，一些学者提出组织间高质量的知识交流对于企业吸收区域知识是必要的，而集群在这方面具有较大的差异。组织间知识交流质量的影响因素包括合作和信任规范，支持知识共享的宏观文化，以及对互惠和相互依赖的理解。Molm等提出集群在知识交换方面有不同的价值观和规范，即"知识交换气候"，这种气候影响了企业之间及企业和公共研究机构之间的交流[①]。学者们通过实证研究提出，在基于社区的逻辑中，组织将享受广义互惠的相互期望，从而促进知识的创造和传播，而在基于市场的逻辑中，组织将寻求在与他人的交换中获取尽可能多的价值，从而阻碍知识的创造和传播。

资源基础理论和知识管理理论将知识视为企业获取持续竞争优势的重要资源。通过知识管理行为，企业将知识转化为核心竞争力，从而获取竞争优势，实现持续成长。开放式创新理论指出企业获取知识的途径除了从内部研发创新以外，更多的是通过与外部合作伙伴合作创新，如高校、科研院所、新创企业、个人等。在先进制造业创新生态系统的三个创新群落中，知识生产群落的区域根植性最强，高校、科研院所的发展历史、科研实力、学术资源积累、人才培育体系等都具有不可替代性，是先进制造业创新生态系统的核心竞争力之一，同时，其所拥有的默会性知识是先进制造业创新生态系统原始创新的源泉。此外，根据马歇尔外部经济性，知识生产群落对区域的文化氛围、人才培养和熟练劳动力培训等方面具有显著正向影响。

2. 知识转化群落

产业创新生态系统为产业创新提供了新的研究视角。与创新网络、集群等概念不同，生态系统的创新特征是不同利益相关者之间的合作竞争。创新主体包括高校、科研院所、创业企业、中小企业和跨国公司等，它们之间的知识交流质量是创新生态系统开放创新活动成功的核心。但由于知识特征、各创新主体间组织特征、关系特征等差异，不同创新主体之间的知识交流具有一定的难度。在产业创新生态系统中，知识转化群落是指孵化器、科技服务业、创业者及各类共生平台等促进基础知识和应用知识转化为商业化技术的个人和组织，其主要目的是将知识生产群落中的知识转化为以产业应用为目的的技术，是实现理论知识到商业化技术跨越的重要一步，是连接知识生产群落和价值实现群落的桥梁，对解决产业创新生态系统中不同创新主体之间知识交流的困境具有重要作用。

---

① Molm L D, Collett J L, Schaefer D R. Building solidarity through generalized exchange: a theory of reciprocity[J]. American Journal of Sociology, 2007, 113（1）: 205-242.

知识是一种重要的资源，组织内部和组织之间的知识交流促进了创新。近年来，组织越来越多地转向从外部合作伙伴处获取知识。在促进这些外部知识交流的同时，创新范式中的开放性正在逐步取代传统创新过程专注于组织内部的观念，开始转向跨组织边界共享知识。开放创新生态系统包括多个知识基础、目标、利益关系不同的参与者，如高校、科研院所、中小企业和大企业等。开放式创新生态系统涉及多个利益相关者之间的知识转移，以促进产品和服务创新，并在一定程度上取代了共同创造的网络层面方法。生态系统是开放创新活动的核心，知识转化群落可以有效管理生态系统不同特征合作伙伴之间的知识和信息传递，对产业创新生态系统的开放式创新过程至关重要。可见，知识转化群落的主要作用是：解决知识生产群落和价值实现群落之间信息不对称、信任、关系连接等问题；将知识生产群落中创造的具有产业应用价值的知识通过孵化器、产业技术研究院、共生平台、创业者等转化为技术，在知识转化为技术的过程中，需要经过产业化价值评估—应用研究—成果试制—样品检测等阶段。

3. 价值实现群落

价值实现群落与商业生态系统理论密切相关。商业生态系统理论源于战略管理领域的研究，学者们认为商业生态系统是企业竞争优势的来源。商业生态系统理论源于价值网络的思想，由于单个企业无法通过自身资源和能力满足市场需求，多个企业通过整合它们的能力和资源形成商业生态系统，共同满足市场需求，从而创造价值。从本质上来讲，知识创造与价值创造的逻辑完全不同，知识创造的逻辑是线性且清晰的，从知识生产到知识转化，各创新主体根据知识和技术的差异在知识商业化的创新链条上进行分工合作。价值实现的逻辑是复杂和非线性的，为了满足市场需求，多个企业在不同的领域开展竞争与合作。商业生态系统并不遵循线性价值创造过程，而是由很多企业组成的网络，许多企业都不在传统价值链范围之内。不同的公司相互合作，共同为客户提供产品或服务。在价值实现群落的运行逻辑中，价值链并不是一个线性过程，而是由许多横向的公司组成的"合作竞争"的网络结构。在商业生态系统中，为终端市场提供产品和服务价值的是一个相互依存、相互关联的企业系统，而不是单个公司，每个参与企业都为满足终端市场需求提供一个具体的产品或方案。与知识生态系统关注知识和技术创新不同，商业生态系统将市场和客户需求引进系统，只有为市场和客户创造价值，系统才能获取价值。例如，苹果公司iPod（internet portable audio device）的诞生，就是利用商业生态系统开发了可用于购买软件和音乐的iTunes，从而获取了巨大的商业价值。创新的最终目标是为了实现价值，但知识生产群落、知识转化群落并不能直接获取价值，而能够创造并获取价值的价值实现群落对于先进制造业创新生态系统具有重要的意义。价值实现群落是指企业、客户、市场等为商业化的知识和技术创造价值并获取价值的个人和组织，其特征是以满足市场和客户需求为导向，在全球配置资源，创新产品或服务，从而获取价值。在先进制造业创新生态系统的价值实现群落中，其主导力量是龙头企业，在创新的初始阶段将产业链相关企业及客户与市场纳入其中，强调企业与产业链整合创新，以及企业与客户和市场的合作创新。

（二）创新资源

先进制造业创新生态系统中的创新资源是指三大创新群落中的创新主体所拥有的以及在系统中可以获得的资源，主要包括人才、资金、物资、数据等。

1. 创新人才资源

人是先进制造业创新生态系统发展的核心。知识生产所需要的学术研究型人才、发明家等，知识转化所需要的金融人才、技术开发人才、技术经纪人、创业者等，价值实现所需要的企业家、技术人才、管理人才等，都是驱动先进制造业创新生态系统发展的核心。先进制造业创新生态系统的人才可以通过两个渠道获取，一是培育，二是引进。人才培育主要通过知识生产群落中的高校、科研院所进行，先进制造业创新生态系统所在区域高校、科研院所对优秀学生的吸引力、学科设置、课程设计、学术水平、人才培养体系等对人才培育都很重要，具体来看，"双一流"高校数量、A+学科数量、高质量论文发表、高水平研发团队的建设、毕业生就业率、优秀校友资源等都影响区域对优秀学生的吸引力及创新型人才的培育水平，而这两者又是相互促进的，即创新型人才培育水平高，会吸引更多的优秀学生，从而进一步提升创新型人才的培育水平，如硅谷成功的创新生态系统是由于斯坦福大学在其中起着核心的驱动作用，为硅谷培育人才、输出知识、创新技术及服务。从长远来看，高校、科研院所的教育、学术水平和社会服务能力是影响先进制造业创新生态系统可持续发展的核心，而提升教育水平是一个长期的战略，受多方面因素的影响，不能一蹴而就。人才引进也是先进制造业创新生态系统获取人才的重要渠道，人才引进首先要对人才进行评估，根据先进制造业创新生态系统的需求制订所需人才清单，按照清单制定人才引进政策，通过薪酬、职业发展规划、公共服务资源支持等方式在全球范围内吸引合适的人才到先进制造业创新生态系统中发展。如何识别人才、评估人才、吸引人才、留住人才、激发人才在系统中发挥更大的潜力、将人才价值转化为系统的价值是先进制造业创新生态系统在人才引进中需考虑的关键问题。

2. 创新资金资源

资金是先进制造业创新生态系统发展的关键，金融支持是先进制造业创新生态系统不同创新群落之间实现共生的润滑剂和催化剂。先进制造业创新，特别是涉及关键核心技术的颠覆性创新具有高风险、高投入、高不确定性的特征，且共性技术具有公共产品的特征，可能会导致溢出和搭便车的行为，因此，很多企业不愿大量投资于关键核心技术和共性技术的研发和实验阶段，但充足的资金是科技成果成功转化的必要条件，这就需要科技金融的支持。在前期的发展过程中，大量来自全球的风险资本通过美国开放创新的金融制度极大地促进了硅谷的技术创新，并助力新创企业成长，如Microsoft（微软）、Apple（苹果）、Facebook（脸书）、特斯拉等都是在风险资本的支持下，不断成长为世界级创新型企业，这些企业的成功会促进硅谷创新生态系统的不断发展，从而吸引更多的风险资本进入硅谷，进一步促进硅谷创新生态系统的持续发展。

3. 创新物资资源

物资是先进制造业创新生态系统发展的基础，是先进制造业创新生态系统发展的硬件基础，包括区域所能提供的土地、厂房、设备、基础设施配套等。土地是稀缺资源，如何通过制度优先保证先进制造业创新生态系统中各创新群落的创新活动用地是关键问题之一。先进制造业创新需要的重大设备并不是单个企业所能负担的。在一个产业创新生态系统中可形成共享平台，将各创新群落的设备资源整合，通过合作、委托加工、租赁等方式实现设备共享，从而提升设备的使用效率和应用价值。在先进制造业创新生态系统中，区域的厂房、基础设施配套等需要体现现代化、便于使用、低价使用、整合创新资源等优势。

4. 创新数据资源

数据是指数据基础设施建设、数据平台等。数字化背景下，数据已成为促进先进制造业创新生态系统发展的重要生产要素。先进制造业创新生态系统发展的难点之一是不同创新主体和创新群落之间知识交流质量不高、信息沟通不畅，数字化为知识流动和信息沟通提供了重要的途径。通过数据基础设施建设和数字化共生平台，显性知识和信息可以在不同创新主体和创新群落之间实现自由流动，在一定程度上可以解决先进制造业创新生态系统中的信息不对称问题，促进知识的流动。

综上，在先进制造业创新生态系统中，创新主体、创新群落通过互补、交易、合作、竞争实现创新资源的流动和增值，单个创新主体可以获得比独立发展更多的创新资源，从而促进系统竞争力的提升。

（三）创新环境

创新环境是指支持先进制造业创新生态系统各创新主体和创新群落协同共生发展及保障创新资源持续高效投入系统的宏观环境，包括政策环境、经济环境、社会文化环境、技术环境、数字化发展等。

1. 政策环境

与商业生态系统不同，先进制造业创新生态系统是一个对政策依赖程度较高的系统，特别是在培育期和再生期。先进制造业创新生态系统的培育期，区域内创新主体之间的联系比较松散，在高校、科研院所中，科研人员为了学术发展的需要会主动进行持续的科研合作创新，如共同发表论文、出版著作、申请专利等，但其目标主要是出于学术兴趣、获取课题、科研考核、培养学生等。企业之间也会有一些项目合作，但主要是为了满足客户需求的流程、产品、服务创新等。由于知识、技术和商业的目标差异大，产学研之间的协同创新较难推进，而这也一直是学术界研究的热点之一。学者们认为，创新主体之间竞合共生、多元化创新群落的形成、创新群落之间的持续互动需要政策的支持和促进。先进制造业创新生态系统的再生期，原有的技术范式已无法适应产业环境的变化，需要产业融合跨越式创新，即彻底革新原有的技术范式才能实现先进制造业创新生态系统的可持续发展。在先进制造业创新生态系统中，占主导地位的价值实现群落有可能由于组织惰性、囿于市场利润等难以实施技术范式的革新，因此，需要政府政策予以一定的引导和支持，协助系统度过产业根本性转型的难关。政策环境越友好、政策支持力度越大的区域，先进制造业创新生态系统发展越好。

2. 经济环境

经济环境是指区域的生产总值、经济发展阶段、居民收入水平、支出模式和消费结构、居民储蓄和信贷情况、地区和行业发展状况、城市化程度等多种因素。良好的经济环境是先进制造业创新生态系统发展的重要支撑。经济环境越好的区域，先进制造及相关行业发展水平越高，与先进制造业相关的金融资本发展水平越高，越容易培育先进制造业创新生态系统。经济环境越好的区域，城市化程度越高，越容易吸引创新人才。经济环境越好的区域，居民收入水平越高，消费能力越强，市场化程度越高，能为先进制造业创新生态系统提供强大的市场基础。

3. 社会文化环境

社会文化环境是指在一种社会形态下形成的文化氛围、价值观、审美观、宗教信仰、道德规范、风俗习惯、人文风情等被社会所公认的各种行为规范。先进制造业创新生态系统如热带雨林一般，是根植于区域的产业系统，创新群落和创新主体之间的知识交流质量和知识交换氛围一直是产业创新生态系统获得可持续发展的难点。社会文化环境所形成的各种行为规范会影响社会对创新、知识交流、创业等的看法，从而影响知识交流质量和知识交换氛围，影响先进制造业创新生态系统的可持续发展。学者们研究发现，人与人之间的信任、共同的价值观和行为规范、对创新的宽容等会改变知识交换氛围，提高创新群落、创新主体之间的知识交流质量，从而提升创新成功率。

4. 技术环境

技术环境是指区域产业技术发展阶段、技术转化和创新的行为模式、数字化发展环境等，如国家对科技开发的投资和支持重点、技术发展动态和研究开发费用、技术转移和技术商品化速度、专利及其保护情况、数字化与产业融合情况等。先进制造业创新生态系统是以创新为显著特征的产业生态系统，区域技术环境对先进制造业创新生态系统的发展具有举足轻重的作用和意义。国家和区域对先进制造业的科技开发投资越多、设立的国家级和区域级重大项目越多、研发投入强度越高、技术转移和技术商业化速度越快、专利保护制度越完善、数字化与产业融合度越高，区域技术环境对先进制造业技术创新发展的支持力度越大，先进制造业创新生态系统越有可能实现可持续发展。

综上，如图3-4所示，先进制造业创新生态系统由创新主体、创新资源、创新环境构成。从共生理论的视角来看，创新主体是先进制造业创新生态系统的共生主体和共生平台，创新资源为创新主体的共生提供基质，创新环境为创新主体之间的共生提供环境，创新主体之间的互动形成了共生网络。价值实现群落是围绕产业链形成的价值创造和价值获取群落，其核心是龙头企业，价值实现群落以市场需求为导向在全球范围内配置资源。知识生产群落具有地理黏滞性和区域根植性，知识生产群落在区域发展过程中所形成的文化氛围、学术特色、育人体系、校友资源具有不可替代性。知识转化群落是连接知识生产群落与价值实现群落的纽带，是知识生产走向价值创造的重要环节。在数字化背景下，知识流动和信息传播的速度加快，显性知识和公开信息的交流、产业链配套已突破地理区域的限制，但是隐性知识和核心信息的流动仍具有显著的区域黏滞性，而这些是先进制造业创新生态系统获取世界级竞争力的关键所在。本书提出具有区域根植性的以龙头企业为主导的核心创新体是培育和建设先进制造业创新生态系统的关键所在，核心创新体包括根植于本地产业链上的龙头企业、独角兽企业、"专精特新"企业、核心研发机构、核心创新创业载体、核心客户等，数字化共生平台以大数据和云计算的工业互联网为基础，为核心创新体之间的知识交流提供平台支持。

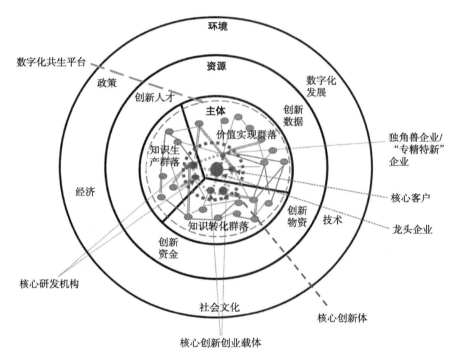

图 3-4　先进制造业创新生态系统构成要素示意图

三、运行机制与演化过程

（一）运行机制

WMIE是一个复杂的非线性系统，涉及诸多要素的交互作用。因此，WMIE对世界级竞争力的影响也是一个复杂的过程，具有复杂性、系统性和动态性。如图3-5所示，WMIE由"一体、三链、三群落"构成，其中，"一体"是指以龙头企业为主导的核心创新体，"三链"是指知识链、技术链和价值链，"三群落"是指知识生产群落、知识转化群落和价值实现群落。WMIE具有复杂性、系统性和动态性的特征，其中，复杂性是指WMIE各构成要素之间的关系是非线性嵌入的，其创新行为是复杂的。一方面，"三链"之间相互影响，"三群落"之间竞合共生，"一体"内部相互交融；另一方面，"一体"、"三链"和"三群落"之间也具有生态共生性。系统性是指WMIE是构成要素之间的一个生态联结的架构，需要以系统的思维考察"一体、三链、三群落"之间的关系。动态性是指WMIE为适应动态发展的环境,不断更新系统结构及各构成要素之间的生态联结架构,并作出动态的创新性反应。本部分将主要阐释"三群落"共生演化机制、"一体"管理与协调机制、"三链"协同治理机制和价值创造与获取机制,知识优势形成机制作为重点,将在后面的章节中详细介绍。

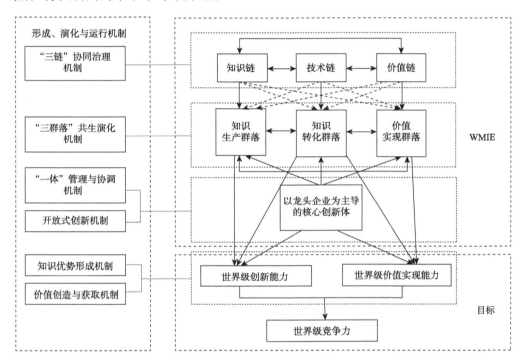

图 3-5 WMIE 研究框架图

1. "三群落"共生演化机制

"三群落"是指先进制造业创新生态系统中的三大创新群落——知识生产群落、知识转化群落和价值实现群落。"三群落"实现共生演化最大的难点是知识生产群落和价值实现群落的目标不同,知识生产群落的目标是创造知识,实现学术价值;价值实现群落的目标是满足客户和市场需求,实现市场价值。学术价值更多是基础研究、理论知识上的突破,市场价值更多是经济价值。知识生产群落中的主体——大学曾被誉为"象牙塔",即专注于从事学术事业或教书育人,这一使命与产业界的目标不一致。但近年来,在亨利·埃茨科威兹等提出的"三螺旋模型"中,大学的使命已发生了两次大的变化,即从最初储存和传播知识到研究和创造新知识的转变,再到以多种方式应用知识以促进经济和社会发展的转变,这一转变使知识生产群落和价值实现群落有了实现共生的空间。"三螺旋模型"提出后，创业型大学的概念应运而生，创业型大学在区域知识商业化的发展过程中作用日益增强，提供了从知识空间（聚焦区域创新环境，不同的行动者通过集中相关的R&D活动和其他相关活动，致力于改善当地的创新条件）、共识空间（在高校、政府、产业间结成多重相互的"三螺旋"中产生理念和战略）到创新空间（建立、吸引公共的与私人的风险资本，实现资本、技术与知识的结合）的拓展，大学的核心功能也从教学与科研拓展到支持经济与社会发展，在区域和产业创新中扮演关键角色。在当前国际竞争环境中，创新不能由单个公司、单个研究者或跨国合作的研究者去独自承担，创新已从公司内、公司间的过程扩展到涉及各种组织机构参与的开放式创新过程，这些机构的主体就是知识生产群落，它们从传统意义上来讲并不直接从事创新，因此，创业型学术模式是知识经济发展的新趋势。这一模式的成功需要两方面的转变，一个是大学，大学的技术转移办公室通过内部搜索机制识别可能实现产业化的学术项目，另一个是产业界，产业或政府可通过设立项目找到能为产业技术创新提供解决方案的大学咨询机构或科研团队，通过雇用学者或与咨询中心签约以提供项目经费的形式支持学术界的知识产业化。在知识生产群落和价值实现群落实现协同共生的过程中，较困难的是建立促进知识交流的社会氛围、信任机制和沟通平台。知识转化群落包括金融机构、新型研发机构、孵化器、创新创业载体、创业者等，为促进知识商业化、知识价值化提供资金、平台和常态化的交流机制。

　　2. "一体"管理与协调机制

　　"一体"是指以龙头企业为主导的核心创新体。以龙头企业为主导的核心创新体对先进制造业创新生态系统的管理与协调能力是先进制造业创新生态系统获取世界级竞争力的关键所在。核心创新体包括根植于本地产业链上的龙头企业、独角兽企业、"专精特新"企业、核心研发机构、核心创新创业载体、核心客户等。数字化背景下，核心创新体通过构建数字化共生平台，获取各节点的数据，使用大数据建设平台的分析系统，整合核心创新资源，控制系统的知识链、技术链和价值链，来吸引全球资源，形成知识网、技术网、价值网，统筹并分配系统价值。核心创新体通过构建标准化数字共生界面，为其他参与者提供某种技术标准或关键资源或规制手段以提高各主体的自身价值，从而成为管理系统主体和协调系统种群的核心力量，积极有效地促进和引导先进制造业创新生态系统的持续健康成长[①]。以龙头企业为主导的核心创新体对先进制造业创新生态系统的管理

---

　　① Williamson P J, de Meyer A. Ecosystem advantage: how to successfully harness the power of partners[J]. California Management Review, 2012, 55（1）: 24-46.

与协调能力主要体现在通过数字化共生平台管理知识流动性、管理创新专用性、管理系统价值分配和稳定性等三方面。先进制造业创新生态系统"一体"管理与协调机制示意图，如图3-6所示。

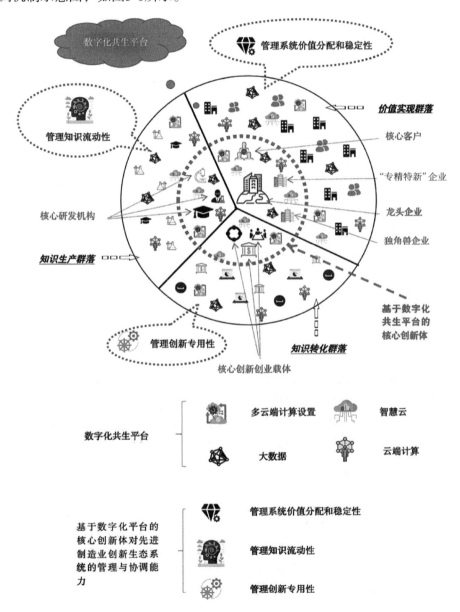

图3-6　先进制造业创新生态系统"一体"管理与协调机制示意图

3. "三链"协同治理机制

"三链"是指知识链、技术链和价值链，"三链"是在"三群落"基础上提炼而来的。知识链的目标是创造知识，创新链的目标是实现技术创新，价值链的目标是创造和获取价值。"三链"协同治理机制的根本目标是实现"三链"之间的融合及"三群落"的共生。与"三群落"一样，"三链"协同治理的难点是如何将目标不一致的知识链、创新链和价值链通过一定的治理机制实现统一，其核心是以价值链为主导将知识链、创新链中的关键要素整合到一起，实现价值创造和价值获取。

4. 价值创造与获取机制

先进制造业创新生态系统中的价值创造与获取机制是获取世界级价值实现能力的关键。企业的核心竞争力体现在比竞争对手获取更多的价值，而价值创造取决于公司的创新能力。为了获取价值，很多企业都努力成为第一个将创新引入产业的企业。但在开放式创新时代，创新不是单个企业的任务，而是由一个产业创新生态系统中多个创新主体共同实现的，因此，如何促使一个产业创新生态系统产生并获取更大的价值是系统中企业成功的关键。与单个企业创新不同，产业创新生态系统包括围绕核心企业的多个相互依赖的创新主体，包括知识生产群落、知识转化群落、价值实现群落，一个主体创造的价值可能被另一个主体获取并最终实现其市场价值。从全球产业价值链的视角来看，一些区域的产业系统产生的价值可能被另一个区域的产业系统获取。例如，中国很多企业为苹果公司代工，但由于大多数企业处于价值链的中低端，缺乏价值获取能力，最终所创造的价值被苹果公司所在的区域产业系统获取。因此，实现先进制造业全球产业价值链攀升的本质，就是培育区域产业创新生态系统，通过关键核心技术创新突破价值链的低端锁定，提升其价值创造和获取能力。

（二）演化过程

如自然界的生态系统一般，先进制造业创新生态系统是一个随时间发展而不断演化的系统。从技术生命周期理论、交易成本理论和动态能力理论的视角，本书从时间、系统竞争力和主体间共生程度三个维度，将先进制造业创新生态系统的生命周期分为：产生（培育）阶段、发展阶段、成熟（完善）阶段、跃迁（再生）阶段（图3-7）。

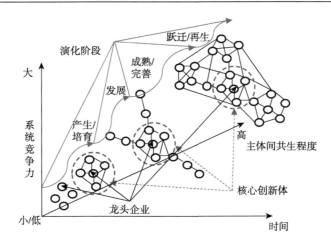

图 3-7　先进制造业创新生态系统演化过程示意图

1. 产生（培育）阶段

根据大卫·李嘉图的比较优势理论和赫克歇尔-俄林的新古典贸易理论，每个区域都有一定的资源禀赋，具有比较优势。根据产业经济学理论，区域在长期的发展过程中通过构建基于区域资源禀赋的产业结构能促进区域的可持续发展。因此，先进制造业创新生态系统的培育应在区域资源禀赋的基础上，根据区域产业结构特征，结合区域的科技创新资源，制定相应的发展规划。在先进制造业创新生态系统产生（培育）阶段，创新主体还较分散，创新群落还未形成，由于各创新主体的目标不一致，如果仅靠市场机制，很难将创新主体整合到一个系统之内，发挥协同创新的价值。可以通过政府主导、市场引导，培育创新环境，汇聚创新资源。政府通过基础设施建设、数字平台建设、城市生态环境建设、创新政策突破、科技金融体系完善、鼓励创业氛围、营造包容创新的文化等，培育适宜于创新群落生长的土壤和环境，提供创新群落成长需要的创新资源。培育先进制造业创新生态系统主要有两种方式：一是某区域培育或引入具有世界级潜力的龙头企业，利用龙头企业的影响力，将其核心配套产业链吸引至本区域发展，并通过工业互联网等数字化共生平台与本区域产业链主导企业、重要客户、核心研发机构、核心创新创业载体等协同发展，逐渐形成龙头企业为主导的核心创新体；二是在本产业链吸引并培育大量创新创业企业，掌握若干产业关键技术，形成各具特色的独角兽企业、"专精特新"企业、隐形冠军企业等，与重要客户、核心研发机构、核心创新创业载体等协同发展，共同推动产业创新生态系统的形成。这两种方式都需要核心创新体具有区域根植性，在核心创新体中，高校院所、创新创业载体具有区域黏滞性，区域市场虽然需要引导，但总体来看是恒定的，只有企业的区域根植性具有很大的不确定性。企业的最终目标是获取利润，区域根植性不是仅通过政策优惠等即时满足但易被模仿替代的方式来培育或吸引企业，而是从创新环境、创新资源、创新群落持续互动的动态演化过程中，打造区域创新环境和创新资源的核心竞争力来实现企业的可持续发展，从而使企业具有区域根植性。例如，硅谷的成功，不仅是政策创新或斯坦福大学的学术能力，更重要的是大量创立并根植于硅谷、在高科技产业掌握关键核心技术的企业与斯坦福大学、金融机构等长期持续互动，共同推动了硅谷的发展。

先进制造业创新生态系统在培育阶段的特征是：创新主体分散、创新群落未形成，区域未出现世界级产业龙头企业，独角兽企业、"专精特新"企业、核心研发机构、核心创新创业载体、核心客户等都在培育和建设过程中；创新资源较缺乏，难以在全球范围内吸引创新资源；创新环境不完善，缺乏核心创新政策，创新关键环节的体制机制亟待突破；系统竞争力较弱，表现为规模小、创新能力弱、品牌影响力小；动力机制是政府主导、市场引导。

2. 发展阶段

先进制造业创新生态系统进入发展阶段的标志是核心创新体的形成。核心创新体是由龙头企业、独角兽企业、"专精特新"企业、核心研发机构、核心创新创业载体、核心客户等共同构成。在数字化背景下，核心创新体以数字化共生平台为基础实现创新主体之间的协同共生，如龙头企业利用工业互联网实现人、机、物、系统的全面链接形成共生平台，利用互联网、大数据、人工智能与实体经济深度融合，通过新业态、新产业重塑企业供应链、产业链、创新链和价值链，通过数据、信息链接促进核心创新主体之间的知识流动、共享、转化、创新和价值实现。核心创新体逐渐在知识生产、知识转化、价值实现等方面具备了世界领先的能力，形成独特的知识优势，在规模、技术、品牌等方面快速发展，通过市场引导和政府支持，利用数字化共生平台在全球吸引相关企业、组织和个人融入系统中，从而促使该系统快速成长。

先进制造业创新生态系统发展阶段的特征是：创新主体间共生程度不断增加，并逐步形成知识生产群落、知识转化群落、价值实现群落，系统中形成以龙头企业为主导的核心创新体；创新资源逐渐增加，开始在全球范围内吸引创新资源；创新环境逐渐优化，政府出台并落实以创新为首要发展目标的政策体系；系统竞争力开始增强，形成在全国领先的市场规模、创新能力和品牌影响力；动力机制是政府和市场共同主导。

3. 成熟（完善）阶段

先进制造业创新生态系统进入发展阶段的标志是获取世界级竞争力。在成熟（完善）阶段，先进制造业创新生态系统的核心创新体已具备区域根植性，系统已形成世界级的创新能力、品牌影响力和规模。核心创新体通过不断完善的数字化共生平台,使系统在全球范围内吸引更多创新主体加入系统。创新主体间共生程度不断提升,区域创新氛围浓厚、创业激情澎湃。创新群落之间信任机制基本建立,持续开展正式和非正式的良性互动,通过竞合共生形成相互交融的知识网、技术网、价值网,获取世界级竞争力。

先进制造业创新生态系统成熟(完善)阶段的特征是:知识生产群落、知识转化群落、价值实现群落根植于本区域并形成自组织机制,三大群落协同共生,群落中各主体之间已建立信任机制、沟通机制,正式和非正式交流活动频繁,三大群落之间的治理机制完善;创新资源充足,并在全球范围内吸引创新资源;创新环境优越,创新政策体系完善,区域创业氛围浓厚,创新引领、尊重人才、崇尚知识已成为区域文化的基本特征;系统形成世界排名前三的产业规模、创新能力和品牌影响力;动力机制是市场主导、政府支持。

4. 跃迁(再生)阶段

根据产业生命周期理论,产业进入成熟期后,资源枯竭、效率降低、需求收入弹性降低、经济过度聚集等因素会导致产业进入衰退期,如果产业发展完全依赖市场机制,产业就会走向衰败,甚至消失。先进制造业创新生态系统是以创新为显著特征的产业生态系统,但在产业走向衰退期的时候,由于技术范式锁定、核心刚性和组织惰性,先进制造业创新生态系统的"大脑"——以龙头企业为主导的核心创新体较难主动寻求产业的转型和再生。因此,在跃迁(再生)阶段,政府主动寻求变革、提前布局新产业的主导作用就至关重要了。在数字化背景下,先进制造业创新生态系统面临产业技术变革时,数字技术本身具有的融合性特征能促进产业融合式创新,同时,还能利用系统开放性、自组织性及政府支持和引导,避免技术锁定和核心刚性,实现系统的创新式转型发展。

先进制造业创新生态系统在跃迁(再生)阶段的特征是:由于产业进入衰退期,而新的产业还未成熟,知识生产群落、知识转化群落、价值实现群落各主体开始出现冲突,一些创新主体在冲突的过程中被兼并、移除系统甚至消失,一些新的创新主体进入系统中,核心创新体的主导企业发生变化,系统结构发生根本性变革;创新资源开始流失,系统在全球吸引创新人才、创新资金的能力开始减弱;创新环境固化,区域基础设施建设、数字化平台等由于时间关系开始老化、过时,政策体系遵循原有技术范式设计,亟须随着产业发展而进行适当调整、变革;系统竞争力开始减弱,市场规模下降、创新能力减弱、品牌影响力降低;动力机制是政府主导、市场引导。

先进制造业创新生态系统生命周期表,如表3-1所示。

表 3-1　先进制造业创新生态系统生命周期表

特征	产生（培育）阶段	发展阶段	成熟（完善）阶段	跃迁（再生）阶段
系统竞争力	弱	较强	强	弱
主体间共生程度	弱	较强	强	弱
创新主体	创新主体分散、创新群落未形成，区域未出现世界级企业和核心创新体	开始形成创新群落、龙头企业为主导的核心创新体	根植于本区域并形成自组织机制	创新主体之间出现冲突，系统结构发生根本性变革
创新资源	缺乏	增加	充足	流失
创新环境	不完善	逐渐完善	优越	固化、过时
动力机制	政府主导、市场引导	政府和市场共同主导	市场主导、政府支持	政府主导、市场引导

综上，先进制造业创新生态系统是一个由创新资源、创新主体、创新环境构成的，包括共生主体、共生基质、共生平台、共生网络、共生环境五大共生要素的不断演化的产业创新系统，其目标是获取某一产业的世界级竞争力；具体而言，该系统是以根植于某一区域的世界级龙头企业为主导，以独角兽企业、"专精特新"中小企业、核心研发机构、核心创新创业载体等构成基于数字化共生平台的核心创新体为中心，依托区域创新环境（共生环境）的保障和支撑，在全球范围内吸引创新主体和创新资源（共生基质）形成的知识生产群落、知识转化群落、价值实现群落，创新群落各主体在长期持续的竞合互动中形成共生网络，通过共生网络的持续强化与拓展，形成在某一先进制造业领域拥有世界级规模、世界级技术创新力和世界级品牌影响力的可持续发展的产业创新系统。

第二节　先进制造业创新生态系统知识优势

拥有其他系统难以复制且能带来持续价值的知识优势是世界级先进制造业创新生态系统的显著特征，但先进制造业创新生态系统知识优势是什么？有什么特征？这些问题在现有研究中并没有得到充分讨论，本章将深入探索先进制造业创新生态系统的知识优势，界定其概念，分析其特征，阐述其分类。

一、概念及特征

（一）概念

知识优势的概念源于战略管理研究领域的竞争优势理论。竞争优势理论由波特提出，竞争优势是指企业比竞争对手创造更多客户认可的价值，能获取更多的超额利润。竞争优势的研究一直是学术界的热点问题：产业组织学派认为产业结构决定产业的盈利能力，选择什么样的产业决定了企业能否获得竞争优势；资源基础学派认为企业资源和能力决定企业能否获得竞争优势。随后，在《国家竞争优势》一书中，波特将竞争优势的概念从企业扩展到国家，他认为全球竞争的基本原则不是笼统地说某个国家有竞争力，而是指某个国家在某个产业特别具有竞争力，进而提出国家竞争优势的钻石模型。"钻石模型"是全新的竞争力研究体系，比较优势理论是指同一国家不同产业间的比较关系，研究的是各国不同产业的发展潜力，而竞争优势是指在同一市场竞争环境下，各国或地区同一产业所表现出来的不同市场竞争力，强调不同国家或地区同一产业的比较关系，研究的是全球化背景下各国之间同一产业的竞争态势。某国具有比较优势的产业会形成较强的国际竞争优势，而某国某产业的比较优势需要由该产业在全球的竞争优势体现[①]。

产业竞争优势是产业竞争比较的内容，其实质是一个产业的比较生产力，是指企业或产业以比其他竞争对手更有效的方式持续生产出消费者愿意接受的产品的综合能力，从而获得经济效益。因此，产业竞争优势最终体现在产品、企业和行业的市场实现能力上。产业竞争力比较的范围是国家或地区，产业竞争力是一个区域概念，强调影响区域经济发展的产业转移、产业集聚、区位优势等因素。国外学者将国际竞争力的形成机制描述为公式：国际竞争力=竞争资产×竞争过程。其中，资产要么是固有的（自然资源），要么是创建的（基础设施），这一过程是指资产转化为经济结果（如通过制造），再通过国际化（以国际市场衡量的结果）实现国际竞争力的过程。我国学者对该理论进行了修正，构建了产业竞争力分析模型：产业竞争力=竞争资产×竞争环境×竞争过程。

与商业生态系统理论所研究的全球范围不同，先进制造业创新生态系统是一个区域的概念，是指以根植于某区域的核心创新体为中心的产业生态系统，因此，先进制造业创新生态系统也强调产业集聚、产业转移、区位优势等影响区域经济发展的各种因素。先进制造业创新生态系统知识优势是指该系统所形成的基于知识和创新的动态竞争优势，其表现形式是产业竞争力，衡量指标包括市场规模、创新能力和品牌影响力。

（二）特征

先进制造业创新生态系统知识优势是基于知识和创新的动态竞争优势，与基于土地、森林、矿产等自然资源及基础设施等固定资产的竞争优势不同，先进制造业创新生态系统知识优势具有能动性、动态可持续性、边际效益递增性等特征。

---

① 陶良虎，张道金. 论产业竞争力理论体系[J]. 湖北行政学院学报，2006，（4）：53-55.

1. 能动性

知识分为显性知识和隐性知识。显性知识通过阅读书籍资料、参加会议、查询数据库等方式获取，隐性知识则无法直接获取，是一种无法言传的知识，需要通过分享、总结、归纳、应用等才能习得。可见，知识优势与基于资源、固定资产等的竞争优势不同，知识必须通过个人、组织之间的知识分享，通过主动学习、转化、应用等过程才能产生知识优势。依托自然资源而形成产业竞争优势的区域，可以直接利用自然资源构建区域特色产业体系，如德国的鲁尔工业区，美国的匹兹堡，中国的大庆、金昌、攀枝花、克拉玛依等。但知识不同，并不是知识资源越丰富的区域，产业知识优势越强，而是越能发挥能动性利用知识获取产业竞争力的区域，其产业知识优势越强。因此，先进制造业创新生态系统知识优势具有能动性的特征。

2. 动态可持续性

土地、森林、矿产等自然资源是有限的，是静止的，终有一天会枯竭，但知识是动态的、可持续的，知识不仅不会消失，还会随着时间的推移而不断增加、更新和修正。人类社会的知识是随着人类进步而不断积累和发展的，是客观存在的，但个体心灵的知识不是客观现实本身，而是一种个体的主观表征。一般来说，个体知识以从具体到抽象的层次网络结构形式存储在大脑中。个人在社会共同知识基础的学习过程中不断提升知识素养，个体通过认知活动促进其知识结构不断完善、知识内容不断丰富，从而推动整个社会共同知识基础的发展和进步。社会共同知识基础随着时间的推移在不断增加，只要人类在进步，人类的认知水平和学习能力在提升，那么知识在分享、交流、应用的过程中必然会不断丰富、更新、修正、拓展、增值，从而实现动态发展。因此，先进制造业创新生态系统知识优势具有动态可持续性的特征。

3. 边际效益递增性

知识能产生价值，边际效益递增是指知识投入每增加一倍，生产者的效益呈逐倍递增趋势。知识使用的次数越多，使用的情景越丰富，知识流动越频繁，知识运用越熟练，知识增值就越快，生产者的知识价值越高所产生的收益就越高。通过个体之间的分享、学习、交流、创新，个人知识可以实现从量变到质变，个人知识还可以成为群体知识，从而使社会共同知识基础得到持续积累与提升。知识每多使用一次、多一个人分享、多一个情景应用并得到及时反馈与适当更新，知识所产生的价值就越大，知识的边际效益就会递增。

二、分类

先进制造业创新生态系统知识优势是基于知识和创新的动态竞争优势，其目标是获取世界级竞争力，即世界级规模、世界级创新能力、世界级品牌影响力。先进制造业创新生态系统知识优势具有能动性、动态可持续性、边际效益递增性，可见，形成知识优势的载体是先进制造业创新生态系统中拥有知识、分享知识、创新知识、实现知识价值的主体，即知识生产群落、知识转化群落和价值实现群落。结合基于知识的创新价值链的三个环节：知识生产—知识转化—价值实现，根据先进制造业创新生态系统的三大创新群落，以获取世界级竞争力为目标导向，我们将先进制造业创新生态系统的知识优势分为客户与市场知识优势、产业链整合知识优势、产学研合作知识优势三类①。

（一）客户与市场知识优势

企业存在的唯一目的就是创造顾客，越来越多的企业开始实施客户导向的创新战略②。客户与市场知识优势（marketing-oriented knowledge advantage，MKA）是指先进制造业创新生态系统中的企业通过更快、更高效地理解客户与市场的最新和潜在需求，通过更多的渠道获取与客户合作创新的机会而形成的竞争优势。客户与市场知识优势是先进制造业创新生态系统形成品牌影响力的关键，是先进制造业创新生态系统获取持续竞争优势的基础③。在数字化背景下，先进制造业创新生态系统的客户与市场知识优势更加明显。首先，数字化背景下，数字技术让先进制造企业与客户和市场的互动更加紧密，先进制造业技术更新快，客户和市场需求的细微变化甚至可能带来行业的根本性变革④。大数据、人工智能等数字技术能实时跟踪客户需求，把握市场变化的信号，获取海量的客户和市场数据，并通过各类分析与预测技术，理解、适应甚至引导客户的需求。同时，数字化背景下，地理的邻近性使客户和市场为先进制造企业的发展提供应用场景，先进制造企业可通过数据获取用户使用产品后的反馈，迭代创新产品开发模式，发现潜在的市场机会⑤。其次，在数字化背景下，数字技术可重塑并引导用户的消费需求，先进制造企业可利用平台和大数据分析技术对用户的需求进行主动探索，发

① Bathelt H，Malmberg A，Maskell P. Clusters and knowledge：local buzz，global pipelines and the process of knowledge creation[J]. Progress in Human Geography，2002，28（1）：31-56.

② 项保华，罗青军. 顾客价值创新：战略分析的基点[J]. 大连理工大学学报（社会科学版），2002，（1）：1-4.

③ 卢俊义，王永贵. 顾客参与服务创新与创新绩效的关系研究：基于顾客知识转移视角的理论综述与模型构建[J]. 管理学报，2011，8（10）：1566-1574.

④ 郑瑛琨. 经济高质量发展视角下先进制造业数字化赋能研究[J]. 理论探讨，2020，（6）：134-137.

⑤ 严子淳，李欣，王伟楠. 数字化转型研究：演化和未来展望[J]. 科研管理，2021，42（4）：21-34.

现潜在的市场需求，产生内生性的市场机会①。最后，各主体通过与客户的正式和非正式沟通逐渐增加彼此之间的了解，通过大数据平台，各主体之间在持续互动过程中形成信任机制，系统中的企业还更容易获取与客户合作创新的机会。因此，通过更容易地获取客户和市场的最新信息及潜在的需求信息，获取与客户合作创新的机会，先进制造业创新生态系统会拥有客户与市场知识优势。

（二）产业链整合知识优势

先进制造业创新生态系统最突出的特征是以先进制造业产业链为主导，基于产业链整合知识优势的产业链协同效应能为系统带来突出的规模优势，是先进制造业创新生态系统获取持续竞争优势的关键。产业链整合知识优势（industrial chain integration knowledge advantage，ICIKA）是指先进制造业创新生态系统中的企业通过更快、更高效地获取竞争对手的实力、策略、产品等方面的信息，供应商的新产品、新技术、新思想等方面的信息，新创企业的产品、技术资源、核心能力、战略等方面的信息，通过更多的渠道获取与产业链上下游企业合作创新的机会而形成的竞争优势。数字化时代，先进制造业创新生态系统更凸显了其产业链整合知识优势。首先，数字化背景下，创新主体呈分布式状态，产业创新生态系统的创新更强调生态成员间的相互依赖性，强调共同实现的价值主张。先进制造业创新生态系统价值实现群落中的产业链主导企业，既包括传统的供应商、企业、替代品生产商、互补品生产商、渠道商等，也包括新创企业、创客、竞争者等，创新群落各主体更加多元化和复杂化②。数字技术降低了信息搜索和分享成本，地理上的邻近性、工业互联网的连接及竞合过程中的频繁互动，使产业链相关主导企业之间知识流动更加频繁，系统中的企业更容易获取竞争对手的实力、策略、产品等方面的信息，也更容易获取供应商的新产品、新技术、新思想等方面的信息③。其次，数字化背景下，龙头企业所主导的工业互联网将产业链相关企业连接在一起，通过共享数据资源，实时掌握产业链上下游企业的数据信息。一方面，提高了产业链的生产效率；另一方面，在数字化平台上的动态互动，促进了价值实现群落各主体之间的正式与非正式交流，逐渐形成彼此之间的信任，通过数字化共生平台，更容易获取与产业链上下游企业合作创新的机会④。最后，

① 邬爱其，宋迪. 制造企业的数字化转型：应用场景与主要策略[J]. 福建论坛（人文社会科学版），2020，（11）：28-36.

② Khurana I, Dutta D K. From latent to emergent entrepreneurship in innovation ecosystems: the role of entrepreneurial learning[J]. Technological Forecasting and Social Change, 2021, 167: 120694.

③ Iammarino S, Mccann P. The structure and evolution of industrial clusters: transactions, technology and knowledge spillovers[J]. Research Policy, 2006, 35（7）: 1018-1036.

④ DaYasindhu N. Embeddedness, knowledge transfer, industry clusters and global competitiveness: a case study of the Indian software industry[J]. Technovation, 2002, 22（9）: 551-560.

数字化背景下，创新具有融合性特征，频繁的跨界创新让产业边界不再清晰，现有竞争对手可能来自其他产业[①]。在先进制造业创新生态系统中，知识转化群落与价值实现群落存在知识位势和知识质量的差异，知识转化群落与价值实现群落之间的知识流动会激发产业链各主导企业关注产业共性技术、产业前沿技术和新创企业，通过大数据平台的信息共享更容易发现潜在竞争对手，因此，系统中的企业更容易获取新创企业的产品、资源、能力、战略等方面的信息[②]。通过获取供应商、竞争对手、新创企业等产业链相关主体的信息，获取与产业链上下游企业合作创新的机会，先进制造业创新生态系统拥有产业链整合知识优势。

（三）产学研合作知识优势

创新是先进制造业创新生态系统持续成长的第一动力，形成产学研合作知识优势，突破关键核心技术领域的卡脖子技术，是先进制造业创新生态系统获取世界级竞争力的核心[③]。产学研合作知识优势（industry-university-research cooperation knowledge advantage，ICKA）是指先进制造业创新生态系统中的企业通过更快、更高效地获取高校及科研院所研究实力、最新研究成果、研究项目等方面的非公开信息，获取与高校及科研院所研究团队负责人及关键成员深入沟通与熟悉的机会，通过更多的渠道获取与高校及科研院所合作创新的机会而形成的竞争优势。数字化背景下，先进制造业创新生态系统的产学研合作知识优势更加突出。首先，先进制造业创新生态系统的核心创新体对系统拥有管理和协调能力，作为创新群落的两个重要组成部分，知识转化群落和知识生产群落中的核心创新主体以龙头企业为中心，通过数字化共生平台的链接和创新环境中合理的制度安排，能有效解决目标不一致的难题。同时，由于知识生产群落在基础知识和应用知识方面具有较高的知识位势，通过在阶段性目标上的协同推进，能实现知识生产群落与知识转化群落之间的知识流动，进而依托各群落的吸收能力和知识创造能力，在知识流动的过程中实现知识增值，完成基础知识和应用知识向商业化的关键一跃[④]。其次，数字化背景下，数据获取和知识流动更加便捷、效率更高、成本更

① Carayannis E G，Formica P. Knowledge Matters：Technology，Innovation，and Entrepreneurship in Innovation Networks and Knowledge Clusters[M]. Hampshire Basingstoke Houndmills：Palgrave Macmillan，2008.

② Pinch S，Henry N，Jenkins M，et al. From "industrial districts" to "knowledge clusters"：a model of knowledge dissemination and competitive advantage in industrial agglomerations[J]. Journal of Economic Geography，2003，3（4）：373-388.

③ Bell M，Albu M. Knowledge systems and technological dynamism in industrial clusters in developing countries[J]. World Development，1999，27（9）：1715-1734.

④ Prencipe A，Corsi C，Rodriguez-Gulias M J，et al. Influence of the regional entrepreneurial ecosystem and its knowledge spillovers in developing successful university spin-offs[J]. Socio-Economic Planning Sciences，2020，72：100814.

低，大数据平台已成为一种重要的创新资源。通过数字化共生平台的数据和知识共享，知识生产群落的研究团队可将研究项目、研究成果等信息向其他创新主体开放，促进创新主体之间的知识流动，在数据和知识的跨界融合中促进更多的知识创造，从而解决信息不对称难题，打破创新主体之间的信息壁垒[①]。最后，创新主体在数字化共生平台的频繁互动和交流，还能推进线下的人际沟通和组织交流。地理邻近性和社会网络能促进创新主体之间频繁地互动和交流，各创新主体更容易获取高校及科研院所研究团队负责人及团队成员的相关信息，并通过与知识生产群落频繁的正式和非正式沟通形成信任关系。知识转化群落和价值实现群落也更容易获取与高校及科研院所合作创新的机会。因此，通过获取高校及科研院所等研发机构及研究团队的信息，获取与高校及科研院所等研发机构合作创新的机会，先进制造业创新生态系统拥有了产学研合作知识优势。

综上，先进制造业创新生态系统知识优势的三类知识优势分别对应世界级竞争力的三个维度，即客户与市场知识优势形成世界级品牌影响力，产业链整合知识优势形成世界级规模，产学研合作知识优势形成世界级创新能力。本书提出同时拥有三类知识优势的先进制造业创新生态系统更容易获取世界级竞争力，据此构建了先进制造业创新生态系统知识优势与世界级竞争力关系模型（图3-8）。

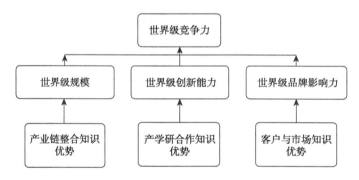

图 3-8　先进制造业创新生态系统知识优势与世界级竞争力关系模型示意图

① Azagra-Caro J M, González-Salmerón L, Marques P. Fiction lagging behind or non-fiction defending the indefensible? University-industry（et al.）interaction in science fiction[J]. Journal of Technology Transfer，2021，46：1889-1916.

第四章　制造业创新生态系统知识优势的形成机理

　　知识优势不是先进制造业创新生态系统与生俱来的特质，而是先进制造业创新生态系统在成长过程中不断适应、利用、引导环境变化，基于知识和创新逐步建立、保持和发挥出来的竞争优势。知识优势是先进制造业创新生态系统获取世界级竞争力的关键所在，但学术界在先进制造业创新生态系统知识优势形成机理领域的研究还不完善。基于本书构建的理论模型，本书拟从先进制造业创新生态系统知识优势的形成过程、演化阶段、关键影响因素和评价体系四方面对知识优势的形成机理进行探索。

　　先进制造业创新生态系统知识优势具有动态可持续性特征，从产生、发展、成熟、衰退，再到更新，是一个持续的动态发展过程，因此，本章聚焦于先进制造业创新生态系统知识优势从无到有的形成过程，作为探索其形成机理的起点。

　　竞争优势是波特在战略管理理论研究中提出的概念，他认为竞争优势是指企业在产业竞争中体现出来的比竞争对手获得更高收益的一种优势。竞争优势的分析与价值链密切相关，拥有竞争优势的企业一定能比竞争对手创造更多的价值，或以更低的成本创造价值，或以更高的效率创造价值。价值是指顾客从产品或服务中获得的好处，是通过企业的价值链实现的。因此，在竞争优势的研究中，价值链是一个重要的分析工具，通过减少或消除不增值或增值少的业务，提高增值或增值多的业务，提升价值链的整体效益，创造更多的价值，从而提升企业的竞争优势。20世纪80年代，美国对外贸易逆差和国际收支赤字有不断增加之势，波特在研究产业竞争力时提出国家竞争优势理论，认为一国兴衰的根本在于能否在国际竞争中赢得优势，而取得国家竞争优势的关键在于国家是否有合适的创新机制和充分的创新能力。国家竞争优势是指一国产业和企业持续地以较低的价格向国际市场提供高质量产品、占有较高市场份额并获取利润的能力。波特构建了国家竞争优势分析的钻石模型，包括生产要素、需求条件、相关与支持性产业及公司战略、结构和同业竞争四个要素，以及机会和政府两个变数。先进制造业创新生态系统知识优势与竞争优势、国家竞争优势的概念密切相关，其主体不是企业、国家，而是某区域的先进制造业创新生态系统，其目标是获取知识优势，即基于知识和创新的动态竞争优势。先进制造业创新生态系统知识优势结合竞争优势理论，打开了在取得国家竞争优势的过程中，合适的创新机制和充分的创新能力在区域产业系统层面到底是如何形成的黑箱，从知识和创新的角度去研究区域如何获取产业竞争优势，是对竞争优势理论和国家竞争优势理论的有益补充。

本章将探索先进制造业创新生态系统三类知识优势的形成过程，并在此基础上整合相关理论，对先进制造业创新生态系统知识优势的形成过程进行深入阐释，构建先进制造业创新生态系统知识优势形成过程的整合模型。

第一节　客户与市场知识优势形成过程

一、客户与市场知识优势形成动力

近年来，在创新管理研究领域中，领先用户（lead user）、价值共创（value co-creation）、用户创新（user innovation）等已成为研究热点，学者们通过大量实证研究发现顾客体验和顾客需求等信息是促进企业创新成功的关键资源，价值共创、用户导向创新已成为企业创新的重要来源，基于此，本书提出客户与市场是先进制造业创新生态系统中价值实现群落的重要组成部分，通过将客户与市场纳入价值实现群落，在系统中培育领先用户，通过价值共创，有助于企业识别客户潜在的有价值的想法和需求，提升客户价值和产品质量，降低企业知识搜索成本，为企业带来独特的客户与市场知识优势。

竞争优势理论的价值链模型和国家竞争优势理论的钻石模型都强调采用价值来衡量和分析竞争优势：价值链模型中的价值是顾客从产品或服务中获得的好处，是通过企业的价值链实现的；钻石模型中的价值是某一国家的产业和企业持续地以较低的价格向国际市场提供高质量产品、占有较高市场份额并获取利润的能力，是通过生产要素，需求条件，相关及支持产业，公司战略、结构和同业竞争四个要素与政府和机会的互动实现的。先进制造业创新生态系统知识优势的最终目标是获取世界级竞争力，世界级竞争力是由先进制造业创新生态系统为利益相关方提供的价值决定的。企业是先进制造业创新生态系统中价值实现群落的重要主体，企业存在的唯一目的就是创造顾客，顾客是最重要的利益相关方，价值源于顾客从产品或服务中获得的好处。

综上，客户与市场知识优势形成的动力是先进制造业创新生态系统中行业竞争的激烈程度，以及企业战略中的顾客价值导向和对创新的不懈追求。

二、客户与市场知识优势形成基础

基于价值共创理论对价值共创主体的研究成果，客户和市场知识优势形成的基础可从顾客/个体层面、企业/组织层面和互动场景要素层面进行分析。

（一）顾客/个体层面的基础

传统企业价值观认为企业是价值创造者，而顾客是纯粹的价值使用者或消费者。价值共创理论提出，价值不再由企业单独创造，而是由企业和顾客在互动中共同创造。客户与市场知识优势就是以客户和市场为导向形成的基于知识和创新的竞争优势，其中包括系统中的企业更易于获取与客户合作创新的渠道和机会，因此，客户等个体层面的因素是系统客户与市场知识优势形成的基础。

研究发现并不是所有顾客都能成为价值共创者，影响顾客参与价值共创的五个要素分别是：顾客认知、顾客情感和体验、顾客行为、顾客特征、顾客角色。根据"认知-情感-行为"关系链，顾客认知是顾客参与价值共创的重要动因，顾客情感和体验将激发顾客行为，而顾客行为将最终促使顾客与企业实现价值共创。学者们提出，对产业信息掌握越充分、越理解产业发展趋势、能力越强的顾客，参与并影响价值共创的可能性就越大。先进制造业创新生态系统通过对产业领先用户进行有意识的培育、引入和再教育，从顾客/个体层面形成客户与市场知识优势的基础。

1. 提升顾客认知，培育顾客情感和体验

先进制造业创新生态系统核心创新体所在区域应从服务质量、品牌价值、企业社会责任、心理所有权等方面提升顾客认知和顾客体验、培育顾客情感，从而形成客户与市场知识优势基础。

第一，先进制造业创新生态系统应在区域内形成好的产品及服务质量，成为产业和企业发展的重要衡量指标，树立产品服务质量优先的发展理念，提升顾客感知，包括感知授权、感知公平、感知风险、感知行为控制等。

第二，先进制造业创新生态系统应加强区域特色产业品牌的规划和营销，基于区域生产要素比较优势、创新潜力、现有企业及相关支持产业发展特色产业品牌，避免同质化竞争，提升区域产业的品牌价值，提高顾客对区域产业的信任和社会认知。

第三，先进制造业创新生态系统需通过制度设计、文化氛围、教育培训等方

式激发企业的社会责任感，并将企业社会责任报告作为考核企业发展质量的重要指标，促使系统中的企业将社会责任纳入企业发展战略之中，鼓励企业公开社会责任报告，赢得顾客信任。

第四，先进制造业创新生态系统应通过区域宣传、教育培训等途径提升顾客对产业的心理所有权，特别是加强对领先用户的宣传和教育，促使领先用户形成对区域产业的忠诚度，从而影响其他用户对区域产业的认同。

2. 培养顾客能力，激发顾客分享行为

第一，培养顾客能力。先进制造业创新生态系统可以通过两种途径培养顾客能力：一是提升本地教育质量，引入多元化教育机构和模式，提升区域整体居民的知识水平、文化素养和审美价值，从而提升本地顾客的能力；二是通过企业活动向市场普及产业知识，提升顾客的知识能力、沟通能力、创新能力、专业能力，引导顾客通过适当的方式与企业进行沟通，与产业界分享最新和潜在的需求。

第二，激发顾客分享行为。顾客分享行为是基于对区域产业和企业的信任和认同。先进制造业创新生态系统通过鼓励企业提升顾客实用价值、享乐价值、情感价值、社会价值、服务价值，有效管理顾客关系，维护品牌资产，从而提升顾客的购买意向，促进其行为忠诚，激发顾客分享行为。

（二）企业/组织层面的基础

基于Beverland在产业营销领域提出的"价值导向-价值能力-价值实践-价值结果"的价值创新模型，企业/组织层面形成客户与市场知识优势的基础由企业价值导向、企业资源和能力、企业管理、企业创新四个维度构成。因此，先进制造业创新生态系统应通过区域政策与制度设计，鼓励系统中的企业从企业价值导向、企业资源和能力、企业管理、企业创新四个方面，夯实企业/组织层面获取客户与市场知识优势的基础。

1. 企业价值导向

企业价值导向是企业商业模式的总目标，是企业的核心价值主张。企业价值导向将影响企业的价值能力和价值实践，从而决定企业价值共创的动机与结果。学者们通过实证研究发现，服务主导逻辑导向有助于提升知识密集型企业与客户进行资源互动的能力，从而促进二者的价值创造活动，提高其价值共创效率。因此，先进制造业创新生态系统应制定相应的政策、制度，形成适当的环境，引导系统中的企业将服务主导逻辑作为价值导向的重要方向。

2. 企业资源和能力

价值共创是企业和顾客通过资源整合和能力协同演化共创价值。企业是价值共创的主导者，因此，企业独特的资源和能力在价值共创的过程中具有决定性意义。其中，支撑企业实现价值共创的资源主要包括多样性资源和异质性资源，驱动企业成功实现价值共创的能力主要有信息交互能力、资源互动能力、服务能力等。学者们对小米公司的案例研究发现，小米公司通过专注、配置、应用和整合企业的异质性资源构筑其独特的信息交互能力，促进企业、合作伙伴、顾客等价值网各节点成员之间的价值共创，从而形成了企业的核心竞争力，获取了持续的竞争优势。

3. 企业管理

市场由顾客组成，但顾客并不具备支撑企业与顾客价值共创实践的能力。价值共创在很大程度上是由企业的管理行为支撑的。企业管理包括企业以价值共创为导向的组织结构设计、企业文化和顾客管理，其中，顾客管理是重点，包括吸引顾客参与、强化顾客角色、激励顾客参与的各项管理手段、制度和流程等。

4. 企业创新

企业创新是决定企业与客户合作创新成功的关键，具备创新能力的企业更容易识别并抓住与客户合作创新的机会，其合作创新成功率也更高。企业创新包括科技创新和商业模式创新，其中，科技创新包括创新物资投入、创新文化、创新时间、创新成果转化率等。

（三）互动场景要素层面的基础

互动场景是价值共创理论特有的要素，互动依赖于特定的场景进行，企业与客户之间的价值共创是在特定的场景中进行的，良好的互动场景将激发企业和客户产生价值共创的动机和意愿，并促进价值网各环节主体的价值共创活动。互动场景要素包括网络要素和信息技术要素，其中网络是指由企业、客户、供应商等通过互动、合作、交易所构成的网络结构。网络要素主要指网络的结构属性和关系属性。网络的结构属性即网络密集度，网络关系属性主要指网络连接强度、连接透明度和网络中的沟通方式。互动场景中的信息技术要素主要是指技术特征，如互动场景中促进各主体实现连接的大数据、云计算、5G等信息技术的运用，尤其是社会化媒体和大数据技术，这些新兴技术促进了价值共创主体之间的互动，并使其互动行为更加丰富和深化，加快各主体资源之间的协同、整合与链接，从而促进企业与客户之间的合作创新，提升系统的客户与市场知识优势。

三、客户与市场知识优势形成环境

基于价值共创实践和服务生态系统领域的研究成果，企业与客户、市场之间的合作创新已从最初的企业主导转变为多方共同发起，客户与市场知识优势的形成环境包括硬环境和软环境。

（一）硬环境

硬环境主要指促进企业与客户、市场之间合作创新形成服务生态系统的基础设施建设、技术等条件，如社会化媒体的普及、大数据技术的广泛应用、网络经济的不断发展等。社会化媒体是增强顾客主导性和权利的重要途径，促进了企业与客户价值共创模式的根本性变革，而信息技术的不断创新和快速发展是社会化媒体形成和发展的基础。大数据技术的广泛应用使顾客的行为特征和个性化需求更容易被捕捉，更易于促进企业理解客户与市场的最新和潜在需求，实现企业与客户之间的合作创新。新兴信息技术和大数据技术促进了网络经济的发展，使企业作为价值链上的一个节点，与供应商、云服务商、客户和市场等形成社会化网络，通过各主体之间的资源协同、服务交换和价值创造的组织逻辑形成服务主导的生态系统。

（二）软环境

软环境主要指促进企业与客户、市场之间合作创新形成服务生态系统的政策环境、社会文化环境、经济环境等。政府应制定相关政策鼓励企业实施以服务为主导的、积极与客户合作创新的发展战略，设立信息共享中心、建设大数据平台，利用新兴信息技术、云计算和大数据技术等聚集全球市场信息和客户数据。通过信息和数据的不断累积并通过学习、应用、创新，持续提升企业的吸收能力，利用学习效应和边际效益递增效应激发企业与客户、市场的合作创新。在社会文化方面，提升教育水平和质量，普及产业基础知识和信息，培养主动与企业进行合作创新的顾客群体，鼓励人们通过适当的方式积极表达个性化需求、鼓励顾客主动寻求多元化途径，丰富、深化和满足自身价值诉求、鼓励形成相互信任的社会文化氛围。在经济环境方面，加快经济发展，提升国民经济水平和发展质量，鼓励网络经济合法化发展，形成支撑服务生态系统形成的经济基础。

第二节　产业链整合知识优势形成过程

一、产业链整合知识优势形成动力

产业链整合是指产业链上的企业能直接或间接控制产业链上其他企业的决策，并使之产生链主企业所期望的协作行为，该产业链就产生了某种程度的"整合"。产业链整合理论研究源于马歇尔和亚当·斯密。亚当·斯密在《国富论》中提出了自由竞争的理想，详细分析了分工的好处，提出工业生产是一系列基于分工的生产链条。马歇尔在《经济学原理》中强调了规模经济，并系统地分析了如何通过企业的组织和管理来实现这种效益。他认为，这种经济是"许多同行业或同行业企业倾向于合并成一个大型联合组织的主要原因之一。这是各种联盟存在的主要原因之一，包括在德国的卡特尔和中央合作组织"[①]。

在传统经济时代，许多行业的特点是稳定。基于新古典经济学的均衡分析框架，学术界出现了产业组织理论、交易成本理论和企业能力理论三个流派，来研究和解释产业链整合现象。产业组织理论是由哈佛学派、芝加哥学派和新产业组织理论共同形成的。以梅森为代表的贝恩哈佛学派提出了结构-行为-绩效分析范式[②]，认为市场进入壁垒、产品差异化程度、市场集中度和市场结构条件影响企业价格和产量决策，用以评价市场资源配置效率[③]，强调企业通过产业链整合可以获得市场支配力[④]。以Stigler、Brozen等为代表的芝加哥学派主张市场竞争是市场力量自由发挥作用的过程，并提出应将价格理论模型作为分析市场的基本工具，企业效率的提高会导致企业利润的增加和企业规模的扩大，为了提高企业的市场集中度，增强企业的市场力量，强调企业能力的差异是导致产业链整合的重要原因[⑤]。以Arrow非合作博弈分析方法为代表的新产业组织学派对企业的战略行为进行了分析，发现信息不对称在产业链整合过程中也发挥着重要作用，揭示了制造商通过实施一系列的产业链战略，在产业链上对其他厂商进行纵向控制，扩大市场势力，实现自身利润最大化[⑥]。交易成本学派认为竞争优势是外生的，科

---

① Marshall A. The Principles of Economics[M]. London：Macmillan，1890.

② Bain Joe S. Industrial Organization[M].second edition. New York：John Wiley & Sons，Inc.，1968.

③ Scherer F M. Industrial Market Structure and Economic Performance[M]. Chicago：Rand-McNally，1970.

④ Porter M E. Competitive Strategy[M]. New York：The Free Press，1980.

⑤ Demsetz H. Industrial structure，market rivalry and public policy[J]. Journal of Law and Economics，1973，16（1）：1-9.

⑥ Arrow K J. Vertical integration and communication[J]. Bell Journal of Economics，1975，6（1）：173-183.

斯强调了交易成本节约的重要性，指出企业不可能无限扩张，其扩张能力具有一定的约束，并提出资产专用性会产生准租赁[①]。威廉姆森认为人们在不确定环境下的有限理性和机会主义倾向会产生交易成本，而准租金的机会主义竞争会产生交易成本。迪屈奇提出当市场特征表现为一般时，后被给予变更管理机构的将反应比较优势的经济单位，当拥有特殊的知识或专长，将会使得战略变革成为基于技能的竞争，不同的技能将决定企业能在多大程度上应对和影响环境发展[②]。规模经济的有效利用程度和交易成本的节约程度共同决定了产业链整合的方式[③]。企业竞争力理论认为企业是知识和能力的集合。彭罗斯强调了企业在将资源转化为产品和服务的过程中所扮演的独特角色[④]。Prahalad和Hamel提出，企业的核心竞争力是组织内部一系列相辅相成的技能和知识的结合[⑤]。由于企业生产的产品和服务最终将超出单个企业的能力和资源，企业必须将其内部和外部能力进行"竞争协同"或与"特殊性协同"结合起来，才能获得可持续的竞争优势，因此，知识的积累和能力影响企业横向多元化的广度和深度，进而影响企业的边界和范围[⑥]。Afuah研究了技术变革与企业边界之间的动态关系，提出企业在技术变革初期应选择尽快吸收新技术的整合策略，但当技术经历了不连续的变化时，企业应选择非一体化战略[⑦]。

第四次工业革命时代，在新技术的冲击下，与规模经济时代的机械大工业强调的均衡观不同，越来越多的产业开始具备不稳定特征，产业的组织方式和发展规则已发生了根本性变化，产业链分解与整合的动力并不完全是由于不均衡，而是企业内部与外部之间动态互动的过程。结构-行为-绩效范式的鼻祖贝恩就明确指出该范式所研究的产业是生产具有高度替代性产品的企业群，不包括金融企业等。数字化时代，网络经济、平台经济使企业之间相互依存度不断提高，交易成本理论所提出的"机会主义"假设不再适合作为网络化的核心原理。知识经济的到来进一步改变了传统理论所依据的技术基础，知识具有边际效益递增效应，知识的分工和合作是产业演化的动力。产业组织理论中产业链整合的目的是通过进

① Coase R H. The nature of the firm[J]. Economica, New Series, 1937, 4: 386-405.

② [美]迪屈奇 M. 交易成本经济学——关于公司的新的经济意义[M]. 王铁生，葛立成译. 北京：经济科学出版社，1999.

③ Mullainathan S, Scharfstein D. Do firm boundaries mater?[J]. American Economic Review, 2001, 91（2）: 195-199.

④ Penrose E T. The Theory of the Growth of the Firm[M]. Oxford: Oxford University Press, 1959.

⑤ Prahalad C K, Hamel G. The core competences of the corporation[J]. Harvard Business Review, 1990, 68: 79-91.

⑥ Mahoney J T, Pandian J R. The resource-based view within the conversation of strategic management[J]. Strategic Management Journal, 1992, 13（5）: 363-380.

⑦ Afuah A. Dynamic boundaries of the firm: are firms better off being vertically integrated in the face of a technological change? [J]. Academy of Management Journal, 2001, 44（6）: 1211-1228.

入壁垒获得垄断利润，交易费用理论中产业链整合的目的是获得专用性准租，企业能力理论的可持续竞争优势的目的是获得理查德租金或垄断利润[①]，但在开放创新的新经济时代，竞争已不是单个企业之间的竞争，而是产业价值链之间的竞争，是产业创新生态系统之间的竞争。

综上，产业链整合知识优势形成的动力是：第一，技术发展导致产业不稳定，在动态、复杂的环境中，产业发展已从寻求垄断利润阶段进入顾客价值导向阶段，熊彼特租金是企业实现持续成长的关键；第二，网络经济、数字经济、模块经济等导致企业之间依存度不断提高，企业之间需频繁互动合作；第三，知识的边际效益递增和分工合作的特征导致企业需要与新创企业、供应商、竞争对手分工、竞争、合作、创新，从而提升产业链整合的效率。

二、产业链整合知识优势形成基础

基于开放式创新理论的研究成果[②]，产业链整合知识优势形成基础可从产业基础、企业性质及战略导向、企业管理策略等三方面来分析。

（一）产业基础

1. 产业链核心环节及链主企业根植于本区域

产业链整合知识优势的形成首先需要区域具备一定的产业基础，产业链的核心环节特别是关键基础元器件的主要生产商在本区域聚集，产业链的链主企业根植于本区域。链主企业是指世界级企业或具备成为世界级企业潜力的行业龙头企业，它们控制着产业的关键核心技术、关键渠道和重要客户，具备产业价值实现、获取和分配的能力。

2. 产业技术变革速度快、产业竞争激烈

在技术变革速度快和竞争激烈的产业中，一方面，由于内部技术资产面临被替代的风险，将刺激系统中的企业把内部知识通过开放式创新的方式进行商业化；另一方面，在竞争激烈的市场中内部研发时间长、面临更大的风险，将激发企业采用开放式创新模式来降低内部研发的风险，以比竞争对手更快的速度为市场提供新产品或服务[③]。

---

① 芮明杰，刘明宇. 产业链整合理论述评[J]. 产业经济研究，2006，（3）：60-66.

② Chesbrough H. Open Innovation, the New Imperative for Creating and Profiting from Technology[M]. Boston: Harvard Business School Press, 2003.

③ Gassmann O, Enkel E, Chesbrough H. The future of open innovation[J]. R&D Management, 2010, 40（3）：213-221.

（二）企业性质及战略导向

企业性质是指企业的年龄、销售额、规模、所有权关系、行业类型等，研究发现不同性质的企业在获取竞争对手的实力、策略、产品等信息，获取供应商的新产品、新技术、新思想等信息，获取新创企业的产品、资源、能力、战略等信息方面，获取与产业链上下游企业合作创新机会方面有显著差异，因此，企业性质影响产业链整合知识优势的形成[①]。

企业战略导向是指企业的吸收能力、创新目标、组织文化等。Gassmann研究发现，不同行业利用新技术的机会有较大差异，低技术产业及基于高度模块化产品的企业倾向于从外部获取新技术，而科学研究驱动的企业较关注将内部技术进行外部授权和公开，以在产业技术标准上占据主导[②]。Lichtenthaler和Ernst研究发现不同战略导向企业所选择的开放式创新模式不同，为使内部技术成为市场标准并降低研发成本，实施市场导向战略的企业大多选择技术授权或许可等模式进行开放式创新，而实施进攻型创新战略的企业则选择快速从外部获取所需资源，以便将新产品快速推向市场[③]。Spithoven等提出企业吸收能力越强，开放式创新的动力越强，在开放式创新的过程中获利也越多[④]。

（三）企业管理策略

产业链整合知识优势和开放式创新的主要实践者和获利者是先进制造业创新生态系统中的企业，因此，除企业性质和战略导向外，企业管理策略也会影响企业从开放式创新中获利的多少，从而影响产业链整合知识优势的形成。从企业员工的心理层面看，研究发现一些员工认为从外部获取创意会影响他们自身的职业发展，因此，管理层应从战略、组织、管理、绩效评价等方面建立开放式创新的支持系统，包括鼓励员工与顾客、渠道商、供应商等合作伙伴建立互信、开放、沟通的文化，持续推进合作创新理念融入企业业务的各个层面，并在管理机制上给予及时的评价与奖赏。从内部支持系统的构建看，Ili等提出开放式创新对企业的战略、管理、研发、生产、文化等都提出了新挑战，企业需建立良好的组织资源支撑系统和管理机制，其中，高层支持是企业实施开放式创新的关键因素[⑤]。

① Huizingh E. Open innovation: state of the art and future perspectives[J]. Technovation, 2011, 31（2）: 2-9.

② Gassmann O. Opening up the innovation process: towards an agenda[J]. R&D Management, 2006, 36（3）: 223-228.

③ Lichtenthaler U, Ernst H. External technology commercialization in large firms: results of a quantitative benchmarking study[J]. R&D Management, 2007, 37（5）: 383-397.

④ Spithoven A, Clarysse B, Knockaert M. Building absorptive capacity to organise inbound open innovation in traditional industries[J]. Technovation, 2011, 31（1）: 10-21.

⑤ Ili S, Albers A, Miller S. Open innovation in the automotive industry[J]. R&D Management, 2010, 40（3）: 246-255.

从外部合作伙伴的选择来看，影响因素包括企业所在产业的技术特性、合作历史、外部技术投资风险、外部网络嵌入等，可选择的模式包括成立合资公司共同开发创新项目、有股权关系的战略联盟、外包和非产权性质的众包、与大学/科研机构成立联合研究中心等，来进行开放式创新[①]，同时，开放式创新是建立在企业内部能力基础之上的，因此，企业应将内部能力和开放式创新能力视为互补关系，而不是替代关系。最后，企业要根据内部知识积累和创新项目的复杂度，选择有利于提高技术创新能力的开放式创新模式。研究发现，研发难度大、成本高的项目，企业需与特定组织形成联盟来合作研发；为获取外部隐性知识，企业一般采用技术联盟、合作研发等方式；为开发核心技术，企业一般采用内部研发方式，而开发非核心技术，企业多采用外包方式[②]。

三、产业链整合知识优势形成环境

（一）硬环境

产业链整合知识优势形成的硬环境是以传统产业与新一代信息技术融合发展为基础的工业互联网的普及，工业互联网是我国制造业实现高质量发展的内生动力，其原理是利用数据交互实现数字空间与物理空间的全面深度互联互通与智能分析[③]。工业互联网的技术基础是大数据的广泛应用，通过大数据挖掘技术对企业制造过程中产生的数据进行储存与清洗，对历史数据进行统计分析与关联挖掘，提取数据中的隐含信息，这些信息对企业的战略决策与评价、优化自身业务、选择与评估合作伙伴等都起到重要的作用。

以工业互联网为硬件基础，先进制造业创新生态系统在数字化发展的趋势下，将形成以数据为核心驱动力的资源组织方式、商业模式、生产与运营方式等，产业链上的企业通过大数据可将供应商、渠道商、新创企业、竞争对手等以更快的速度、更高的效率、更低的成本实现协同采购、生产、运营、创新，降低成本、提高运营效率和创新能力，形成产业链整合知识优势。

（二）软环境

产业链整合知识优势形成的软环境主要是区域的知识产权保护制度环境，知识产权保护机制的完善程度影响技术市场交易的成功率，影响产业链各主体共享

① Chesbrough H，Vanhaverbreke W，West J. 开放创新的新范式[M]. 陈劲，等译. 北京：科学出版社，2010.

② Gassmann O. Opening up the innovation process：towards an agenda[J]. R&D Management，2006，36（3）：223-228.

③ 肖鹏，李方敏. 工业互联网赋能的企业数字化转型[M]. 北京：电子工业出版社，2023.

信息、分享知识、合作创新的动机和绩效，从而影响产业链整合知识优势的形成。研究发现，跨国公司不愿将先进技术转移到中国的一个重要原因是中国知识产权保护制度不完善[①]，知识产权保护制度越完善的区域，企业通过合法途径获取外部知识的机会就越多，反之，企业通过合法途径获取外部知识的机会就越少[②]。Laursen和Salter也指出，如果企业局限于通过知识产权来获利，则会导致"保护近视症"，即对内部知识的过于保护会导致忽视对外部资源的搜寻与整合[③]。因此，产业链整合知识优势形成的软环境是形成较完善的知识产权保护制度环境，但需避免对知识产权的过度保护而导致系统中的企业仅通过知识产权来获利的战略导向。

第三节　产学研合作知识优势形成过程

一、产学研合作知识优势形成动力

基于协同创新理论和三螺旋模型的研究，由于技术不断进步、先进制造业竞争日益激烈，创新的来源日益多元化，创新的周期越来越短、风险越来越大，创新已由企业内部行为逐渐演变为企业之间甚至不同创新主体之间动态的、复杂的、非线性的相互作用的结果，因此，产学研协同创新成为先进制造业创新的重要途径之一，产学研合作知识优势是实现产学研协同创新的前提和基础。

根据三螺旋模型理论的研究，先进制造业创新生态系统产学研合作知识优势形成的动力主要由国家、高校、企业三方面的驱动力构成。

第一，国家发展先进制造业的政策驱动力。先进制造业是指制造业不断吸收先进制造技术、管理技术等并将其综合应用于制造业产品的研发设计、生产制造、检测、营销、服务的全过程，实现智能化、信息化、柔性化、生态化生产的制造业总称。先进制造业是制造业未来的发展方向，也是一国制造业实现高质量发展的根本动力。发达国家纷纷布局先进制造业发展战略，以获取第四次工业革命话语权。美国建设国家制造业中心，形成创新网络，打通由基础研发到应用技术、再到产业化的过程，以夯实先进制造业创新的基础；德国政府

① Sobrero M, Roberts E B. Strategic management of supplier-manufacturer relations in new product development[J]. Research Policy, 2002, 31 (1): 159-182.

② Arora A, Ceccagnoli M. Patent protection, complementary assets, and firms' incentives for technology licensing[J]. Management Science, 2006, 52 (2): 293-308.

③ Laursen K, Salter A. Open for innovation: the role of openness in explaining innovation performance among UK manufacturing firms[J]. Strategic Management Journal, 2006, 27 (2): 131-150.

提出工业4.0战略，建设工业4.0平台负责战略研究、发展和协调整个工业的数字化转型工作，大力支持灵活的制造系统、创新产品的高效研发、资源与能源的高效利用、电动汽车相关的制造技术、工业4.0等；英国政府在重点产业和关键领域实施高价值制造战略，建立弹射中心解决基础研发与市场需求对接的问题，加快推动技术转化和应用；日本政府重点关注对制造业智能化和信息化转型的引导和支持，不断完善知识产权和国际标准化战略，推动网络安全、物联网系统构建、大数据解析、人工智能等服务平台建设共性技术研发。计划到2025年通过八个优先领域提升其制造业能力，在与美国的广泛贸易和技术争端中提高其全球竞争力，八个优先领域包括稀土和特殊材料、机器人技术、飞机发动机、新能源汽车和智能汽车、高端医疗设备和创新技术。医药、疫苗、农业机械、造船、航空和高铁的主要设备以及中国北斗全球导航卫星系统的工业应用。国家层面对先进制造业的重视和推动，是形成产学研合作知识优势的首要条件。政府是契约的稳固来源，能保证机构间稳定地相互作用，目标在于为社会提供优质服务与产品。

第二，高校和科研院所获取科研成果的驱动力。高校和科研院所是新技术、新知识的主要来源，通过人才培养、课题研究为先进制造业发展培育人才、提供基础知识储备。随着创新的主体日益多元化、创新的周期越来越短、风险越来越大、成本越来越高，高校和科研院所的基础研究需要获取更多的资金支持，一方面，鼓励高校和科研院所跟随政府的战略导向申请相关研究基金，另一方面，也鼓励高校和科研院所与企业一起联合申请研究课题，既可获得企业的资金支持，又可获取引导基础研究方向的市场需求信息。

第三，企业满足客户和市场需求的驱动力。随着技术变革越来越快，先进制造业市场需求瞬息万变，一方面，先进制造业关键核心技术创新越来越多地依赖于基础研究的突破，迫切需要企业与高校和科研院所建立持续的合作关系；另一方面，先进制造企业很难通过内部创新独立承担创新带来的风险，需要与更多元化的创新主体进行合作。

二、产学研合作知识优势形成基础

基于三螺旋模型的研究成果，政府、大学和产业的协同创新机制包括创新主体的自反机制、创新过程的非线性机制和创新组织的集成机制[①]，产学研合作知识优势形成的基础包括功能基础、组织基础和过程基础三个方面。

---

① 邹波，郭峰，王晓红，等. 三螺旋协同创新的机制与路径[J]. 自然辩证法研究，2013，29（7）：49-54.

（一）功能基础

三螺旋模型所强调的创新主体的边界开放性和功能调适性就是自反性，即模型中的大学、产业和政府三个主体可以根据环境机会和制度约束的变化去调整自己的位置。在创新的过程中，自反性具体表现为在一个三螺旋结构中，任何一根螺旋线都可以成为主驱动力，其他两根螺旋线就起支撑作用，也就是说，大学、产业和政府都可以成为创新的驱动机构，三个主体在创新过程中相互支撑，实现动态平衡。英国经济学家认为技术创新过程中既有新旧技术范式的竞争，又有各种新技术范式之间的竞争[1]，而这个竞争过程会涉及多种经济机构、机构组织、市场等社会因素在功能和边界方面的变革。在三螺旋模型中，大学、产业和政府作为创新的主体，在创新过程中，其边界具有"开放性"的特征，其功能具有"弹性化"的倾向，会根据创新环境的变化和创新阶段的不同，适时调整其边界和功能，通过主体间边界的互动和功能的共生，实现协同创新。

三螺旋模型通过自反机制实现功能协同，从而构建产学研之间的"功能耦合性网络"，形成产学研合作知识优势。现代组织理论认为，目标是组织存在的重要依据，"功能耦合性网络"组织是一个混合组织，而混合组织最大的问题就是构成组织的不同主体之间目标上的不一致，如何实现目标上的协同，是"功能耦合性网络"组织成功的首要目标。大学、产业、政府的目标是不一致的，实现三者目标的协同，其关键在于对三方的核心利益进行协调，通过明确三者在合作过程中的风险分担机制和对创新成果的利益分配机制，降低三者之间的利益博弈和内耗行为。

综上，产学研合作知识优势的功能基础是打破大学、产业和政府功能边界的刚性机制，实现三者之间功能的扩展、融合和延伸，以及通过明确三者在合作过程中的风险分担机制和对创新成果的利益分配机制实现大学、产业、政府之间的目标协同。从大学的视角来看，大学除了具备科学研究、人才培养、社会服务的功能，还需要在"学术创业"、知识资本转化等方面进行拓展，如积极进行科技孵化，通过建设"创业型大学"发挥产业功能等，以获得更多的资金和社会支持；从产业的视角来看，企业除了具备追求盈利的功能，还需要在基础研究投入、人才培养等方面进行拓展，如设立与大学联合的基础研究基金，强化企业技术中心和博士后中心的基础研究功能，加大基础研究投入，与大学一起培养产业人才，以通过对大学科研研究和人才的利用，开发更多创新性产品和服务，提升企业的可持续竞争力；从政府的视角来看，除了具备行政指令、政策制定、监督等为社会提供优质的公共产品和服务的功能，还应向服务型政府转型，如为新创企业筹

---

① Dosi G, Nelson R R. Technological paradigms and technological trajectories[J]. Research Policy, 1982, 11(3): 147-162.

措风险资本、为知识转化提供共性关键技术平台和科技服务机构等，实现科技、教育、经济的协同发展，提升国家创新力和竞争力。

（二）组织基础

科学组织是科学知识创新活动赖以开展的载体，科学组织与科学知识之间存在协同演化的关系[1]。传统的洪堡式知识所倡导的单价知识观认为知识是同质的、等级的、学科的和永久的，而多价知识观认为知识是后洪堡式知识，是异质的、跨学科的、交叉的和暂时的。多价知识观的提出打破了从基础科学到技术创新的线性模式，认为作为理论的、应用的和实践的知识生产可以同时进行[2]。三螺旋理论就是伴随着多价知识观出现的，三螺旋模型充分体现了大学、产业、政府三条螺线的交叉重叠，强调了三个主体组织设置的多元重叠关系，从而在创新的过程中具有组织结构集成性的特征。这种组织结构集成性的特征体现在大学、产业、政府三方在组织结构上的相互交叉，在其重叠部分所产生的混合组织有，技术转移办公室、大学科技园、孵化器、风险投资公司、产业技术研究院等。混合组织是利用多种现有治理结构和组织资源进行的组织安排[3]，能克服组织在经营效率、资源和设施等领域的劣势，拥有规模经济、风险分担等优势[4]。因此，产学研合作知识优势的组织基础是形成符合多价知识观的科学知识创新活动规律的混合组织[5]。

混合组织具有多维性和复杂性的特征。多维性是指更多元化的主体参与组织的创新活动，而这些主体目标从本质上来看并不是完全一致的，复杂性是指规模化使组织的创新过程比较复杂，更复杂的作业使组织产生更多的管理者和参谋人员，从而导致协调困难。混合组织的多维性和复杂性特征导致其很难实现协同创新的目标，如创新主体目标不一致带来的创新实施过程中的推诿与拖延，创新多个层级的多头领导而导致的创新效率低下，创新主体之间在地理空间上的距离导致的信息沟通不畅、创新资源难以迅速聚集等。因此，产学研合作知识优势形成的组织基础的关键突破口是构建一种具有边界渗透性、空间聚集性、层级扁平化的三螺旋混合组织。从边界渗透性来看，大学、产业和政府需具有相对开放性，

① Callon M. Four models for the dynamics of science[C]//Tauber A I. Science and the Quest for Reality. Main Trends of the Modern World. London：Palgrave Macmillan，1995：249-292.

② Gibbons M，Limoges C，Nowotny H，et al. The New Production of Knowledge. The Dynamics of Science and Research in Contemporary Societies[M]. London：Sage Publications，1994.

③ Borys B，Jemison D B. Hybrid arrangement as strategic alliances：theoretical issues in organizational combinations[J]. Academy Management Review，1989，14（2）：234-249.

④ Koppell J. The Politics of Quasi-Government：Hybrid organizations and the Dynamics of Bureaucratic Control[M]. New York：Cambridge University Press，2003.

⑤ 邹波，郭峰，王晓红，等. 三螺旋协同创新的机制与路径[J].自然辩证法研究，2013，29（7）：49-54.

这种开放性能促使各主体彼此之间吸收所需的基础科学知识、市场需求、风险资金、政策支持、创新基础设施等；从层级扁平化来看，需要在保证组织目标统一的前提下，实施以任务和项目为导向的"模块化""扁平化"管理；从空间集聚性来看，要充分利用大数据背景下的数字化平台，建立各创新主体之间快速交流的信息渠道，尽量减少空间、距离等对创新的不利影响[①]。

（三）过程基础

随着创新的复杂性日益增长，创新过程已从过去的线性模式演变为非线性模式。创新过程的非线性、复杂性是三螺旋模型理论的重要基础，亨利·埃茨科威兹认为创新是一个非线性网状模式，可将科学、技术、生产和市场中任何一个活动作为起点，区域创新层面中的知识空间、创新空间和趋同空间相互作用、彼此重叠、相互交叉。在三螺旋模型下，大学、产业、政府通过动态的功能调整和资源整合，把创新过程中不同环节的功能要素组合起来，实现基础研究、应用研究和技术创新的整合与互动。

产学研合作知识优势形成的过程基础是三螺旋模型运行的非线性机制，即三螺旋通过"非线性动态组合"实现从科学研究出发到开发新产品和新工艺的线性模式到从市场需求出发，利用基础研究知识解决实际问题，再反过来促进基础科学研究工作的逆向创新模式。基于资源依赖理论，产学研合作知识优势形成的过程基础的关键在于大学、产业和政府之间存在着资源依赖性。资源依赖理论提出，当一个组织非常需要一种专门知识，这种专门知识在该组织非常稀缺，且不存在可替代的资源，那么这个组织将高度依赖拥有这种资源的组织[②]。大学拥有科技资源和人才资源，但缺乏知识产业化的资源和能力；产业拥有资金和市场能力，但缺乏原创性前沿理论基础知识和高端创新人才；政府拥有顶层设计和执政能力，但缺乏创新实体的支撑。因此，三者之间存在极强的资源依赖关系，通过建立"知识生产-市场需求-政策支持"的非线性协调机制，能形成产学研合作知识优势的过程基础。

三、产学研合作知识优势形成环境

（一）硬环境

产学研合作知识优势的硬环境主要包括核心创新体聚集大学、科研院所等知

---

① Ellison G，Glaeser E L. Geographic concentration in U.S. manufacturing industries：a dartboard approach[J]. Journal of Political Economy，1997，105（5）：889-927.

② Pfeffer J，Salancik G R. The External Control of Organizations：A Resource Dependence Perspective[M]. New York：Harper & Row，1978.

识生产群落的创新主体与建立数字化共生平台两方面。

1. 核心创新体聚集大学、科研院所等知识生产群落的创新主体

首先，知识具有累积性特征，一个区域的大学、科研院所的建立需要花费较长的时间，创建历史越长的大学、科研院所，其知识积累越多，可能产生的创新越多，对区域文化底蕴和创新氛围的影响越深远。其次，由于知识的地理黏滞性和溢出性特征，先进制造业创新生态系统中的核心创新体需要聚集大学、科研院所等知识生产群落的创新主体。再次，产学研合作知识大多是隐性知识，需要人与人直接沟通交流，存在区域根植性，超过一定区域后边际成本递增，产学研合作知识优势形成的可能性越小。最后，由于区域行政划分和政府官员考核晋升的需求，中国普遍存在地方保护主义，形成制度壁垒，从而限制创新要素的流动，阻碍产学研合作知识优势的形成。综上，核心创新体聚集大学、科研院所等知识生产群落的创新主体，促进产学研合作知识优势的形成。

2. 数字化共生平台的建立

大学、产业和政府一般有一定的物理距离，三者之间的功能扩展和边界延伸需要突破物理空间的限制。数字化共生平台的建立有助于利用互联网、大数据、云计算、信息化等技术，连接创新主体，有效降低因物理距离而造成的知识、技术流动的壁垒，提高创新主体之间的沟通、运营效率等，降低成本，及时反馈问题，推动产学研合作知识优势的形成。数字化共生平台等基于信息化的基础设施建设越完善，越有利于区域间创新要素的流动，降低沟通成本、加速产学研互动交流，从而促进产学研协同创新。

（二）软环境

产学研合作知识优势形成的软环境主要包括政府、大学和企业对产学研合作创新的认同。从政府层面来看，一方面，政府应在顶层设计上积极推动产学研合作创新，成立研究机构，设立研究课题，通过定期的座谈和实地调研发现产学研合作创新中存在的困难和问题，积极突破束缚产学研合作创新的体制机制，及时监督、评估、反馈和更新相关政策，促进产学研合作知识优势的形成。另一方面，政府应从指令型政府向服务型政府转型，积极为知识资本化筹措风险资金，为产业提供信息平台以获取所需的前沿基础理论知识和高端科技人才，加大对技术转移办公室、大学孵化园、产业技术研究院等混合组织的支持力度。从大学层面看，应鼓励发展学术创业、知识资本化、创新创业教育。从企业层面看，应强化开放式创新意识，以长远的眼光来布局产学研合作创新，以市场需求为导向，通过信息平台发布技术需求信息，积极寻求与大学、政府的合作创新。

第四节　先进制造业创新生态系统知识优势形成过程整合模型

先进制造业创新生态系统的世界级竞争力通过先进制造业创新生态系统知识优势的形成、维持和更新实现。通过对先进制造业创新生态系统三类知识优势形成过程的研究，包括对客户与市场知识优势、产业链整合知识优势、产学研合作知识优势形成的动力、基础和环境的分析，本书提出先进制造业创新生态系统知识优势形成过程的整合模型。如图4-1所示，根据前面的研究，整合模型将从动力源、动力机制、演化过程及数字化影响等方面来探索先进制造业创新生态系统知识优势的形成过程。

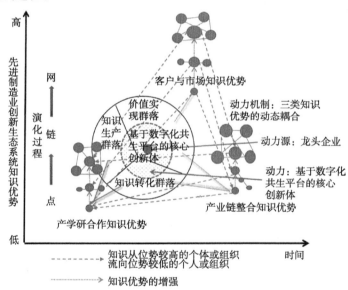

图 4-1　先进制造业创新生态系统知识优势形成过程整合模型图

首先，先进制造业创新生态系统知识优势的形成、维持和更新的动力源是龙头企业，动力机制是基于知识流动的客户与市场知识优势、产业链整合知识优势和产学研合作知识优势的动态耦合①。从先进制造业创新生态系统的运行机制来看，先进制造业创新生态系统知识优势形成、维持和更新的动力是基于数字化共

① Munari F，Sobrero M，Malipiero A. Absorptive capacity and localized spillovers：focal firms as technological gatekeepers in industrial districts[J]. Industrial and Corporate Change，2012，21（2）：429-462.

生平台的核心创新体的形成和发展。核心创新体是以龙头企业为主导的重要客户、产业链相关企业、科研机构、创新创业载体等形成的共生网络。龙头企业是核心创新体形成和发展的动力，也是知识优势形成、维持和更新的动力源。从动力机制来看，创新群落内部各组织之间、创新群落之间及组织内部个人之间都存在知识存量和流量的差异，从而导致知识位势的差异，通过知识流动，知识在位势不同的群落、组织和个人之间流动，从而促进了知识增值[①]。数字技术为知识流动提供了数字化共生平台，先进制造业创新生态系统的创新资源和创新环境为知识流动提供了资源、制度、文化和社会支持。如图4-1所示，数字化背景下，先进制造业创新生态系统以龙头企业为中心，通过其所构建的工业互联网等数字化共生平台不断向外围拓展，与知识生产群落、知识转化群落、价值实现群落中关键创新主体共生过程中形成客户与市场知识优势、产业链整合知识优势和产学研合作知识优势，三类知识优势的差异促进了不同知识位势创新主体之间的知识流动，三类知识优势在动态耦合的过程中形成了螺旋式上升的发展趋势，从而实现了知识优势的形成、维持和更新。

其次，先进制造业创新生态系统知识优势的形成、维持和更新通过客户与市场知识优势、产业链整合知识优势和产学研合作知识优势的"点—链—网"动态演化实现。SECI理论对组织的知识创造过程进行了研究，该理论探索了个体与组织之间的知识流动，提出知识创造是通过潜移默化（socialization）、外部明示（externalization）、汇总组合（combination）和内部升华（internalization）的知识转化过程实现的，通过隐性知识和显性知识的相互作用，知识从个人向组织流动，从而实现隐性知识向显性知识再到隐性知识的转化，从个人知识向组织知识的内化[②]。吸收能力理论不仅关注组织内部的知识转化，更强调组织与外部环境之间的互动，提出吸收能力包括知识获取、知识同化、知识转化和知识利用，吸收能力对企业创新绩效产生重要影响[③]。综合SECI和吸收能力的研究视角，从演化过程来看，先进制造业创新生态系统知识优势是通过产业创新群落之间的协同共生，通过知识在不同位势组织之间流动从而实现知识创造，知识通过"点—链—网"演化形成系统的知识优势，最终实现系统知识优势的形成、维持与更新[④]。

最后，在数字化背景下，大数据、物联网、人工智能等数字技术，促进了

① Malmberg A，Power D.（How）Do（firms in）clusters create knowledge?[J]. Industry & Innovation，2005，12（4）：409-431.

② Nonaka I，Toyama R，Konno N. SECI，*Ba* and leadership：a unified model of dynamic knowledge creation[J]. Long Range Planning，2001，33（1）：5-34.

③ Zahra S A，George G. Absorptive capacity：a review，reconceptualization，and extension[J]. Academy of Management Review，2002，27（2）：185-203.

④ 李其玮，顾新，赵长轶. 产业创新生态系统知识优势的内涵，来源与形成[J]. 科学管理研究，2016，34（5）：53-56.

知识和数据的共享，降低了知识流动的成本，提高了三种知识优势动态耦合的绩效及知识在不同位势组织之间流动的效率。同时，数字化为本产业及相关产业创新群落之间的协同共生提供了数字化共生平台，通过链接多元化的创新主体，开放式接入各类相关和互补技术，拓展了三类知识优势的影响范围，提升了知识的异质性和复杂性，从而推动了先进制造业创新生态系统知识优势的形成、维持和更新。

第五章　先进制造业创新生态系统 知识优势演化阶段

　　先进制造业创新生态系统知识优势形成之后，如何随着时间演化，实现知识优势的形成、维持和更新，是学术界和产业界都关注的问题。学者们利用生命周期理论和竞争优势理论，对组织知识优势的生命周期进行了探讨，但较少有学者对先进制造业创新生态系统知识优势的演化路径及系统中多个创新主体知识优势之间相互影响、相互促进等问题进行系统分析。本章运用生命周期理论、生态学理论和混沌理论，基于先进制造业创新生态系统的演化特征，构建先进制造业创新生态系统知识优势"点—链—网"动态演化模型，揭示先进制造业创新生态系统知识优势的演化规律，为培育世界级先进制造业创新生态系统提供知识基础和创新动力[①]。

第一节　演化特征与规律

一、演化特征

　　在《经济变迁的演化理论》一书中，纳尔逊和温特提出经济行为中的演化是"惯例性"的，而不是"理性选择"或"市场自然选择"的结果[②]。随着时间的推移，现有的经济实体惯例会变得相对僵化。"习惯知识是理解行为的核心。为企业建模意味着为惯例和它们如何随时间变化建模"，而这些惯例"在经济学中是遗传等价的"。纳尔逊和温特对进化论的"第一原则"提出了"经济主体的行为是一种规则支配的行为"，并提出了"组织遗传学"的概念。他们认为，在面

---

　　① 李其玮, 顾新, 赵长轶. 产业创新生态系统知识优势的演化阶段研究[J]. 财经问题研究, 2018, (2): 48-53.
　　② 纳尔逊 R R, 温特 S G. 经济变迁的演化理论[M]. 胡世凯译. 北京: 商务印书馆, 1997.

对环境变化时，进化过程中的选择平衡是由主体在"遵循惯例"的方向上实现的，而不是一个主体通过理性的动机最大化而朝着新的平衡方向移动。基于此，本书认为先进制造业创新生态系统知识优势的演化也是一种"惯例性"的行为，是一种由规则支配的行为。那么，研究先进制造业创新生态系统知识优势的演化特征和规律，其本质就是探索先进制造业创新生态系统知识优势演化的惯例和规则到底是什么，惯例的知识结构和模式是什么，惯例是如何随着时间来改变的。

从现有文献来看，学者们对产业创新生态系统的研究较多。学者们构建了产业生态系统演化的诺斯路径依赖模型，越早期的产业生态创新越易带来对原有线性生产范式路径依赖的突破。还有学者提出创意产业创新生态系统演化过程有明显的生命周期性特征；另外一些学者通过类比自然生态，提出创新生态系统有遗传、变异、衍生和选择四种演化机制，其动力源是用户、企业、其他利益相关者及政府；孙冰等分析了创新生态系统演化的技术、市场和社会范式生态位特征[①]，张贵和刘雪芹基于生态场理论，提出创新生态系统的演化分为孕育期、成长期、成熟期和衰退期，动力源是环境根植力、追赶竞争力、合作外溢力和外部扰动力[②]，孙源借鉴共生理论提出产业创新生态系统在特定的共生环境和共生模式下相互协调、共同进化[③]，Luo探讨了汽车和电子产品产业创新生态系统中多样性技术依赖性对产业创新生态系统演化的作用[④]。学术界目前有关知识优势演化的研究较少，学者们大多基于生命周期理论和竞争优势理论进行研究。基于生命周期理论，学者们提出知识优势具有生命周期特征，持续的知识创新是构建企业知识优势链、形成基于知识的竞争优势的关键环节。基于市场价值实现的视角，学者们研究了知识优势丧失的原因，将知识优势的丧失分为源于竞争企业模仿的绝对丧失及源于对市场敏感度下降、选择失误、知识资源整合能力不足等的相对丧失。本课题组在2018年的一篇文章中讨论过产业创新生态系统知识优势的演化阶段[⑤]。产业创新生态系统三种知识优势的演化具有鲜明的周期性、进化性和共生性特点。周期性主要指产业创新生态系统中某种知识优势从萌芽、成长、成熟到衰退的过程，是演化的初级阶段；进化性主要指产业创新生态系统内单个知识优势通过遗传、衍生、变异、选择等进化机制转变为多个知识优势链的过程，是演化的中级阶段；共生性指产业创新生态系统内三类知识优势链通过叠加、共生等相互作用达到的

① 孙冰，徐晓菲，姚洪涛. 基于MLP框架的创新生态系统演化研究[J]. 科学学研究，2016，(8)：1244-1254.

② 张贵，刘雪芹. 创新生态系统作用机理及演化研究：基于生态学视角的解释[J]. 软科学，2016，(12)：16-19，42.

③ 孙源. 共生视角下产业创新生态系统研究[J]. 河南师范大学学报(哲学社会科学版)，2017，44(1)：127-134.

④ Luo J. Architecture and evolvability of innovation ecosystems[J]. Technological Forecasting & Social Change, 2018, 136: 132-144.

⑤ 李其玮，顾新，赵长轶. 产业创新生态系统知识优势的演化阶段研究[J]. 财经问题研究，2018，(2)：48-53.

混沌共生状态，是演化的高级阶段。

从前文对先进制造业创新生态系统知识优势的形成过程的研究来看，先进制造业创新生态系统知识优势演化的动力源是龙头企业，动力机制是基于知识流动的客户与市场知识优势、产业链整合知识优势和产学研合作知识优势的动态耦合[①]；先进制造业创新生态系统知识优势的形成、维持和更新通过客户与市场知识优势、产业链整合知识优势和产学研合作知识优势的"点—链—网"动态演化实现；在数字化背景下，大数据、物联网、人工智能等数字技术，促进了知识和数据的共享，降低了知识流动的成本，提高了三种知识优势动态耦合的绩效及知识在不同位势组织之间流动的效率。在此基础上，综合SECI和吸收能力的研究视角，从演化过程来看，本书认为先进制造业创新生态系统知识优势演化的惯例是以龙头企业成长为世界级企业为动力，由客户与市场导向知识、产业链整合知识和产学研合作知识三类不同知识在广度和深度上的势差带来的知识流动的惯例所形成的。

二、演化规律

本书认为先进制造业创新生态系统三种知识优势的演化根植于先进制造业创新生态系统演化进程，经历"初级—高级、简单—复杂、点—链—网"的动态非线性过程，因此，先进制造业创新生态系统知识优势的演化也具有鲜明的周期性、进化性和共生性特点。

（一）周期性

周期性是先进制造业创新生态系统知识优势演化的初级阶段，是指先进制造业创新生态系统三大创新群落中各创新主体的知识优势从萌芽、产生、发展、成熟、衰退到再生的螺旋式上升、波浪式前进的成长过程，这一演化规律如生命一般具有周期性的特征。根据SECI理论，知识优势的形成要经历从个体到组织，从显性到隐性的过程，而这一过程具有周期性的特征，从萌芽、成长、成熟、衰退到再生，进入下一个生命周期的循环。由于知识具有地理黏滞性、溢出性和边际效益递增的特征，先进制造业创新生态系统中各创新主体会在现有知识资源基础上通过不断学习、吸收、创新，积累知识，形成知识优势。

---

① Munari F，Sobrero M，Malipiero A. Absorptive capacity and localized spillovers：focal firms as technological gatekeepers in industrial districts[J]. Industrial and Corporate Change，2012，21（2）：429-462.

1. 知识生产群落

知识生产群落中的创新主体主要是高校院所，其主要目标是科学研究、人才培养和社会服务。在周期性阶段，为实现机构发展目标，高校院所在现有知识资源基础之上，不断积累基础研究、应用研究方面的知识，提升人才培养和社会服务的质量，各创新主体逐渐形成知识生产方面的知识优势。

2. 知识转化群落

知识转化群落中的创新主体主要是孵化器、众创空间、科技园等创新创业载体及政府基金、风险投资等科技金融机构，其主要目标是满足社会大众的创新创业需求，促进科技成果转化，培育科技企业和企业家精神，以提供低成本、便利、开放的全要素平台和专业化服务的科技创新服务组织，是区域创新体系的重要组成部分，是创新创业人才培养基地，是创新创业的支撑平台[①]。在周期性阶段，为实现机构发展目标，创新创业载体、科技金融机构等会在评价科技成果市场化价值、孵化科技企业、转化科技成果、知识资本化服务的过程中，通过学习、吸收、创新，积累知识转化方面的知识和经验，连接知识生产群落和价值实现群落，驱动三大创新群落之间的互动共生，不断形成知识转化方面的知识优势。

3. 价值实现群落

价值实现群落中的创新主体是企业和市场，其主要目标是创造价值并获取价值。在周期性阶段，企业会培育并提升吸收能力，通过开放式创新获取创新资源，通过深入理解引导客户和市场的需求，主动与客户进行合作创新，实现与客户和市场的价值共创，聚焦于价值链的优势环节，持续创造并获取价值，从而积累价值实现方面的知识优势。

（二）进化性

进化性是知识优势演化的中级阶段，是指先进制造业创新生态系统内单个知识优势通过类似自然生态中的遗传、衍生、变异、选择等进化机制转变为多个知识优势链的过程。进化性体现了单个知识优势的成长、发展和成熟的路径。

1. 客户与市场知识优势

在价值实现群落中，在周期性阶段，通过长时间的知识学习、吸收和创新，

---

① 根据《科技企业孵化器管理办法》《国家众创空间备案暂行规定》《国家大学科技园管理办法》《上海市科技创新创业载体管理办法（试行）》整理。

企业和市场的单个创新主体都累积了价值创新与获取方面的知识优势。在进化性阶段，通过企业和市场的有效互动，企业对市场的现实及潜在需求理解更加深入，与市场合作创新的主动性更强、效率更高，通过遗传、衍生、变异、选择等进化机制转变为多个知识优势链，逐渐形成客户与市场知识优势。

2. 产业链整合知识优势

在价值实现群落和知识转化群落中，在周期性阶段，通过长时间的知识学习、吸收和创新，企业、创新创业载体、市场等单个创新主体都累积了价值创新与获取方面的知识优势及知识转化方面的知识优势。在进化性阶段，通过企业与企业之间、企业与市场之间、企业与创新创业载体之间的多次有效互动，企业能掌握更多的竞争对手、合作伙伴、新创企业的关键资源、核心技术、战略规划等重要信息，与产业链上下游企业能形成更加深入的信任关系，从而促进基于市场导向的产业链合作创新，通过遗传、衍生、变异、选择等进化机制转变为多个知识优势链，逐渐形成产业链整合知识优势。

3. 产学研合作知识优势

在价值实现群落、知识转化群落和知识生产群落中，在周期性阶段，通过长时间的知识学习、吸收和创新，高校院所积累了知识生产方面的知识优势，创新创业载体及科技金融机构积累了知识转化方面的知识优势，企业和市场积累了价值实现方面的知识优势。在进化性阶段，通过企业、市场、高校院所、创新创业载体及科技金融机构之间的多次互动、交易和交流，高校院所的科研成果通过创新创业载体及科技金融机构的转化，实现了知识资本化，成为企业满足客户需求的创新型技术或产品。同时，企业在与客户共创价值的过程中，也会通过创新创业载体或直接向高校院所寻求研究合作，突破基础研究知识、应用研究知识方面的难题，从而突破关键核心技术，更好地实现价值共创，从而加强系统的价值创造和价值获取能力，通过遗传、衍生、变异、选择等进化机制转变为多个知识优势链，逐渐形成产学研合作知识优势。

（三）共生性

共生性是知识优势演化的高级阶段，是指先进制造业创新生态系统内多个知识优势链通过叠加、共生等相互作用达到的混沌共生状态。

在共生性阶段，先进制造业创新生态系统三大群落各创新主体通过周期性阶段和进化性阶段所形成的客户与市场知识优势、产业链整合知识优势和产学研合作知识优势的相互作用，在叠加的过程中通过一类知识优势的主导，实现三类知识优势的共生，从而达到混沌共生状态，形成持续成长、可自我更新且独有的先进制造业创新生态系统的知识优势，以有效抵御竞争对手的破解、模仿和追赶，实现卓越的创新绩效。

第二节　演化过程与模型

根据先进制造业创新生态系统知识优势的演化特征，结合前文所提出的先进制造业创新生态系统知识优势三种类型——客户与市场知识优势、产业链整合知识优势和产学研合作知识优势，本节将先进制造业创新生态系统知识优势的演化分为点式-生命周期阶段、链式-生态演化阶段和网络-混沌共生阶段，构建"点—链—网"立体演化模型。

如图5-1所示，MKA代表客户与市场知识优势，MKA_1代表单个客户与市场知识优势，MKA_{21}~MKA_{23}分别代表遗传、衍生、变异机制作用下进化至中级阶段的客户与市场知识优势，MKA_{31}~MKA_{3n}代表客户与市场知识优势网络。ICIKA代表产业链整合知识优势，$ICIKA_1$代表单个产业链整合知识优势，$ICIKA_{21}$~$ICIKA_{23}$分别代表遗传、变异、衍生机制作用下进化至中级阶段的产业链整合知识优势，$ICIKA_{31}$~$ICIKA_{3n}$代表产业链整合知识优势网络。ICKA代表产学研合作知识优势，$ICKA_1$代表单个产学研合作知识优势，$ICKA_{21}$~$ICKA_{23}$分别代表遗传、变异、衍生机制作用下进化至中级阶段的产学研合作知识优势，$ICKA_{31}$~$ICKA_{3n}$代表产学研合作知识优势网络。

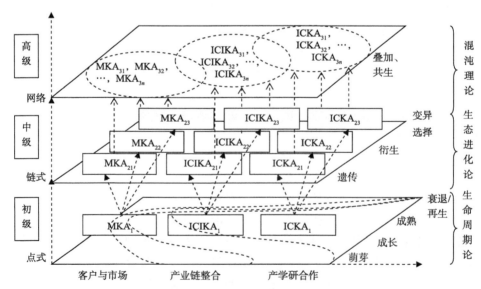

图 5-1　先进制造业创新生态系统知识优势演化模型

一、初级阶段：点式-生命周期过程

根据生态进化理论，基因是生物体遗传的基本单位，基因中含有特定遗传信息的一段核苷酸序列，是决定某一生物体生命特征的最基本的因子，而含有特定遗传信息的所有基因构成了生物的基因组，决定了生物体的生命特征。在先进制造业创新生态系统中，个体的知识与核苷酸序列类似，个体知识通过SECI模型形成的创新主体的知识类似于基因，创新主体的知识形成的创新群落的知识优势犹如自然界的基因组，而创新群落的知识优势最终形成的三类知识优势通过不断演化形成先进制造业创新生态系统知识优势。因此，本书认为单个知识优势的生命周期包括萌芽、成长、成熟和衰退/再生4个环节（图5-2），具有显著的周期性特征。

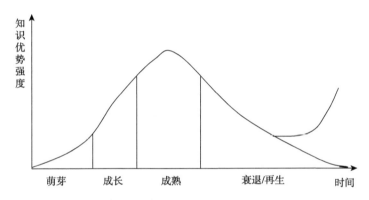

图 5-2　先进制造业创新生态系统知识优势生命周期示意图

（一）单个客户与市场知识优势（MKA$_1$）的发展过程

先进制造业的顾客需求随着技术变化不断升级，而这些需求的变化对产业发展具有决定性意义，一些先进制造企业就是由于忽略顾客需求变化而失败的。客户与市场知识优势的形成过程是：萌芽阶段，先进制造业创新生态系统中的企业在市场竞争的过程中及政府政策引导和支持下，不断形成并强化其顾客导向的价值共创战略，客户与市场知识优势开始在系统中孕育；成长阶段，通过与创新生态系统中关键客户的有效互动，企业获得更多的市场需求信息，不断提升其对客户和市场需求的理解能力，客户与市场知识优势快速成长；成熟阶段，企业通过与关键客户的合作创新，更加深化对客户与市场现实和潜在需求的理解，甚至通过价值共创引导客户需求，企业利用客户与市场知识优势赢得强大的品牌影响力、市场占有率和利润率；衰退/再生阶段，由于目标市场的萎缩、竞争对手对关键客户的争夺、产业技术的变革等，客户与市场知识优势逐渐消失，直至丧失，此时，只有通过重塑顾客价值共创战略，深化或调整对客户与市场信息的理解，调整或转变客户合作创新战略，才能实现客户与市场知识优势的再生。

（二）单个产业链整合知识优势（$ICIKA_1$）的发展过程

先进制造业创新生态系统最突出的特征是以先进制造业产业链为主导，基于产业链整合知识优势的产业链协同效应能为系统带来突出的规模优势，是先进制造业创新生态系统获取持续竞争优势的关键。产业链整合知识优势的形成过程是：萌芽阶段，先进制造业创新生态系统中的企业由于地理邻近性和产业链的协同性，以及政府政策的支持和引导，龙头/链主企业开始在系统内选择配套厂商和合作伙伴，同时，由于知识转化群落中创新创业载体等对科技成果转化等的扶持，系统中的企业更容易获取创业者、新创企业的技术、产品等关键信息，产业链整合知识优势开始在系统中孕育；成长阶段，系统中的龙头/链主企业不断成长，在发挥产业链协同效应的过程中，创新创业载体、科技金融机构等以产业链为导向的知识转化能力不断增强，系统中的企业可以更快、更高效地获取竞争对手的实力、策略、产品等方面的信息，供应商的新产品、新技术、新思想等方面的信息，新创企业的产品、技术资源、核心能力、战略等方面的信息，同时，产业链各主体的有效互动将促进产业链整合创新效率的不断提升，产业链整合知识优势快速成长；成熟阶段，系统中的龙头/链主企业在产业中影响力越来越大，创新创业载体、科技金融等机构的知识转化能力日趋成熟，产业链各节点企业为获得产业链整合创新的地理便利性和知识的溢出效应，将企业核心研发部门或关键运营环节不断聚集在系统所在区域，系统中的企业与供应商、竞争对手、新创企业等的有效互动更加频繁，利益共享机制、风险分担机制、信任机制逐渐成熟，产业链整合创新已成为系统产业链发展的常态，产业链各节点之间已实现价值共创，产业链整合知识优势成熟；衰退/再生阶段，由于产业技术的变革、市场需求变化、竞争对手的模仿和争夺等，产业链整合知识优势逐渐消失，直至枯竭，此时，只有通过重构产业链，深化或调整对竞争对手的实力、策略、产品等方面的信息，供应商的新产品、新技术、新思想等方面的信息，新创企业的产品、技术资源、核心能力、战略等方面的信息的理解，调整产业链整合创新战略，才能实现产业链整合知识优势的再生。

（三）单个产学研合作知识优势（$ICKA_1$）的发展过程

由于技术不断进步、先进制造业创新来源日益多元化，创新周期越来越短、风险越来越大，创新已由企业内部行为逐渐演变为企业之间甚至不同创新主体之间动态的、复杂的、非线性的相互作用的结果，因此，产学研协同创新成为先进制造业创新的重要途径之一，产学研合作知识优势是实现产学研协同创新的前提和基础。产学研合作知识优势形成的过程是：萌芽阶段，知识生产群落中的大学、科研院所等在科学研究、人才培养和社会服务的过程中不断深化基础研究、应用研究等方面的知识资源积累，探索学科前沿研究领域，不断强化系统所在区域基础和应用知识资源优势，此时，由于先进制造业创新日趋复杂，产业关键核心技术的创新、"卡脖子"技术的突破对复杂交叉知识、前沿基础知识、系统综合知识的要求越来越高，企业开始主动参与大学、科研院所的研究活动，同时，政府为增加国家创新能力，开始制定并实施产学研协同创新政策，产学研合作创新知识优势在系统中孕育；成长阶段，产业链核心企业不断聚集于系统所在区域，龙头/链主企业不断成长，关键客户和市场需求瞬息万变，产业竞争压力日趋激烈，企业在与客户、供应商等实施价值共创战略的同时，不得不将视角拓展，开始通过设立研究基金或开展合作研究将基础研究、应用研究等领域与大学、科研院所形成合作创新关系，系统所在区域政府为加强区域创新能力，不断优化政策环境，强化对知识转化群落中的创新创业载体、科技金融机构等的支持力度，为知识生产群落创新主体的知识资本化提供支撑，持续推进产学研协同创新，产学研合作知识优势快速成长；成熟阶段，系统中知识生产群落、知识转化群落、价值实现群落中的创新主体不断成熟，龙头/链主企业逐渐成长为世界级企业，系统所在区域对产业链核心创新要素的聚集能力大大加强，知识转化群落中的创新创业载体、科技金融机构等不断成熟，系统所在区域形成尊重知识、崇尚创新、积极创业、宽容失败的创新文化氛围，各创新主体之间交流频繁，产学研之间信任度大大增加，创新主体之间经过多次博弈，已形成完善的利益分配机制、风险分担机制、冲突解决机制，在政府政策的支持下，知识资本化进程快速提升，产学研协同创新效率极高，产学研合作知识优势成熟；衰退/再生阶段，由于产业技术的变革、市场需求的变化、竞争对手的模仿和争夺等，产学研合作知识优势逐渐消失，直至枯竭，此时，只有通过调整产学研合作创新的方向，根据市场需求、产业变革、竞争对手的新产品对高校及科研院所合作创新研究项目等进行实时调整，多渠道地获取与高校及科研院所其他相关研究团队负责人及关键成员深入沟通与熟悉的机会，调整产学研协同创新战略，才能实现产学研合作知识优势的再生。

二、中级阶段：链式-生态演化过程

进化是指渐进演化，包括变异、遗传与衍生代表的组织和复杂系统发展演化的一般性自然规律[①]。先进制造业创新生态系统的发展与演化与自然生态系统的发展与演化有一定的相似之处，是系统内知识优势经历从单个知识优势向多个知识优势链演化的过程，主要表现为遗传、衍生、变异和选择四种演化机制。

---

① 许文彬. 经济学中的达尔文主义：背离与复归[J]. 南开经济研究，2004，（4）：3-10，18.

（一）遗传机制

自然生态系统进化过程中，对环境适应力更强的优良基因会通过复制在系统内扩散、繁衍。与此类似，先进制造业创新生态系统三类知识优势中的核心知识基因，通过复制、扩散、繁衍和分化，完成知识优势的代际传承，使先进制造业创新生态系统三类知识优势中的知识创新保持一定的"遗传惯性"；一般来说，竞争力越强的先进制造业创新生态系统，三类知识优势越明显，其知识优势的"遗传基因"也越强。三类知识优势——客户与市场知识优势、产业链整合知识优势、产学研合作知识优势的链式–遗传演化过程如图5-3所示。其中，客户与市场知识优势通过深入理解客户与市场最新和潜在的需求信息，并持续与客户合作创新实现价值共创，将单个知识优势（MKA_1）中的核心优势基因遗传至MKA_{21}，逐步演化为MKA_{21}，体现了一条遗传演化链条；产业链整合知识优势通过产业链协同效应持续推进产业链整合创新，将单个知识优势（$ICIKA_1$）中的核心优势基因遗传至$ICIKA_{21}$，逐步演化为$ICIKA_{21}$，体现了一条遗传演化链条；产学研合作知识优势通过产学研之间的多次博弈不断完善产学研之间长期合作的信任机制、风险分担机制、利益共享机制，持续推进产学研合作创新，将单个知识优势（$ICKA_1$）中的核心优势基因遗传至$ICKA_{21}$，逐步演化为$ICKA_{21}$，体现了一条遗传演化链条[1]（图5-3）。

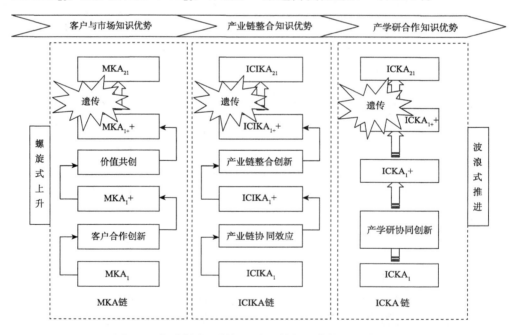

图 5-3　先进制造业创新生态系统知识优势的遗传机制

---

① 李其玮，顾新，赵长轶. 产业创新生态系统知识优势的演化阶段研究[J]. 财经问题研究，2018，（2）：48-53.

（二）衍生机制

在自然生态进化理论中，衍生是指从母体中得到新物质的过程。先进制造业创新生态系统知识优势的衍生是指知识在适应环境变化的过程中，通过知识应用场景的不断丰富、知识吸收能力的不断增强、核心创新主体的不断聚合，在原有知识的基础上不断衍生出新的知识，从而在实践中融合原有知识优势，溢出新的优势知识，持续更新知识优势链条的过程[①]。从衍生所融合的知识的来源看，先进制造业创新生态系统知识优势的衍生机制包括横向融合机制和纵向融合机制：横向融合机制是指通过引进、消化、吸收外部知识优势，与原有知识优势融合，改善先进制造业创新生态系统整体知识优势体系结构，从中衍生出新的优势知识；纵向融合机制是指通过先进制造业创新生态系统内部不同个体、组织、层次、内容、结构等知识优势的融合，在知识从显性到隐性，不断内化的过程中，在原有知识优势的基础上衍生出新的优势知识，形成自我更新的知识优势链条的过程。如图5-4所示，通过外部横向或/和内部纵向联合，先进制造业创新生态系统中的客户与市场知识优势从单个知识优势（MKA_1）中逐步衍生出 MKA_{11}……MKA_{15}……，最终逐步进化为 MKA_{22}，产业链整合知识优势从单个知识优势（$ICIKA_1$）中逐步衍生出 $ICIKA_{11}$……$ICIKA_{15}$……，最终逐步进化为 $ICIKA_{22}$，产学研合作知识优势从单个知识优势（$ICKA_1$）中逐步衍生出 $ICKA_{11}$……$ICKA_{15}$……，最终逐步进化为 $ICKA_{22}$。综上，先进制造业创新生态系统中的客户与市场知识优势、产业链整合知识优势、产学研合作知识优势随着时间的推移，通过内部和外部融合，不断提升知识溢出水平，从而形成自我更新的知识优势链，这个过程就是一条衍生进化链条。

（三）变异机制

基于优胜劣汰、适者生存的进化论，在自然界，变异是被动发生的，是指基因的重组和嫁接所产生的突变。生物在适应环境变化的过程中，通过变异，一般会产生多样性的生态系统基因库。先进制造业创新生态系统是一个人为因素决定的以创新为主要特征的产业生态系统。先进制造业创新生态系统知识优势的变异是一种主动的突破性创新机制，是指系统中组成知识的基层结构性因子——"知识元"[②]，通过人为地控制、改变、融合、创新"知识元"的结构，以及构建促进"知识元"进化的环境和平台（类似于生物进化论中的染色体），从而使知识基

① 吴松强，黄盼盼，蔡文洁，等. 知识溢出与先进制造业集群成长：企业创新关联的中介效应研究[J].科学学研究，2022，40（3）：516-524.

② 陈浩义，王敏，王文彦. 基于知识流视角的企业技术创新过程中知识进化机理研究[J]. 情报科学，2012，（10）：1566-1571.

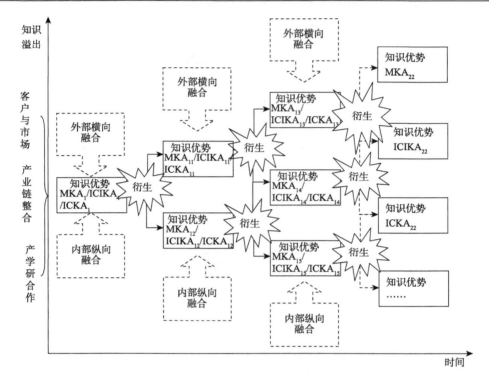

图 5-4　先进制造业创新生态系统知识优势的衍生机制

因产生变异，打破系统原有的创新惯性，通过突变带来知识结构的"质变"，形成新的知识优势，实现突破性创新。先进制造业创新生态系统突破性知识优势的创新绩效可能在短期内低于原有产业知识优势，但随着系统突破性创新的"知识元"及其相关平台和环境的不断完善，从长远来看，突破性知识优势将替代产业原有知识优势，特别是在产业融合式创新的过程中，其可持续创新价值将赶超原有知识优势的价值。如图5-5所示，客户与市场知识优势通过整合不同产业领域的客户价值共创和市场合作创新，从单个知识优势（MKA_1）逐渐突破进化为MKA_{23}……MKA_X，形成一条变异进化链条；产业链整合知识优势通过在不同的产业领域的产业链协同和整合创新，从单个知识优势（$ICIKA_1$）逐渐突破进化为$ICIKA_{23}$……$ICIKA_X$，形成一条变异进化链条；产学研协同知识优势通过产学研合作创新在不同产业领域的深化运行，从单个知识优势（$ICKA_1$）逐渐突破进化为$ICKA_{23}$……$ICKA_X$，形成一条变异进化链条。

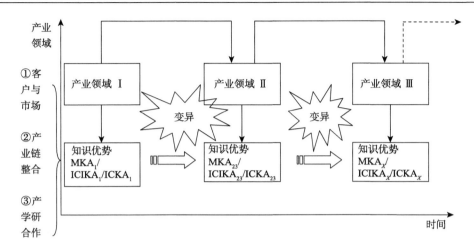

图 5-5　先进制造业创新生态系统知识优势的链式变异机制

（四）选择机制

选择是指自然生态系统中优胜劣汰、适者生存的过程。在先进制造业创新生态系统中，知识优势的选择机制是指三大创新群落各主体在适应环境变化的过程中，通过人为引导，不断优化创新环境，对客户与市场知识优势、产业链整合知识优势和产学研合作知识优势进行适时引导，优质的、适应产业变化的知识优势将被保留并持续优化，劣质的、不适应产业变化的知识优势将被淘汰直至消亡，最终促进系统整体知识优势向更优的状态发生链式演化。

三、高级阶段：网络-混沌共生过程

混沌看起来是随机发生的而实际上其行为却是由精准的法则决定的[1]，混沌产生的基本前提是非线性反馈，因此，混沌是一种非线性动力学系统[2][3]。在复杂系统中，混沌动力学理论是一个较强的解释和分析工具，学者们已在知识创新、经济学、管理学、金融学等领域开展了大量的研究[4]~[6]。先进制造业创新生态系统

① Lorenz E N. The essence of chaos[J]. Physics Today，1993，63（2）：54.

② 黄沛，夏若虹. 非线性经济系统分析的有力工具：介绍一种新方法：混沌动力学[J]. 数量经济技术经济研究，1992，（6）：72-76.

③ Li T，Yorke J. Period three implies chaos[J]. The American Mathematical Monthly，1975，（10）：985-992.

④ 韩蓉，林润辉. 基于混沌动力学的知识创新演化规律分析[J]. 科学学研究，2013，（12）：1889-1898.

⑤ 黄洁莉，夏喆，杨海燕. 企业科技创新混沌动力学模型研究[J]. 科技与管理，2007，（2）：22-24.

⑥ 吴江，彭扬，邹黎敏，等. 不确定性因素影响下的混沌供应链系统脉冲同步策略研究[J/OL]. 中国管理科学：1-11.

的知识优势也是一个"非线性复杂系统"，通过系统中个体知识、组织知识、创新群落知识的非线性反馈和迭代，系统知识优势的演化呈现出非线性混沌的网络轨道[1]，系统知识优势的动力系统失稳后将会产生分岔，产生新的平衡态，经过知识优势的突变和不断分岔后，系统知识优势最后成为一个多样化、多元化的复杂的非线性混沌系统，用Logistic映射可表示为

$$X_{n+1}=f(X_n, \lambda)=\lambda X_n(1-X_n) \qquad (5\text{-}1)$$

式（5-1）中X_n代表先进制造业创新生态系统知识优势的效度，$X_n \in [0, 1]$；λ为控制参数，在系统创新机制与功能结构的共同影响下，系统知识优势进入混沌区域，$\lambda \in (3.57, 4]$，此时系统知识优势具有较大的创新潜能和空间，但需承担的风险也较大，X的值不会收敛于任何稳定状态，也就是说系统的知识优势总量不稳定，突破性创新的知识元的出现具有不可预测性，呈现非线性、复杂性、混沌性的演化和运动规律：普适性，系统知识优势的演化速度和效率在系统内外都是适用的，存在Feigenbaumδ（费根鲍姆阿尔法）常数和Feigenbaumα（费根鲍姆德尔塔）常数[2]；有界性，系统知识优势运动轨迹始终在"混沌吸引域"内，其演化规律从整体上看是稳定的；分岔性，系统知识优势的演化过程具有多层、多叶的自相似特征；随机共生性，三类知识优势的非线性成长在任意区域内概率分布密度函数不为零，体现了系统知识优势的局部不稳定性和共生性。如图5-6所示，先进制造业创新生态系统的客户与市场知识优势、产业链整合知识优势和产学研合作知识优势在非线性成长过程中逐渐演化，进入网络-混沌共生阶段。

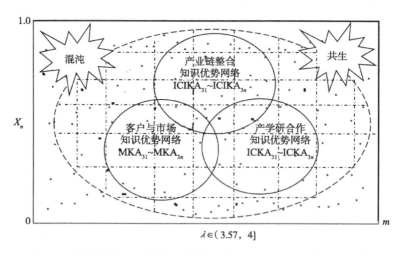

图 5-6　先进制造业创新生态系统知识优势的网络-混沌共生阶段

① May R M. Simple mathematical models with very complicated dynamics[J]. Nature, 1976, 261: 459-467.

② Karamanos K, Kotsireas I S. Statistical analysis of the first digits of the binary expansion of Feigenbaum constants α and δ[J]. Journal of the Franklin Institute, 2005, 342 (3): 329-340.

在这一阶段，客户与市场知识优势已在形成MKA_{21}~MKA_{23}的基础上，通过遗传、衍生、变异机制的共同作用，逐渐升级为一个客户与市场知识优势网络（MKA_{31}~MKA_{3n}），产业链整合知识优势在已形成$ICIKA_{21}$~$ICIKA_{23}$的基础上，通过遗传、衍生、变异机制的共同作用，逐渐升级为一个产业链整合知识优势网络（$ICIKA_{31}$~$ICIKA_{3n}$），产学研合作知识优势在已形成$ICKA_{21}$~$ICKA_{23}$的基础上，通过遗传、衍生、变异机制的共同作用，逐渐升级为一个产学研合作知识优势网络（$ICKA_{31}$~$ICKA_{3n}$）。客户与市场知识优势、产业链整合知识优势、产学研合作知识优势三个知识优势网络之间，通过相互渗透与相互作用，共同推动着先进制造业创新生态系统知识优势进入混沌、共生阶段，形成边际效益递增的知识优势效应。

第三节 案 例 分 析

一、研究方法与数据

（一）研究方法

本章选取了纵向多案例的研究方法，原因如下。首先，研究的问题"先进制造业创新生态系统知识优势是如何演化的"具有解释性特征，现有研究缺乏深入探讨，且属于"如何"问题，案例研究则适合新的研究领域或现有研究不充分领域，非常适合解决"怎么样"和"为什么"类型的研究问题[1~3]。其次，本章对象涉及先进制造业创新生态系统中的三个层次，即创新主体、创新资源、创新环境；三个创新群落，即知识生产群落、知识转化群落、价值实现群落；三类知识优势，即客户与市场知识优势、产业链整合知识优势、产学研合作知识优势。本章旨在探究微观创新群落中多元化创新主体的竞合互动、宏观创新环境中制度构建者整合创新资源的战略行为对中观先进制造业创新生态系统知识优势演化的作用机理及其演化过程，而纵向案例研究法基于时间顺序构建案例的因果证据链，有利于呈现特定情境下的先进制造业创新生态系统知识优势演化的全过程，可确认知识优势演化过程中关键事件发生的次序，有利于构念间因果关系的识别，有助于提

① Eisenhardt K M. Building theories from case study research[J]. Academy of Management Review, 1989, 14(4): 532-550.

② Eisenhardt K M, Graebner M E. Theory building from cases: opportunities and challenges[J]. Academy of Management Journal, 2007, 50: 25-32.

③ Yin R K. Case Study Research: Design and Methods[M]. Thousand Oaks: Sage, 2014.

高研究的内部效度，非常适合本章这种跨层次、复杂、动态演化问题的研究①。最后，与单案例研究相比，多案例设计允许研究者观察到不同情景下、不同案例背景下的知识优势演化路径，该方法遵循逻辑复制原则②，能更好地识别构念间的因果及相互匹配关系，可提高研究的外部效度，得到更加普适的理论③。

（二）案例选择

基于理论抽样的原则，我们选择美国硅谷为主要案例，选择中国四川省成都市、德阳市高端能源装备制造业集群（以下简称"成德高端能源装备制造业集群"）作为补充案例。与单案例的研究相比，多案例的研究有利于减少单案例来源的偏差④，两个案例的选择主要遵循如下标准。

（1）典型性原则⑤。本章选择的主要案例——美国硅谷，是全球至今为止最成功的产业创新生态系统，拥有典型的知识优势的世界级先进制造业创新生态系统。硅谷的发展史是先进制造业创新生态系统知识优势从萌芽走向成熟并获得再生的成长史，其知识优势的演化过程具有典型性。本书选择的补充案例为成德高端能源装备制造业集群。2021年10月，中共中央、国务院印发《成渝地区双城经济圈建设规划纲要》，提出将成渝地区打造为继京津冀、长三角、粤港澳三大城市群之后的中国第四极，并在该区域加快形成世界级先进制造业集群。2021年3月成德高端能源装备制造业集群已入选工业和信息化部先进制造业集群竞赛优胜者名单⑥，是成渝地区双城经济圈建设过程中重点打造的世界级先进制造业集群，其知识优势的演化过程在中国新发展格局的情境下具有典型性。

（2）极化原则。两个案例是在不同制度背景下、不同情景下、不同生命周期发展阶段、不同区域环境下演化的，案例之间的差异能增强研究结果的严谨性及普适性。

（3）匹配原则。两个案例在成长过程中都有知识优势的演化，与本章的研究

---

① Eisenhardt K M, Graebner M E. Theory building from cases: opportunities and challenges[J]. Academy of Management Journal, 2007, 50: 25-32; Murmann J P. The coevolution of industries and important features of their environments[J]. Organization Science, 2013, 24（1）: 58-78.

② Lichtenstein B B, Uhl-Bien M, Marion R, et al. Complexity leadership theory: an interactive perspective on leading in complex adaptive systems[J]. Emergence Complexity & Organization, 2006, 8（4）: 2-12.

③ 吴晓波, 张馨月, 沈华杰. 商业模式创新视角下我国半导体产业"突围"之路[J]. 管理世界, 2021, 37（3）: 9, 123-136.

④ Podsakoff P M, Mackenzie S B, Lee J Y, et al. Common method biases in behavioral research: a critical review of the literature and recommended remedies[J]. Journal of Applied Psychology, 2003, 88（5）: 879-903.

⑤ Pettigrew A M. Longitudinal field research on change: theory and practice[J]. Organization Science, 1990, 1（3）: 267-292.

⑥ 竞赛旨在通过"赛马论英雄"，从不同行业领域内的领先者中，按照统一的评价标准，选出能承担国家使命、代表我国参与全球竞争合作的"国家先进制造业集群"，让它们去冲击世界冠军。

问题和理论框架相匹配。

（4）数据获取充足可信原则。本章在选择案例时，全方位考虑了所选案例信息的可信度、可获取度和丰富度。美国硅谷是全球著名的世界级先进制造业创新生态系统。本人曾就读于美国明尼苏达大学卡尔森管理学院，在硅谷有一些同学和校友资源。成德高端能源装备制造业集群位于本人工作单位四川大学所在的城市——成都，集群中拥有丰富的四川大学校友资源，同时，四川大学德阳产业技术研究院为德阳产业发展服务多年，因此，学校、本人团队与集群各单位有十分紧密的联系，这些资源为数据获取、多方调研提供了便捷的条件。两个案例公开信息都比较充足、信息来源渠道多种多样，特别是针对美国硅谷的相关书籍及文献研究非常丰富。

（三）数据收集与三角验证

为减少案例研究由于数据形式不同和主观性解释所带来的偏差[1]，本章在案例成长的不同时间阶段收集了多种类型的数据[2]，以更完整、更客观地描述现象和研究主体的演化过程[3]。本章还将访谈资料与其他来源的数据进行"三角验证"[4]（表5-1、表5-2、表5-3），以避免仅仅采用一手资料带来的回溯性释义及印象管理的问题，以尽量减少信息偏差，并提高研究的信度、效度和鲁棒性[5]。

表 5-1　数据来源

数据类型	具体来源	资料数量
访谈数据	1.实地调研	16家单位
	2.非结构化访谈	约68人次
文档数据	1.商业出版物	10本
	2.年鉴、产业研究报告	25份
	3.志书	10本
	4.领导内部讲话稿	5份
	5.企业内部资料	5份
	6.研究论文	约60篇

---

① Perry C. Processes of a case study methodology for postgraduate research in marketing[J]. European Journal of Marketing, 1998, 32（9/10）: 785-802.

② Glaser B G, Strauss A L. The Discovery of Grounded Theory: Strategies for Qualitative Research[M]. New York: Aldinede Gruyter, 1967.

③ Amaratunga D, Baldry D. Case study methodology as a means of theory building: performance measurement in facilities management organisations[J]. Work Study, 2001, 50（3）: 95-105.

④ Yin R K. Case Study Research: Design and Methods[M]. Thousand Oaks: Sage, 2014.

⑤ Eisenhardt K M, Graebner M E. Theory building from cases: opportunities and challenges[J]. Academy of Management Journal, 2007, 50: 25-32.

续表

数据类型	具体来源	资料数量
网页数据	1.政府、企业官网	130 兆
	2.知识产权信息服务平台	
	3.信息披露的权威报刊	

表 5-2　访谈单位及对象

系统	单位	访谈对象
硅谷	斯坦福大学	创业教授、技术转移办公室相关人员
	Google、Apple 等	相关部门负责人、重要员工
成德高端能源装备产业集群	政府	四川省、成都市、德阳市相关部门负责人
	高校、科研院所	四川大学、电子科技大学、西南交通大学等
	企业	东方电气集团东方电机有限公司（简称东电）、东方电气集团东方汽轮机有限公司（简称东汽）、二重（德阳）重型装备有限公司（简称二重装备）等
	行业协会	协会负责人及相关工作人员

表 5-3　访谈对象

访谈对象	次数	访谈时长
政府主管部门负责人	6	1 小时/位
总经理	5	0.5~1 小时/位
研发经理	12	0.5~1 小时/位
总工、技术人员	30	0.5~1 小时/位
专家学者	15	0.5~1 小时/位

本章的数据来源主要有三种：①一手数据来自美国硅谷、成德高端能源装备制造业集群中代表企业管理层和技术团队、高校院所、政府、行业协会等相关负责人的半结构化访谈（具体见表5-2和表5-3），访谈内容整理后的文字稿约5.7万字；②两个案例的公开二手数据，包括政府政策资料、行业协会信息、关键人物访谈资料、企业年报等；③两个案例的其他二手数据来自相关的行业数据库、书籍、权威媒体报道、有影响力的杂志、期刊学术论文等。

（四）数据分析

第一阶段，单案例分析。根据所收集的原始数据，基于产业创新生态系统、知识优势等相关文献，把课题组分为两个独立的小组，分别对两个案例采用统一编码的方式进行背对背编码，将相关负责人访谈资料标记为X，将公开资料获得的数据标记为P，将从内部资料获取的数据标记为I。

第二阶段，两个案例对比分析。通过两个案例的对比分析，两个研究小组通过多次讨论，找出其中的相似性与差异性，对少数有冲突观点进行相关资料的补充和完善，力求实现研究观点和结论的统一，在此过程中，持续将提炼出的理论框架与现有文献进行对比，直到理论达到饱和。

（五）关键变量定义及其测度

1. 先进制造业创新生态系统成员的测度

Adner[①]、Hannah和Eisenhardt[②]、Jacobides等[③]、赵长轶[④]等将产业创新生态系统定义为"直接参与产品价值创造的组织所结成的相互依赖、竞合共存、共生共演的群体，包括知识生产群落、知识转化群落和价值实现群落"。从知识管理理论的视角，本书将先进制造业创新生态系统的成员分为由高校、科研院所等组成的知识生产群落，由孵化器、创新创业载体、风投机构、科技金融体系等组成的知识转化群落，由企业、客户和市场组成的价值实现群落。

政府角色。先进制造业创新生态系统的成员还包括政府，从先进制造业创新生态系统的"创新主体－创新资源－创新环境"三个层次来看，政府是先进制造业创新生态系统的重要"架构者"之一[⑤]，其角色体现在以下三方面：一是制度建构者，政府是创新环境的建设者和影响者[⑥]，政府是创新政策的制定者、创新经济环境的建设者、创新社会文化环境的影响者、创新法律环境的制定者；二是资源提供者，政府是创新资源的主要建设者和影响者，创新人才的培育和引进需要政府制定相关的教育政策、人才评价制度、人才引进政策等，创新资金需要政府设立并制定相关政策引入，创新物资、数字等区域基础设施等需要政府投资并制定相关政策引入社会资本共同建设；三是创新参与者，在某些先进制造业中，政府本身就是价值实现群落中的领先用户，如中国的高铁、轨道交通装备、航空航天装备等[⑦]，政府也会建设知识转化群落中的创新创业载体和科技金融机构，如

---

① Adner R. Ecosystem as structure: an actionable construct for strategy[J]. Journal of Management, 2017, 43（1）: 39-58.

② Hannah D P, Eisenhardt K M. How firms navigate cooperation and competition in nascent ecosystems[J]. Strategic Management Journal, 2018, 39: 3163-3192.

③ Jacobides M G, Cennamo C, Gawer A. Towards a theory of ecosystems[J]. Strategic Management Journal, 2018, 39（8）: 2255-2276.

④ 赵长轶. 世界级先进制造业创新生态系统：内涵与研究框架建构[J]. 天府新论, 2021,（5）: 121-131.

⑤ Gulati R, Puranam P, Tushman M. Meta-organization design: rethinking design in interorganizational and community contexts[J]. Strategic Management Journal, 2012, 33（6）: 571-586.

⑥ 江鸿, 吕铁. 政企能力共演化与复杂产品系统集成能力提升：中国高速列车产业技术追赶的纵向案例研究[J]. 管理世界, 2019, 35（5）: 106-125, 199.

⑦ 谭劲松, 宋娟, 陈晓红. 产业创新生态系统的形成与演进："架构者"变迁及其战略行为演变[J]. 管理世界, 2021, 37（9）: 167-191.

设立政府产业基金、政府风险投资公司、政府孵化器等，同时，政府还可以通过各项政策、制度影响知识生产群落中的高校、科研院所等的发展目标、产业化动机和行为，如通过修改科技成果转化制度、明确职务发明分成比例等激发高校科技人员的创业动机等①。

2. 先进制造业创新生态系统发展阶段的测度

本章采用Adner②提出的隶属结构生态系统方法对先进制造业创新生态系统的三个元素——成员属性、位置、联系进行测度，通过三个元素的测度可确定先进制造业创新生态系统的发展阶段。成员属性特征的演变采用产业技术能力进行测度，产业链的成熟度、核心成员更替及成员属性和位置特征变化采用产业链核心成员构成进行测度，成员联系特征的演变采用网络规模、网络合作数、网络密度、网络中心度、竞争合作强度进行测度。

3. 先进制造业创新生态系统知识优势的测度

先进制造业创新生态系统中有多个创新主体、创新种群和创新群落，其中企业是先进制造业创新生态系统中最关键的主体。与以提高自身竞争优势为核心的传统战略不同，先进制造业生态系统的战略关键在于如何促进生态系统成员的协同与适配、促进产业创新生态系统演进的战略和行为，其知识优势更多体现在融合、整合与协同。基于此，本章从企业的视角，将先进制造业创新生态系统知识优势分为三类：客户与市场知识优势、产业链整合知识优势、产学研合作知识优势。

第一，客户与市场知识优势的测度。客户与市场知识优势是指先进制造业创新生态系统中的企业通过更快、更高效地理解客户与市场的最新和潜在需求，通过更多的渠道获取与客户合作创新的机会而形成的竞争优势。根据相关文献，客户与市场知识优势的测度方法包括三个方面：获取最新的客户和市场信息；获取客户和市场潜在需求的信息；获取与客户合作创新的机会。

第二，产业链整合知识优势的测度。产业链整合知识优势是指先进制造业创新生态系统中的企业通过更快、更高效地获取竞争对手的实力、策略、产品等方面的信息，供应商的新产品、新技术、新思想等方面的信息，新创企业的产品、技术资源、核心能力、战略等方面的信息，通过更多的渠道获取与产业链上下游企业合作创新的机会而形成的竞争优势。根据相关文献，产业链整合知识优势的

---

① Genin A L, Tan J, Song J. State governance and technological innovation in emerging economies: state-owned enterprise restructuration and institutional logic dissonance in China's high-speed train sector[J]. Journal of International Business Studies, 2021, 52（4）: 621-645.

② Adner R. Ecosystem as structure: an actionable construct for strategy[J]. Journal of Management, 2017, 43（1）: 39-58.

测度方法是：获取竞争对手的实力、策略、产品等方面的信息；获取供应商的新产品、新技术、新思想等方面的信息；获取新创企业的产品、技术资源、核心能力、战略等方面的信息；获取与产业链上下游企业合作创新的机会。

第三，产学研合作知识优势的测度。产学研合作知识优势是指先进制造业创新生态系统中的企业通过更快、更高效地获取高校及科研院所研究实力、最新研究成果、研究项目等方面的非公开信息，获取与高校及科研院所研究团队负责人及关键成员深入沟通与熟悉的机会，通过更多的渠道获取与高校及科研院所合作创新的机会而形成的竞争优势。根据相关文献，产学研合作知识优势的测度方法是：获取高校及科研院所研究实力、最新研究成果、研究项目等方面的非公开的信息；获取与高校及科研院所研究团队负责人及关键成员深入沟通与熟悉、彼此信任的机会；获取与高校及科研院所合作创新的机会。

二、美国硅谷案例分析

（一）案例背景与概述

美国硅谷并不是一个地理概念。硅谷是人们对旧金山湾区的称谓，硅谷之所以叫作硅谷，是因为半导体革命的发生[1]。硅谷有很多半导体公司和IT公司，而半导体公司的主要材料是硅，因此，人们就把这个地方叫作"硅谷"[2]。硅谷可利用的面积不大，南北长不到100千米，而东西方向只有靠近海岸线的10~15千米内的区域才能居住，这个可居住区域大约占美国国土面积的0.2%，硅谷的人口只有450万~500万，大约占美国人口的1.5%[3]，但硅谷的生产总值占美国总GDP的5%。根据《2020硅谷指数》，2019年，硅谷地区生产总值增长170亿美元，2019年流向硅谷和旧金山公司总计近420亿美元的风险投资中有近一半（205亿美元）是以巨额交易的形式进行的。

硅谷拥有一批美国一流顶尖大学，如斯坦福大学、加州伯克利大学、加州大学系统的其他几所大学和圣塔克拉拉大学。硅谷还是美国高科技人才和信息产业人才的集中地，美国科学院院士在硅谷任职的有近千人，获诺贝尔奖的科学家有30多人。此外，硅谷的Sand Hill路上还有一批享誉世界的风险投资机构，如红杉资本、KPCB（Kleiner，Perkins，Caufield Byers）、NEA（New Enterprise Associates）、日本软银、俄罗斯DST（Digital Sky Technologies）等。最重要的是，

---

① 钱颖一. 硅谷的故事：关于硅谷的学术研究[J]. 现代工业经济和信息化，2011，（4）：37-39.

② 拉奥 A，斯加鲁菲 P. 硅谷百年史：伟大的科技创新与创业历程（1900—2013）[M]. 闫景立，侯爱华译. 北京：人民邮电出版社，2014.

③ 吴军. 硅谷之谜[M]. 北京：人民邮电出版社，2016.

硅谷已经并在持续诞生一大批改变世界的伟大公司，世界百强科技公司中有20多家在硅谷，如微软、谷歌、Facebook、惠普、英特尔、苹果、思科、英伟达、甲骨文、特斯拉、雅虎等。硅谷的成功吸引了世界各地争相模仿，希望在本区域的科技园区再造一个"硅谷"，但迄今为止，仍没有一个区域能超越"硅谷"的成就。在《硅谷生态圈：创新的雨林法则》中黄和霍洛维茨首次运用创新生态的视角对硅谷的成功原因和创新机制进行研究[1]，引发了硅谷创新生态系统研究的一股热潮[2][3]。

（二）硅谷先进制造业创新生态系统的发展阶段分析

既有研究对硅谷发展阶段的划分一般是以主导产业为标准进行的。本章从产业创新生态系统的视角，采用结构生态系统方法对硅谷的三个元素——成员属性、位置、联系进行测度，将硅谷先进制造业创新生态系统划分为四个阶段：萌芽期、成长期、成熟期和衰退/再生期。

1. 萌芽期（19世纪末至第二次世界大战期间）

萌芽期，硅谷先进制造业创新生态系统的创新主体开始出现，创新资源围绕主导产业和技术汇集，创新环境开始形成。本书认为促使硅谷先进制造业创新生态系统形成的最重要的推动者和"架构者"是美国政府，特别是美国军方。以19世纪"淘金热"为标志的拓荒活动使湾区成为机遇的摇篮和冒险家的乐园，鼓励创新和冒险的社会文化环境和历史底蕴开始在硅谷形成。19世纪末，硅谷成了全球最大的水果生产和加工区，特别是盛产大樱桃。农学曾经是斯坦福大学、加州伯克利大学等硅谷著名高校的重要专业。此时，先进制造业并不是硅谷的主导产业，先进制造业创新生态系统也未产生。硅谷先进制造业创新生态系统的萌芽期始于1909年，西里尔·埃尔维尔在帕罗奥图创办了联邦电报公司，该公司的真空管扬声器与振荡器获得了海军的订单，创新主体——无线电工程公司开始在硅谷出现，另一类创新主体高校科研院所的学科重心也开始转向无线电技术。1933年，美国海军在硅谷修建了军事基地——莫菲特机场，硅谷的无线电工程公司与美国军方机构开始合作。1939年，比尔·休利特和戴维·帕卡德在硅谷创办了惠普公司。第二次世界大战爆发后，硅谷在无线电技术方面得到了快速发展，加州伯克利大学的无线电技术领域已在全球闻名，伯克利聚集了美国最优秀的物理学家，

① 黄 V W，霍洛维茨 G. 硅谷生态圈：创新的雨林法则[M]. 诸葛越，许文武，林翔，等译. 北京：机械工业出版社，2015.

② 毛蕴诗，周燕. 硅谷机制与企业高速成长——再论企业与市场之间的关系[J]. 管理世界，2002，（6）：102-108.

③ 胡曙虹，黄丽，杜德斌. 全球科技创新中心建构的实践——基于三螺旋和创新生态系统视角的分析：以硅谷为例[J]. 上海经济研究，2016，（3）：21-28.

美国的核计划最初的会议就是在伯克利召开的（史称伯克利会议）。硅谷在无线电技术领域的快速发展吸引了全美无线电技术领域的科技人才到硅谷发展，并进入军事工业。为进一步推动全国的科研机构为美国军方服务，美国政府开创了政府与学界及科技成果与战争之间相互影响的合作模式。例如，美国政府出资成立了科研发展办公室，该办公室直接资助高校开展军方指定科研项目的研究。第二次世界大战时期，硅谷产生了一批为美国军方和国防工业提供高新技术的企业，在服务战争的过程中，企业在无线电领域的技术能力不断创新发展，并获得了巨额收益，为产业发展提供了技术基础和充足的资金。

　　萌芽期，硅谷先进制造业创新生态系统的主导产业和技术是无线电产业和真空管，并在政府的强力支持下出现了一些创新主体，企业、高校、科研院所等创新主体中的多元化成员以美国政府和军方为网络中心开始建立联系。从历史发展来看，第二次世界大战及朝鲜战争是硅谷孕育先进制造业创新生态系统的重要契机，硅谷成为当时美国国防工业的集聚地，美国的国防工业为硅谷发展提供了资金支持和技术保障，硅谷的高校、科研院所、企业的科学研究和技术发展又为美国国防工业提供了坚实的科学与技术基础。美国军方是硅谷先进制造业创新生态系统萌芽期的架构者，也是硅谷先进制造业创新生态系统价值实现群落中最重要的领先用户。为满足美国军方的需要，硅谷先进制造业创新生态系统中的企业、高校、科研院所、政府开展了紧密合作，硅谷开始聚集无线电技术领域丰富的人才资源、资金资源、物资资源，硅谷的基础设施建设也在军方的支持下不断完善。创新环境中积极创业、鼓励创新、宽容失败的政治、经济、社会文化、法律等也在持续孕育中。图5-7是斯坦福大学的照片。

图 5-7　斯坦福大学①

---

① 作者于 2013 年访问硅谷时摄于斯坦福大学。

2. 成长期（第二次世界大战后至20世纪60年代）

成长期，硅谷先进制造业创新生态系统的创新主体不断丰富，多元化创新物种大量涌现，创新群落开始出现，创新资源进一步聚集，创新环境不断完善。20世纪四五十年代，被誉为"硅谷之父""电子革命之父"的斯坦福大学的教授特曼提出并实施了"产-学-研"模式。一方面，特曼建立了无线电实验室和斯坦福大学研究小组，开发了一种"政府资助"教师和博士后训练计划，在20世纪40年代通过此与美国海军研究办公室建立了联系。在20世纪50年代，斯坦福大学荣誉教授特曼和创建的合作项目、"卓越计划"等，为斯坦福大学培养了一大批科研成果卓著的科研人才并取得了顶尖的科研成果，使斯坦福大学的工程成为美国最强的专业，为斯坦福大学成为世界级研究型大学奠定了坚实的基础。另一方面，1951年，特曼教授推动了"产-学-研"模式的典型实践——斯坦福工业园的建立。高科技企业逐渐聚集在斯坦福工业园区，惠普就是在此期间诞生的，通用电气、柯达等知名企业也开始聚集在斯坦福工业园区。1956年，诺贝尔物理学奖得主、晶体管的发明者威廉·肖克利（"硅谷的第一公民"）在硅谷创立了肖克利晶体管公司，该公司生产的半导体晶体管取代了真空管，实现了先进制造业在硅谷创新生态系统产业技术路线的转变，由无线电产业进入了半导体产业阶段[①]。1957年，"八叛徒"离开肖克利晶体管，创办了著名的仙童半导体公司。20世纪60年代和70年代，仙童半导体公司（Fairchild）和德州仪器（Texas Instruments）分别发明了集成电路，半导体行业随之迅猛发展。后来，仙童半导体公司又派生出英特尔、AMD（Advanced Micro Devices, Inc.）、Anelc等公司。硅谷主要的半导体公司大多与仙童半导体公司有关，因此肖克利发明了晶体管，肖克利公司开启了硅谷半导体行业的创业链。此时，美国的国防技术也逐渐走向民用和商业化。通过军事和民用的结合，军事技术也可以由平民使用和操作。例如，1963年，仙童半导体公司获得了为阿波罗飞船的导航计算机提供集成电路的机会。五角大楼从硅谷的高科技企业采购了超过10亿美元的半导体技术研究、产品和服务。与此同时，美国的国防开支在这一时期开始大幅下降。1958年美国政府颁布的《小企业投资法》推动了20世纪60年代后美国一批具有深厚金融背景的风险投资公司的出现。围绕斯坦福布局的风投企业为硅谷的企业提供了便利的融资渠道，风险资本开始取代政府军费开支成为硅谷高科技公司的主要资金来源，硅谷的风险资本得以飞速发展，真正进入风险资本时代[②]。

成长期，硅谷先进制造业创新生态系统的主导产业和技术是半导体产业，计

① 王猛. 硅谷科技园区的嬗变与经验——读《硅谷百年史：伟大的科技创新与创业历程（1900～2013）》[J]. 公共管理评论, 2016,（1）: 135-145.

② 陈颖, 石妍妍. 硅谷创新生态系统的演变历程[J]. 中关村, 2016,（2）: 35-37.

算机产业也在硅谷开始起步，创新主体愈加多元化并开始聚集形成种群。例如，大学第一次建立"产学研合作创新"模式的科技园，围绕斯坦福大学的斯坦福工业园聚集的一批高科技公司，肖克利晶体管公司衍生出的一批半导体公司主导的创业链，知识转化群落中的风险资本开始出现并形成种群成为高科技公司的主要资金来源，在客户和市场需求驱动下价值实现群落开始形成并壮大。各创新主体之间以科学家创业者为核心的联系愈加紧密。例如，硅谷自发形成的发烧友社区——无线电报协会，斯坦福与产业界共办研讨会以促进科学家和工程师群体的交流，同时，企业、客户与市场持续互动所构成的价值实现群落初步形成，仙童半导体公司的裂变所激发的企业快速代谢的创业机制形成①。随着硅谷在半导体产业和计算机产业的科研能力、市场影响力越来越大，创新环境不断完善，政府所提供的知识产权保护政策、鼓励资本投资的制度等不断形成，金融服务、法律服务、社会与生活服务不断完善，基础设施建设逐步完成，创业成功的百万富翁促使一批科学家和工程师创业，通过斯坦福大学的"人才尖子"战略等注重人才的价值，吸引大量的科研人才、创业者、投资人等来到硅谷，在气候宜人的硅谷学习、生活、工作，在此过程中，硅谷逐渐成了创新思想、创业人才、风投资金的理想栖息地，开始在全球范围内吸引人才、思想和资金。

3. 成熟期（20世纪70年代至20世纪90年代前期）

成熟期，硅谷先进制造业创新生态系统的创新主体不断完善，已形成以斯坦福大学、加州伯克利大学等世界一流大学、阿尔马登研究中心、施乐硅谷研发中心（当时全美最成功的公司研究所，开创了"公司研究所"的创新机制）等为代表的知识生产群落，以惠普、英特尔、微软、苹果、甲骨文、基因泰克等产业链竞合互动的互补式引擎公司为代表的价值实现群落，以大学孵化园机构[如斯坦福大学成立的技术许可办公室（office of technology licensing，OTL）等]、风险投资机构（戴维斯-洛克公司、德雷珀-盖瑟-安德森公司、沙特希尔风险投资公司、美菲尔德投资公司等）、律师事务所［如WSGR（Wilson Sonsini Goodrich & Rosati）、Cooley Godward Kronish LLP等，都可以为新创企业提供免费服务，如新公司注册、法律表格提供、投资协议拟定等］、会计师事务所等为代表的知识转化群落逐步成熟，在全美、欧洲乃至全球聚集丰富的人、财、物等创新资源，创新政治、经济、社会文化、法律环境完善，形成创新创业蓬勃发展的雨林式"硅谷文化"。

成熟期，硅谷先进制造业创新生态系统的主导产业和技术是以太网、个人电脑、微处理器、网络计算机、互联网、基因工程、Unix操作系统。在创新主体-创新资源-创新环境，以及成员属性、位置、联结的特征中，本书发现硅谷先进

---

① 陈颖，石妍妍. 硅谷创新生态系统的演变历程[J]. 中关村，2016，（2）：35-37.

制造业创新生态系统成熟期有三大突出特征。

（1）通过横向网络共享技术，创新主体以专注于跨平台、面向用户的新技术等个人消费品市场为中心实现彼此之间的深度联结，革命性创新技术不断涌现，出现大量"引擎"公司，形成自组织的创新、竞争、管理和治理机制。一是硅谷的软件厂商和PC兼容机厂商之间形成了显著的互补网络效应。例如，1971年，英特尔推出了世界上第一台商用微处理器，开启了硅谷个人电脑时代的新纪元。基于英特尔处理器，1972年，惠普、德州仪器、卡西欧和准将等公司推出了小型的计算器。1973年，施乐硅谷研发中心研制的Alto投入运行，基于此，1976年，乔布斯和沃兹奈克设计出了全球首款个人电脑——苹果I代电脑。二是面向消费品的创新产业化进程大大缩短，深刻改变了人们的生活。斯坦福大学、伯克利大学等与企业之间的产学研联系更加紧密，而施乐硅谷研发中心开创的"公司研究所"创新机制，将成功企业作为创新研究和产业技术研发的主体和载体，为产业发展提供更多平台和创新理念，创业者、新创企业与成熟企业之间围绕不断满足消费市场需求进行竞争、模仿和追赶，大大加速了创新的进程，并将创新理念转化为贴近顾客需要的产品，深刻改变了创新和人们的生活品质。三是硅谷的企业和风投机构形成了较完善的管理和治理机制。一方面，企业建立了期权和股份制度，以一种相对公平的利润再分配方式最大限度地激励人才的创新性和团队的积极性；另一方面，风险投资人通过多次博弈形成了有限合伙制这一风投公司的法律和经济结构。

（2）在政策的支持下，知识转化群落中的风险资本进入发展的黄金期，来自全球的多元化高技术人才在硅谷大量聚集。一是，1978年，美国出台了《国内税收法》，将资本收益税从49.5%降至28%。1979年，美国劳工部《雇员退休收入保障法案》使企业养老基金等可以投资风险资本等风险较高的资产类别，这些政策的推行使硅谷的风险资本在硅谷创业企业蓬勃发展的博弈过程中，形成了成熟的运行规则，进入了黄金时代的成熟期，同时，美国成熟完善的股票和证券市场也为硅谷风险投资的成功提供了重要基础。二是，美国政府1965年颁布的《哈特-塞勒法案》和《1990年移民法》（亦称《合法移民改革法案》）授予具有高度技能的移民及其家属签证，移民政策的放宽吸引了全球大量高素质的熟练技术移民进入硅谷。

（3）创新创业蓬勃发展的雨林式多元"硅谷文化"成熟。一方面，在创业文化上，敢于创业、容忍失败的商业文化给发明者和创业者提供了宽松的文化空间，创业者通过不断优化产品、技术和服务赢得消费品市场，获得了巨额财富，一些创业者成了风险投资者，将获得的财富一部分进行了风险投资，结合自己创业成功的经验继续支持创业，形成了"思想-技术创新-资金-创业"的有效正反馈机制，同时，首次移民浪潮使全球各地大量高技能工程师涌入硅谷，工程师话语权增强、流动性明显增加，一些有创业激情的工程师根据消费市场的需求自行更新技术并带着新技术不断创业。另一方面，在创新文化上，尊重发明、崇尚竞争、富于冒险的精神和不囿于传统、挑战权威和离经叛道的风险文化开始根植于硅谷，移民使旧金山形成了开放、包容、多元和开拓的文化特质，嬉皮士文化塑造了反叛、自由、独立的文化品格，发烧友社区的成熟，形成了"自己动手"的发烧友文化，造就了大批的技术发烧友，他们推崇合作，开放流动、容忍跳槽的工作环境，加速了硅谷知识的生产和扩散，加速了创新思想的产生和自由流动。

4. 衰退/再生期（20世纪90年代中期至今）

衰退/再生期。20世纪90年代，World Wide Web及Mosaic浏览器的出现使互联网进入了人们的生活，在改变人们生活方式的同时，也开启了新的商业模式，大量风险基金蜂拥而入。1995~2001年互联网的投机泡沫使美国出现了互联网相关上市公司股价快速上升的情况，硅谷大批互联网公司成立，但又很快失败。与成熟期的鼎盛相比，进入衰退期的硅谷先进制造业创新生态系统创新主体开始减少，但硅谷由于形成了知识优势网络（后面将进行详细分析）很快走出了衰退期，进入再生期，由一批互联网企业，如Google、Facebook、Hotmail、eBay、维基百科等，将硅谷从互联网泡沫期成功带入了互联网发展新时代。

再生期，硅谷先进制造业创新生态系统已形成了自组织、自我更新和自我完善的再生机制，在新的起点上重新成长，进入崭新的高速互联网时期。随着大数据、云计算、位置服务等新浪潮的兴起，以特斯拉、Youtube、基因泰克等为代表的绿色科技、网络经济、生物科技等获得了长足的发展。硅谷先进制造业创新生态系统在原有IT技术的基础上，融合多种新兴产业技术，实现了硅谷创新的迸发式增长。随着产业的融合，创新主体不断更新，创新资源加速聚集，创新环境不断更新、完善。硅谷先进制造业创新生态系统的发展阶段，如表5-4所示。

表 5-4 硅谷先进制造业创新生态系统的发展阶段

时间	阶段	创新主体	创新资源	创新环境	主导产业
19世纪末至第二次世界大战期间	萌芽期	在政府的强力支持下出现一些创新主体——企业、高校、科研院所等；创新主体中成员以美国政府和军方为网络中心开始建立联系	硅谷开始聚集无线电技术领域丰富的人才资源、资金资源、物资资源；基础设施建设也在军方的支持下不断完善	19世纪"淘金热"为标志的拓荒活动使湾区成为机遇的摇篮和冒险家的乐园，鼓励创新和冒险的社会文化环境和历史底蕴开始形成	无线电产业和真空管
第二次世界大战后至20世纪60年代	成长期	创新主体愈加多元化并开始聚集形成种群；各创新主体之间以科学家创业者为核心的联系愈加紧密	硅谷逐渐成了创新思想、创业人才、风投资金的理想栖息地，开始在全球范围内吸引人才、思想和资金	创新环境不断完善，政府所提供的知识产权保护政策、鼓励资本投资的制度等不断形成，金融服务、法律服务、社会与生活服务不断完善，基础设施建	半导体产业，计算机产业开始起步

				设逐步完成	

续表

时间	阶段	创新主体	创新资源	创新环境	主导产业
20世纪70年代至20世纪90年代前期	成熟期	创新主体不断完善；通过横向网络共享技术，创新主体以专注于跨平台、面向用户的新技术等个人消费品市场为中心实现彼此之间的深度联结，革命性创新技术不断涌现，出现大量"引擎"公司，形成自组织的创新、竞争、管理和治理机制；在政策的支持下，知识转化群落中的风险资本进入发展的黄金期	在全美、欧洲乃至全球聚集丰富的人、财、物等创新资源；在政策的支持下，来自全球的多元化高技术人才在硅谷大量聚集	创新政治、经济、社会文化、法律环境完善；创新创业蓬勃发展的雨林式多元"硅谷文化"成熟	以太网、个人电脑、微处理器、网络计算机、互联网、基因工程、Unix操作系统
20世纪90年代中期至今	衰退/再生期	创新主体形成了自组织、自我更新和自我完善的再生机制	融合多种新兴产业技术的基础上，多元化创新资源加速聚集	创新环境不断更新、完善	互联网产业、绿色科技、生物科技、网络经济等

三、硅谷先进制造业创新生态系统知识优势演化阶段分析

硅谷先进制造业创新生态系统从萌芽期、成长期、成熟期、衰退/再生期发展的过程，也是硅谷先进制造业创新生态系统知识优势不断形成的过程。本书认为混沌、共生的知识优势网络的形成是硅谷能在互联网泡沫和网络经济快速变化时期成功跨越衰退期进入再生期的重要原因。根据前文所构建的先进制造业创新生态系统知识优势演化研究模型，本章将硅谷先进制造业创新生态系统知识优势演化分为三个阶段：点式-生命周期阶段、链式-生态进化阶段和网络-混沌共生阶段。

（一）点式-生命周期阶段

1. 单个客户与市场知识优势（MKA_1）的发展过程

萌芽阶段，硅谷企业的客户主要是美国海军，在美国政府和军方的支持下，不断形成以客户为导向的发展战略，客户与市场知识优势开始在系统中孕育。成长阶段，硅谷企业通过对客户与市场最新与潜在需求的深刻理解，将硅谷的关键客户从美国海军转变为系统中的大企业及IT业的大众消费者。通过与系统中的企

业及消费者的有效互动，获得更多的市场需求信息，不断提升其对客户和市场需求的理解能力，客户与市场知识优势快速成长。成熟阶段，企业通过与系统中IT产业链上关键客户的合作创新，更加深化对客户与市场现实和潜在需求的理解，甚至通过价值共创引导客户需求，不断出现突破性技术，在半导体业衰退之前就及时转向软件业和服务业。此时的硅谷诞生了很多世界级企业，如苹果、Sun、思科、甲骨文、Adobe、赛门铁克、Intuit等，它们利用客户与市场知识优势赢得强大的品牌影响力、市场占有率和利润率。衰退/再生阶段，由于互联网泡沫的出现、IT传统市场的萎缩、全球其他区域IT产业的竞争对手对关键客户的争夺、IT产业的技术变革的影响，硅谷企业客户与市场知识优势逐渐消失，一些新兴的互联网企业（如特斯拉、Facebook等）通过将IT技术与新兴产业技术进行革命性融合，在产业融合领域重塑顾客价值共创战略，它们所关心的是如何快速适应不断发展的新技术和不断变化的市场需求，深化对客户与市场信息的理解，创造并引领市场需求，实现客户与市场知识优势的再生。

2. 单个产业链整合知识优势（ICIKA$_1$）的发展过程

萌芽阶段，硅谷企业聚集于关键客户美国海军附近，由于地理临近性和产业链的协同性，硅谷企业之间在产业链上合作以满足美国海军的需求，同时，由于美国政府对无线电技术成果转化等的扶持，硅谷的企业更容易获取在无线电技术领域的创业者、新创企业的技术、产品等关键信息，产业链整合知识优势开始在硅谷孕育；成长阶段，肖克利晶体管公司衍生出的一批半导体公司主导的创业链，充分发挥了龙头企业的产业链协同效应，知识转化群落中的风险资本开始出现并形成种群成为高科技公司的主要资金来源，硅谷的企业可以更快、更高效地获取竞争对手的实力、策略、产品等方面的信息，供应商的新产品、新技术、新思想等方面的信息，新创企业的产品、技术资源、核心能力、战略等方面的信息，半导体产业链的企业有效互动促进了硅谷半导体产业链整合创新效率持续提升，硅谷从军方支持转向IT产业的大众消费品市场，产业链整合知识优势快速成长；成熟阶段，硅谷的英特尔、惠普、卡西欧、苹果等产业链上下游的企业飞速发展，硅谷产业链影响力越来越大，以大学孵化园机构（如斯坦福大学成立的技术许可办公室等）、风险投资机构（戴维斯-洛克公司、德雷珀-盖瑟-安德森公司、沙特希尔风险投资公司、美菲尔德投资公司等）、律师事务所（如WSGR、Cooley Godward、Kronish LLP等，都可以为新创企业提供免费服务，如新公司注册、法律表格提供、投资协议拟定等）、会计师事务所等为代表的知识转化群落的知识转化能力日趋成熟，产业链各节点企业为获得产业链整合创新的地理便利性和知识的溢出效应将核心研发部门或关键运营环节聚集在硅谷，如施乐硅谷研发中心成为全美最成功的公司研究所，开创了"公司研究所"的创新机制，硅谷中的企业与供应商、竞争对手、新创企业等的有效互动更加频繁，利益共享机制、风险分担机制、信任机制逐渐成熟，产业链整合创新已成为系统产业链发展的常态，产业链各节点之间已实现价值共创，产业链整合知识优势成熟；衰退/再生阶段，由于互联网泡沫、IT产业技术的变革、印度等区域软件园区的模仿等，硅谷在IT产业链整合知识优势逐渐消失，通过将IT产业和其他新兴产业链融合，硅谷的企业逐渐深化对竞争对手的实力、策略、产品等方面的信息，供应商的新产品、新技术、新思想等方面的信息，新创企业的产品、技术资源、核心能力、战略等方面的信息的理解，将主导产业转向绿色科技、网络经济等与IT融合的新兴产业领域，实现产业链整合知识优势的再生。

3. 单个产学研合作知识优势（ICKA₁）的发展过程

萌芽阶段，第二次世界大战爆发后，硅谷知识生产群落中的斯坦福大学、加州伯克利大学等在与美国政府和海军进行科研项目合作的过程中不断深化在无线电技术和真空管领域的基础研究、应用研究等知识资源积累，不断强化硅谷在无线电技术方面的知识资源优势，加州伯克利大学的无线技术领域已在全球闻名，伯克利聚集了美国最优秀的物理学家，为进一步推动全国的科研机构为美国军方服务，美国政府出资成立了科研发展办公室，该办公室直接资助高校开展军方指定科研项目的研究，同时，硅谷产生了一批为美国军方和国防工业提供高新技术的企业，在服务战争的过程中，企业与高校合作在无线电领域的技术能力不断创新发展，并获得了巨额收益，为产业发展和科研项目提供了技术基础和充足的资金，硅谷的产学研合作创新知识优势在系统中孕育；成长阶段，被誉为"硅谷之父"和"电子革命之父"的斯坦福大学教授特曼提出并实践了"产-学-研"模式，半导体产业链核心企业，如肖克利晶体管公司、仙童半导体公司、英特尔、惠普等，不断在斯坦福工业园聚集，硅谷企业开始通过设立研究基金或开展合作研究将基础研究、应用研究等与斯坦福大学、加州伯克利大学、阿尔马登研究中心、美国研究与发展公司等形成合作创新关系，各创新主体之间以科学家创业者为核心的联系愈加紧密，如，硅谷自发形成的发烧友社区——无线电报协会，斯坦福与产业界共办研讨会以促进科学家和工程师群体的交流，政府为加强区域创新能力，不断优化政策环境，颁布《小企业投资法案》等强化对知识转化群落中的对风投机构的支持力度，为知识生产群落创新主体的知识资本化提供支撑，持续推进产学研协同创新，产学研合作知识优势快速成长；成熟阶段，硅谷中的知识生产群落、知识转化群落、价值实现群落中的创新主体不断成熟，硅谷很多企业逐渐成长为世界级企业，硅谷对IT产业链核心创新要素的聚集能力大大加强，知识转化群落中的风投机构、会计师事务所、律师事务所等不断成熟，形成了鼓励创新创业的多元雨林式"硅谷文化"，各创新主体之间交流日益频繁，斯坦福大学、伯克利大学等与企业之间的产学研联系更加紧密，施乐硅谷研发中心开创的"公司研究所"创新机制，将成功企业作为创新研究和产业技术研发的主体和载体，为产业发展提供更多平台和创新理念，产学研之间信任度大大增加，创新主体之间经过多次博弈，已形成完善的利益分配机制、风险分担机制、冲突解决机制，在政府《国内税收法》《雇员退休收入保障法案》《哈特-塞勒法案》《1990年移民法》等政策的支持下，知识资本化进程快速提升，全球的高技术人才在硅谷加速聚集，产学研协同创新效率极高，产学研合作知识优势成熟；衰退/再生阶段，由于互联网泡沫的影响，硅谷在IT产业领域的产学研合作知识优势开始消失，通过特斯拉等在产业融合领域的创新型企业与斯坦福大学、加州伯克利大学等交叉学科研究团队负责人及关键成员深入沟通与熟悉的机会，及时调整产业发展方向，将产学研协同创新的重点转向绿色科技、网络经济等产业融合领域，实现产学研合作知识优势的再生。

（二）链式–生态进化阶段

硅谷先进制造业创新生态系统知识优势通过遗传机制、衍生机制、变异机制、选择机制实现知识优势的链式–生态进化。

1. 客户与市场知识优势的链式–生态进化

遗传阶段。硅谷萌芽阶段的重要推动者和"架构者"是美国政府和海军，他们是硅谷先进制造业创新生态系统在孕育期的关键客户和资金提供者。为满足美国军方的需要，硅谷先进制造业创新生态系统中的企业、高校、科研院所、政府开展了紧密的合作，在满足美国海军需求的过程中，硅谷企业在无线电工程领域获得了巨大的成功。第二次世界大战后，硅谷的关键客户由美国海军变为IT产业的大众消费者。硅谷的创业者、新创企业与成熟企业之间围绕不断满足消费市场需求进行的竞争、模仿和追赶，大大加速了创新的进程，并将创新理念转化为贴近顾客需要的产品，深刻改变了创新和人们的生活品质。例如，英特尔的Intel 4004就诞生于英特尔在快速并高质量响应日本客户Busicom做一款可编程计算机的非常便宜的处理器的过程中。在英特尔"不断创新，保持领先，打败对手"的宗旨下，项目工程师Ted Huff及其同事们与客户Busicom合作创新做成一个通用软件（而不是仅仅满足Busicom一家的需求）。Intel 4004开创了工业控制机及个人电脑相关芯片产品的新时代。硅谷先进制造业创新生态系统将"深入理解关键客户与市场最新和潜在的需求信息，并持续与关键客户合作创新实现价值共创"的核心基因遗传至硅谷发展的各个阶段，实现了客户与市场知识优势的遗传演化。

衍生阶段。硅谷在发展过程中，每一次主导产业的转变都伴随着客户与市场知识优势的横向和纵向融合。硅谷企业在发展过程中形成了对大众消费品市场需求深刻理解的传统，通过引进、消化、吸收不同产业客户与市场的知识优势，与原有优势产业知识优势进行横向融合，从而改善硅谷客户与市场知识优势体系结构，从中衍生出新产业客户与市场的优势知识。例如，甲骨文的出现是为了解决中小企业用户购买IBM软件系统时每年需给IBM支付大额服务费的痛点，它创造性地提出了只卖软件的商业模式，获得了极大的成功。客户与市场知识优势的纵向融合是通过硅谷内部不同个人、企业、高校、科研中心、政府中各层次、内容、结构等知识优势进行的融合。例如，一些有创业激情的工程师根据消费市场的需求自行更新技术并带着新技术不断创业，如仙童八子中第一个离开的拉斯特将集成电路从设想变成了产品，创办了Amelco公司，成为美国军方重要的半导体元器件供应商。"自己动手"的发烧友文化造就了大批的技术发烧友，他们推崇合作、开放流动、容忍跳槽的工作环境，加速了硅谷知识的生产和扩散，加速了创新思想的产生和自由流动，使硅谷的客户与市场知识在从显性到隐性、不断内化的过程中，在原有客户与市场知识优势的基础上衍生出新的优势知识，形成自我更新的客户与市场知识优势链条。

变异阶段。硅谷客户与市场知识优势的第一次变异是从美国海军到大众消费品市场的转移，硅谷企业通过自由选择改变了组成客户与市场知识的知识元[①]，通过人为地控制、改变、融合、创新知识元的结构，以及构建促进知识元进化的环境和平台——风投机构取代美国军方成为企业资金的主要来源，从而使客户与市场知识基因产生变异，打破硅谷原有对美国政府和海军依赖的惯性，通过客户与市场方向的根本性变革带来客户与市场知识结构的"质变"，形成新的客户与市场知识优势，实现突破性创新。在成熟期、衰退/再生期硅谷企业通过整合不同产业领域的客户价值共创和市场合作创新，从单一的半导体产业转向服务业、软件业、网络经济、绿色科技等融合式产业，从单个知识优势（MKA_1）逐渐突破进化为MKA_{23}……MKA_X，形成一条变异进化链条。

选择阶段。在适应环境变化的过程中，硅谷企业不断模仿、创新、竞争、发展、成功、失败，其中，优质的、适应产业变化的客户与市场知识优势（如，面向大众消费品市场，时刻跟着客户需求变化，跟着产业融合式发展）被保留并持续优化，劣质的、不适应产业变化的知识优势（如，依赖美国政府采购，依赖美国海军研究经费资助）被淘汰直至消亡，最终促进硅谷客户与市场知识优势向更优的状态发生链式演化。

---

① 陈浩义，王敏，王文彦. 基于知识流视角的企业技术创新过程中知识进化机理研究[J]. 情报科学，2012，30（10）：1566-1571.

2. 产业链整合知识优势的链式-生态进化

遗传阶段。在硅谷的成长过程中，萌芽期的硅谷企业因美国军方的需求和加州伯克利大学在无线电技术上的领先而创立，成长期，硅谷的肖克利晶体管公司吸引了全美最优秀的晶体管方面的人才。八个人后来离开肖克利在风险投资基金的支持下创办了仙童半导体公司，而后这个八个人又纷纷离开仙童半导体公司创办了很多业务相关的产业链上下游配套和同业竞争企业，与仙童相关的风险投资人又投资了相关的产业，这些企业很多都成了世界级企业。如图5-8所示，硅谷90%以上的企业都和仙童半导体公司有关系。仙童半导体公司的裂变所激发的硅谷企业创业机制的快速代谢促进硅谷形成了产业链整合知识优势。产业链上的企业在整合创新的过程中将其中的核心优势基因遗传下来，通过工程师频繁跳槽、自由创业、企业之间相互挖角、风投机构的信息沟通，硅谷企业可以更快、更高效地获取竞争对手的实力、策略、产品等方面的信息，供应商的新产品、新技术、新思想等方面的信息，新创企业的产品、技术资源、核心能力、战略等方面的信息，同时，产业链各主体的有效互动将促进产业链整合创新效率的不断提升，产业链整合知识优势快速成长，呈现出一条遗传演化链条。

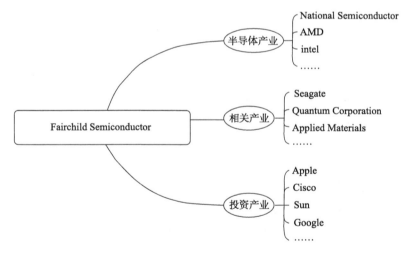

图 5-8 仙童半导体公司对硅谷产业链发展影响图

衍生阶段。硅谷产业链整合知识优势通过横向融合机制，持续引进、消化、吸收产业链上下游、竞争者、新创企业等的知识优势，与原有知识优势融合，扩展、融合、改善硅谷产业链整合知识优势体系结构，从中衍生出新的产业链整合优势知识。硅谷在成长期，通过横向网络共享技术，创新主体以专注于跨平台、面向用户的新技术等个人消费品市场为中心实现彼此之间的深度联结，革命性创新技术不断涌现，产业链不断拓展出现大量"引擎"公司。例如，1971年，英特尔推出了世界上第一台商用微处理器,开启了硅谷个人电脑时代的新纪元。基于英特尔处理器,1972年,惠普、德州仪器、卡西欧和准将等公司推出了小型计算器;1973年,施乐硅谷研发中心研制的Alto投入运行;基于此,1976年,乔布斯和沃兹奈克设计了全球首款个人电脑——苹果I代电脑。这些企业的创立和发展都是基于产业链上其他企业的技术,再通过革命性创新实现的,形成互为基础、相互促进的产业链整合知识优势。通过纵向融合机制,硅谷各创新主体之间以科学家创业者为核心的联系愈加紧密,硅谷通过自发形成的无线电报协会等发烧友俱乐部、斯坦福与产业界共办的研讨会等促进科学家和工程师群体的交流,使硅谷内部不同个体、组织、层次、内容、结构等产业链整合知识优势融合,在知识从显性到隐形、不断内化的过程中,在原有知识优势的基础上衍生出新产业链整合知识优势,形成自组织的产业链整合知识优势链条。

变异阶段。硅谷产业链整合知识优势通过在不同的产业领域的产业链协同和整合创新,从单个知识优势($ICIKA_1$)逐渐突破进化为$ICIKA_{23}$……$ICIKA_X$,形成一条变异进化链条。例如,在成熟期,硅谷的产业链整合知识优势发生了一次主要的变异,促使硅谷从以半导体和计算机为主导的硬件产业转向以软件服务为主导的软件产业,产业链整合知识优势变异的过程就是一种主动的突破性创新机制。1969年,IBM为了避免遭受反垄断诉讼而开放了软件市场,此时,甲骨文利用这一契机开创了卖软件的商业模式,改变了硅谷计算机产业链整合知识的基层结构性“知识元”,甲骨文通过不断满足中小企业客户的需求,改变、融合、创新了硅谷原有硬件产业链“知识元”的结构,在硅谷培养了一批基于甲骨文数据库系统进行二次开发的程序员,形成了一个以甲骨文为核心的产业链环节,从而使知识基因产生变异,打破硅谷原有产业链整合创新的惯性,通过突变带来产业链整合知识结构的“质变”,形成新产业链整合知识优势,实现突破性创新。甲骨文的创新所带来的突破性产业链知识优势的创新绩效在短期内低于依赖IBM的产业链整合知识优势,但随着系统突破性创新的“知识元”及其相关平台和环境的不断完善,最终,甲骨文在硬件与软件产业融合式创新的过程中,其可持续创新价值大大赶超了原有产业链整合知识优势的价值。

选择阶段。在适应环境变化的过程中,硅谷将系统中优质的、适应产业变化的产业链整合知识优势(如甲骨文与产业链除IBM以外的第二大企业DEC快速合作创新,并推广到整合产业,从而彻底改变产业链整合知识优势)保留并持续优化,劣质的、不适应产业变化的知识优势(如,完全依赖IBM硬件系统开发软件并卖服务的惯例)淘汰直至消亡,最终促进硅谷产业链整合知识优势向更优的状态发生链式演化。

3. 产学研合作知识优势的链式-生态进化

遗传阶段。硅谷产学研合作知识优势通过产学研之间的多次博弈不断完善产学研之间长期合作的信任机制、风险分担机制、利益共享机制，持续推进产学研合作创新，将单个知识优势（$ICKA_1$）中的核心优势基因遗传至$ICKA_1^+$，逐步演化为$ICKA_{21}$，体现了一条遗传演化链条。萌芽期，硅谷就具备产学研合作知识优势的基础，第二次世界大战期间，加州伯克利大学在无线电技术方面的学科和科研优势带来了美国海军的科研项目资助和对无线电工程企业的扶持，政产学研联系紧密。发展期，特曼教授建设的"斯坦福工业园"的产学研合作模式吸引了大批企业的聚集，将产学研合作知识优势中的核心基因——大学与产业界的正式和非正式沟通频繁、大学与产业界有一定的信任基础、大学教授科技成果转化的法律支撑和社会文化途径畅通、风险投资机构支持大学与产业之间的合作创新、政府设立科研项目资助大学的产业化项目，深入硅谷发展的各个阶段，硅谷、斯坦福大学、加州伯克利大学之间形成了良性互动的关系。

衍生阶段。硅谷产学研合作知识优势的横向融合是通过引进、消化、吸收外部知识优势，与原有知识优势融合，改善先进制造业创新生态系统整体知识优势体系结构，从中衍生出新的优势知识。例如，特曼教授最开始设立的斯坦福产业园，只将办公地点租给企业，企业与大学之间的联系并不深入，但随着斯坦福大学各项激励教授技术转化的创业计划的推进，同时，创业成功的百万富翁中一部分成为风险投资人，促使一批科学家和工程师创业，斯坦福大学在产学研合作方面更加激进，硅谷形成了科学家创业者的团体，且这个团体在发展期成为硅谷各类创新主体联结的核心，硅谷形成了政产学研金用六位一体的创新模式。硅谷产学研合作知识优势的纵向融合是通过硅谷产学研中不同个体、组织、层次、内容、结构等知识优势的融合，在知识从显性到隐性不断内化的过程中，在原有知识优势的基础上衍生出新的知识，形成自我更新的产学研合作知识优势链条的过程。例如，斯坦福大学的荣誉合作项目、"卓越计划"等，为斯坦福培养了大批科研人才并获得了顶尖的研究成果，在硅谷发展期使斯坦福大学工程系成为全美最强的专业，斯坦福大学结合硅谷产业的技术研发能力得到快速提升，促进了产学研合作知识优势的纵向衍生。

变异阶段。产学研合作知识优势通过产学研合作创新在不同产业领域的深化运行，从单个知识优势（$ICKA_1$）逐渐突破进化为$ICKA_{23}\cdots\cdots ICKA_X$，形成一条变异进化链条。在硅谷的萌芽阶段，美国政府开创了政府与学界及科技成果与战争之间相互影响的合作模式。例如，美国政府出资成立了科学研究和发展办公室，该办公室直接资助高校开展军方指定科研项目的研究。第二次世界大战时期，硅谷产生了一批为美国军方和国防工业提供高新技术的企业。但进入快速发展阶段后，硅谷产学研合作知识优势的基层结构性驱动因子由政府转变为大学和企业，如斯坦福大学特曼教授通过建立与美国海军研究办公室的联系，采用"政府资助"的模式大力发展师资和博士后培养计划。1951年，特曼教授又推动建立了产学研模式的实践典型——斯坦福工业园，高技术企业逐步在斯坦福工业园集中，期间，诞生了惠普公司，世界知名公司如通用电气、柯达等也开始在斯坦福工业园聚集。进入成熟期后，硅谷产学研合作知识优势又增加了几个关键的"知识元"，如风投机构等金融机构，律师事务所、会计师事务所等中介服务机构，构建了促进"知识元"进化的环境和平台，科学家和工程师创业激情极高，科学家创业者成为创新主体联结的中心。成熟期，施乐硅谷研发中心开创了"公司研究所"的创新机制，斯坦福大学成立了技术转移办公室专门服务于大学教授科技成果转化，在成熟的风险投资机构、律师事务所、会计师事务所等中介机构的支持下，在创新创业蓬勃发展的雨林式多元"硅谷文化"的影响下，政府鼓励产学研合作的研究基金、各类行业协会的正式与非正式交流活动、斯坦福大学定期举办的与产业界的研讨会等加强了产学研之间的深入沟通与信任。硅谷企业与大学、科研院所、研究中心合作创新的沟通机制、利益分担机制、信任机制、风险防范机制等日益完善，硅谷产学研合作知识优势得到了空前的提升。

选择阶段。在适应环境变化的过程中，硅谷将系统中优质的、适应产业变化的产学研合作知识优势（如用建立斯坦福工业园、成立斯坦福大学技术转移办公室等方式加强产学研合作，完善风险投资机构、律师事务所、会计师事务所等服务促进产学研合作）保留并持续优化，劣质的、不适应产业变化的产学研合作知识优势（如依赖美国政府和海军的研究基金来推动产学研合作）淘汰直至消亡，最终促进硅谷产学研合作知识优势向更优的状态发生链式演化。

（三）网络-混沌共生阶段

硅谷的知识优势通过系统中个体知识、组织知识、创新群落知识的非线性反馈和迭代，呈现出非线性混沌的网络轨道。在衰退期，互联网在改变人们生活方式的同时，也开启了新的商业模式，大量风险基金进入硅谷的互联网企业。1995~2001年的互联网投机泡沫使美国出现了互联网相关上市公司股价快速上升的事件，硅谷大批互联网公司成立，但又很快失败，硅谷进入创新主体减少的衰退期。此时，硅谷知识优势的动力系统失稳了，而后，随着大数据、云计算、位置服务等新浪潮的兴起，以特斯拉、Youtube、基因泰克等为代表的绿色科技、网络经济、生物科技等在硅谷获得了发展。硅谷在原有IT技术的基础上，融合多种新兴产业技术，实现了硅谷创新的迸发式增长。随着产业的融合，创新主体不断更新，创新资源加速聚集，创新环境不断更新、完善。在从衰退到再生的过程中，硅谷知识优势产生了分岔，最终形成了新的平衡态，硅谷先进制造业创新生态系统形成了自组织、自我更新和自我完善的再生机制，在新的起点上重新成长，进入崭新的高速互联网时期。硅谷经过萌芽期、成长期、成熟期、衰退/再生期，三类知识优势从点式-生命周期阶段发展到链式-生态进化阶段，最后进入网络-混沌共生阶段。硅谷的客户与市场知识优势、产业链整合知识优势、产学研合作知识优势经过不断的突变和分岔后，三类知识优势最后成为一个多样化、多元化的复杂的非线性混沌系统。硅谷先进制造业创新生态系统形成了知识优势网络，创新已成为硅谷的基因，使硅谷成为一个自组织、自我更新、自我完善的具有知识优势的世界级先进制造业创新生态系统。

四、中国四川省成德高端能源装备制造业集群案例分析

（一）案例背景与概述

为深入贯彻落实党的十九大和中央经济工作会议精神，培育发展一批具有竞争力的世界级先进制造业集群，由国务院批准，工业和信息化部自2019年6月在全国启动了遴选一批先进制造业集群的竞赛，竞赛旨在选出能承担国家使命、代表中国参与全球竞争的"国家先进制造业集群"去冲击"世界冠军"。至今为止，该竞赛已在2019年和2020年进行了两轮，分为初赛和决赛两个阶段，初赛由第三方机构进行招标，各地推荐先进制造业集群作为参赛对象，并确定一个集群促进机构代表参赛对象参与投标，优胜者将获得国家在政策和资金方面的重点支持，意味着正式进入"国家队"。2021年，"成德高端能源装备产业集群"（简称"成德集群"）在决赛中胜出，成为全国25个先进制造业集群"国家队"之一，获得了4 000万元专项资金，用于支持集群促进机构建设、公共服务活动开展、公共服务平台建设等工作，以加快培育世界级先进制造业集群。

从产业发展历史上看，成都市和德阳市在发展高端能源装备产业方面具备较强的比较优势。早在"一五"和"二五"时期，德阳就有了重型机械厂和水电设备厂，拉开了当地重工业建设的序幕。在"三线"建设期间，又有一批工厂建成搬迁。"成德集群"已集聚了包括东电、东汽、二重装备、宏华石油、通威太阳能等龙头企业在内的2 600多家能源装备企业，诞生了8万吨模锻压力机、F级50兆瓦重型燃气轮机等一批"国之重器"，生产制造了全国60%以上的核电产品、50%的大型轧钢设备和大型电站铸锻件、40%的水电机组、30%的火电机组和汽轮机、20%的大型船用铸锻件。"成德集群"发电设备产量连续多年居世界第一，石油钻机出口居全国第一。2021年6月28日，全球在建规模最大的水电工程——金沙江白鹤滩水电站首批机组投产发电。白鹤滩水电站中很多高端能源装备都来自

"成德集群"。例如，左岸8台机组，来自东电；左右岸进水口拦污栅等设备，来自东方水利智能装备工程股份有限公司(简称东方水利)；推力头、上端轴等锻件，来自二重装备[①]。此外，"成德集群"所在的德阳经济技术开发区不断加强载体建设，激发双创动力，开展以二重装备、东方电机股份有限公司等龙头企业为主导，深入推进高端装备领域深度融合发展，做好"强链、构链、扩链、延链"，有效促进了大中小企业交互共享的创新成果，形成了完整的装备制造全产业链发展体系和以产业链融通、创新融通、技术产品融通等为路径的高端能源装备制造特色双创生态。

(二)成德高端能源装备制造业创新生态系统的发展阶段分析

"成德集群"虽然已成为我国培育世界级先进制造业集群的"国家队"，但距离形成产业创新生态系统还有一定距离。本书从创新主体-创新资源-创新环境的视角，采用结构生态系统方法对成德高端能源装备制造业创新生态系统的三个元素——成员属性、位置、联系进行测度，发现成德高端能源装备制造业创新生态系统仍处于萌芽期。

1. 孕育基础——"三线"建设时期"举国体制"的制度优势

成德高端能源装备制造业创新生态系统的发展历史可以追溯到我国"一五""二五"时期。德阳是国家建设的重点区域，进行了一段时间的工业区建设，在工业方面有了一定的基础。从1964年6月下旬起，四川省率先展开了全国规模最大的"三线"建设，中央政府为德阳投资近10亿元，约占总投资的0.5%，打造出以德阳、哈尔滨、上海为中心的"三线"最大的重型机械工业体系。"三线"建设中，德阳为全国国防和工业化建设做出了巨大贡献，也为成德高端能源装备制造业创新生态系统的萌芽奠定了基础，表现在以下三方面[②]。

第一，初步形成了化工、机械、建材三大支柱产业的集群，建成重型机械、大型发电设备、化工、建材、食品等多门类工业体系。在"宝成铁路和国道108"沿线，国家布局了一些工厂，建成了二重装备、东电、东汽、四川树脂厂等中央和省属大中型企业近20个，这些企业长期积累的创新能力使其成为培育成德高端能源装备制造业创新生态系统核心创新体中的龙头企业。

第二，随着二重装备、东电、东汽等的全面投产，基本建成"三线"最大的重型机械工业基地。一方面，"三线"时期，德阳企业的技术水平是当时国内最

① 刘志强，丁怡婷. 高端能源装备集群动力澎湃（产经观察·解码先进制造业集群②）[N]. 人民日报，2021-07-21（18）.
② 周明长. 三线建设时期的中国城市化——以四川德阳为中心[J]. 江西社会科学，2018，38（8）：135-147.

先进的。1983年底，德阳机械企业中，有万平方米以上的车间20个、国内领先设备7 143台套，其中，二重装备拥有的万吨水压机全国仅有3台。另一方面，"三线"时期，德阳企业在行业中获得中央的投资最多、生产规模最大、市场占有率最高。东电、东汽是全国第一个投资亿元的、生产规模最大的、用地最多的水力、汽轮机发电设备厂，二重装备是全国第一个投资5亿元的、生产规模最大的重机厂。到"七五"末，德阳已成为全国重要的发电设备、重型机器生产基地，为国家航空航天、水利电力、冶金、矿山等部门，提供了近30万吨锻压、轧钢设备和工矿配套品，水火电设备约占全国年均产量三分之一。

第三，"三线"建设结束后，重型机械工业在德阳生根并持续获得突破性创新和发展。1980年后，全国"三线"建设项目一半以上搬迁、转产、废弃，但德阳的"三线"企业却获得了进一步的发展。1978~1990年，德阳重型机械工业研制了新产品277项，其中，有76项达到国际水平、7项填补国内空白、108项达到国内先进水平，荣获了部省级以上科技进步奖76个，部省级以上优质产品奖66个，其中东电葛洲坝17万千瓦水电机组获"国家科技进步奖特等奖"①。

"三线"建设是我国"举国体制"制度优势的一个体现，我国集中力量办大事的"举国体制"的制度优势，是在当时相对落后的西部的成都市和德阳市孕育成德高端能源装备制造业创新生态系统的关键所在。中央对德阳的定位始终是"建成一个现代化的重型机械工业城市"，"三线"建设时期所提出的政治使命，促使德阳等三线城市在一线城市的支持下快速发展，一方面，大中型项目的转移带来了人口、资金、设备、科技、信息和基础设施的集中，另一方面，也为重型机械、水火电设备领域提供了大量的政府采购需求，从而形成了现代化大工业体系，成为地方经济社会发展的中心。通过"三线"建设，中央政府在德阳建成了二重装备、东电、东汽、四川树脂厂等中央和省属大中型企业近20个，构建了以二重装备、东电、东汽等企业为代表的龙头企业及相关配套企业在重型机械、水火电设备领域较完整的产业链。中央"举全国之力"通过哈尔滨、沈阳、大连、上海重型机械基地对德阳的对口支援，使德阳从一线城市和先进区域得到了大量的人才、科技、信息、技术资源，建成的德阳重型机械工业生产设备和关键技术都处于当时国内最先进的水平。

2. 萌芽动力——"政府+龙头企业"双轮驱动

"三线"建设结束后，由于德阳地处西南腹地，与沿海城市相比，并不具备区位优势，本书认为，成德高端能源装备制造业创新生态系统的孕育在很大程度

① 周明长. 三线建设时期的中国城市化——以四川德阳为中心[J]. 江西社会科学，2018，38（8）：135-147.

上是由中央、各省部级、地方政府及东电、东汽、二重装备等央企为代表的龙头企业共同推动的。

第一，东电、东汽、二重装备等央企为代表的龙头企业吸引产业链的配套企业聚集在成都、德阳，逐渐形成高端能源装备制造业较完善的产业链。东电、东汽、二重装备等央企拥有较强的技术优势，依托国家"两机专项"、"973"计划、政府采购等研究项目、财政支出、市场需求的大力支持不断突破新技术，引领了产业技术革命，在与科研院所、行业协会、产业链上下游企业的协同创新过程中，突破了一些产业共性关键核心技术。自主建设的国内首台F级燃烧器部件试验台，如图5-9所示。

图 5-9　自主建设的国内首台 F 级燃烧器部件试验台

课题组在访谈东方电气集团突破F级50兆瓦重型燃气轮机（2020年十大"国之重器"）案例的过程中，发现了政府大力支持下龙头企业在成德高端能源装备制造业创新生态系统中的核心驱动作用。重型燃气轮机是发电设备中的高端装备，其技术含量和设计制造难度在所有机械装备中排名第一，在国民经济和能源电力行业中具有重要的战略地位，是机械制造行业金字塔的顶端，被誉为制造业"皇冠明珠"。目前，燃气轮机联合循环发电已达到世界总发电量的五分之一。最先进的H/J燃气轮机的单循环和联合循环效率已达到40%~41%和60%~61%，在所有发电方式中居首位。以天然气为动力的燃气轮机电站污染排放量极低，二氧化碳排放比约为超临界燃煤电站的一半。大力发展天然气发电是包括中国在内的各国保护环境、落实《巴黎协定》、减少温室气体排放的主要措施之一。自1939年世界上第一台用于发电的重型燃气轮机诞生以来，经过半个多世纪的技术进步和企业重组，通用电气、西门子和三菱形成了完整的技术体系和产品系列，垄断了全球市场。过去，中国以"市场换技术"的方式引进通用电气、西门子、三菱等公司的技术，重型燃气轮机国内产量已接近80%。剩下的20%，如高温部件等核心技术，仍由三家公司牢牢控制，完全依赖进口。重型燃气轮机研发是一项复杂的系统工程，一旦决策失误，所造成的经济损失极大，但一旦研发成功后产品生命周期很长，保持产品竞争力的关键是不断推出更新版本的产品。中国高度重视发展重型燃气轮机工业。为了突破"卡脖子"技术，国家科技重大项目的航空发动机和燃气轮机（称为"两机专项"）于2019年开始实施，被列为"十三五"发展计划中100项重点任务之首，其中，燃气轮机专项项目的战略目标是建立我国燃气轮机自主创新的技术体系和具有市场竞争力的产业体系[①]。图5-10显示了F级50兆瓦重型燃气轮机自主研发过程。

图 5-10　F 级 50 兆瓦重型燃气轮机自主研发过程

2009年，东方电气集团的领导提出需要完整掌握燃气轮机的技术，在选择技术路线的时候，通过多次拜访国内的关键客户，并经过多轮论证，最后选择了F级50兆瓦重型燃气轮机，项目启动，代号G50[②]，因为"该机型容量等级比较适中，投入要低一些，但机率是一样的"。立项后，G50团队发现国内根本没有相应的技术储备，设计、制造、加工产业链都不完善。G50负责人在访谈中提到："当时的感受是，牛吃南瓜，不知怎么下口。"G50团队通过一位华裔教授牵线搭桥与英国的一家咨询公司取得联系，这家咨询公司与西门子、通用电气、三菱等业内的世界级企业有紧密的合作关系。第一台F级50兆瓦重型燃气轮机，由该咨询公司设计理念、准则和方法，G50团队自行实施，在实施过程中遇到问题再问咨询公司，逐个突破技术上的缺口，G50团队一直与咨询公司保持愉快的合作关系，至今已

① 蒋洪德. 世界重型燃气轮机产品系列发展史及其启示[N]. 科技日报，2016-05-30（07）.
② G50 是东方燃机研发的母型机，进行模化放大、缩小的系列化开发。

有10多年。在产业链协同制造过程中，集团本身的制造能力较强，核心部件由集团自己制造；集团加工设备"种类齐全"，有19个加工中心、2 000余台加工设备、测量设备约十万台件；铸造是叶片制造过程中难度最大、最核心的工序，自2009年起集团建设完成一条精密铸造中试；产品的毛坯由二重来提供，高温叶片由420厂协作加工，四川省燃气轮机产业联盟[①]在产业链整合创新过程中也起到了一定的协调作用，F级50兆瓦重型燃气轮机在生产过程中完全实现了产业链的自主可控。通过"两机专项"、"973"计划等项目，中央、四川省、德阳市政府和东方电气集团等为F级50兆瓦重型燃气轮机投入20亿元。在产学研合作上，通过承担国家"973"项目，G50团队与西安交通大学进行了深入的合作研究，厘清了燃气轮机的技术路线和基础原理，此外，还与四川大学、中国科学院成都分院、电子科技大学、西南交通大学等高校和科研院所进行项目合作，由G50团队提需求，高校院所解决问题，将项目开发过程中遇到的难题逐个突破。G50团队在2013年完成了F级50兆瓦重型燃气轮机的概念设计，2017年完成了关键零部件的自主创新，2020年11月27日，东方电气集团自主研发的国内首台F级50兆瓦重型燃气轮机顺利实现满负荷稳定运行，实现了100%自主化国产设备，最终的知识产权由东方电气集团完成并掌控。与同等功率进口燃机相比，整机制造成本大幅降低，运行与维护价格可节省近一半，检修周期缩短50%以上，标志着我国突破了"卡脖子"关键技术，具备自主生产和替代进口的能力。F级50兆瓦重型燃气轮机整机装配模型图，如图5-11所示。

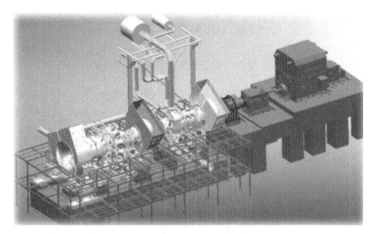

图 5-11　F 级 50 兆瓦重型燃气轮机整机装配模型图

---

① 四川省燃气轮机产业联盟是在中国东方电气集团有限公司核心企业东方汽轮机有限公司成立的。该联盟由东方汽轮机牵头，整合包括中国科学院成都分院、中国第二重型机械集团公司、四川成发航空科技股份有限公司等 23 家燃气轮机产业联盟成员单位资源，致力于燃气轮机产品研发、燃机材料研制、燃机零件高端制造、燃机辅助系统高端配套件、控制系统研发，促进产学研合作，实现共同发展。

　　第二，政府在成德高端能源装备制造业创新生态系统的萌芽期也起着十分重要的作用。除中央及相关部委、四川省政府、成都市、德阳市政府等对系统的大力支持外，1992年成立的德阳经济技术开发区在制定创新政策、引进培育创新型企业、建设创新创业载体、促进产学研协同创新等方面完成了以下工作。

　　一是，创办产业园区，引进与培育产业链相关企业，工业总产值大幅度增加，产业规模的影响力不断增强。1992~2002年，招引培育了德阳汇川科技有限公司（简称汇川科技）、德阳天元重工股份有限公司（简称天元重工）、四川琪达实业集团有限公司（简称琪达集团）、四川英杰电气股份有限公司（简称英杰电气）等23家企业。2007年，创办了装备制造工业园、服装工业园、新材料工业园等专业园区，实行"一区多园"发展模式，先后培育引进了东方法马通核泵有限责任公司、维达国际控股有限公司、海普制盖股份有限公司、德阳思远重工有限公司、东方水利、东方电气集团东方汽轮机有限公司、中国联塑集团控股有限公司等67家企业，期间二重装备、东方电机等也纳入经济技术开发区管理。2010年6月26日，国务院正式批准德阳经济技术开发区为国家级经济技术开发区，引进培育了四川蓝星机械有限公司、信义玻璃控股有限公司、德阳中嘉实业股份有限公司、东方雨虹等41家企业，2010年工业总产值突破500亿元，2018年工业总产值突破600亿元。

　　二是，发挥龙头企业品牌及技术优势，打造高端装备产业园区实现带动发展。通过构建龙头企业高端装备产业园区，充分发挥龙头企业品牌及基础技术优势带来的市场影响力，选择新兴领域蓝海市场项目，开展科技重大专项合作，以"传统领域转型升级，新兴领域开拓创新"的总体思路，结合重点项目"航空、核电及石化等领域超大构件高效率低成本增材制造技术的应用示范"和"大型高端锻件冶炼锻造关键工艺及装备研制项目"的研发方向，引进华中科技大学李建军教授团队和燕山大学刘鑫刚团队，产学研紧密合作，推进增材制造、高端锻件研发进度，助推公司产品转型升级。通过强大的技术基础和市场影响力实现产品的突破，带来良好的效益，从而推动技术的进一步发展，形成一个良性循环的闭环，并吸引辐射带动立足高端装备制造业的"专精特新"中小企业共同发展。例如，2018年成立的二重德阳储能科技有限公司（简称二重储能），通过混合所有制的形式将一支拥有10多年飞轮研发经验的技术团队整合进了二重装备公司，专注于完全自主知识产权、完全国产化的大功率飞轮储能装置的研制。2019年10月，二重储能公司200千瓦飞轮储能装置通过新产品鉴定，产品成功入选工业和信息化部《绿色数据中心先进适用技术产品目录（2019年版）》，目录包含4个领域50项技术产品，二重储能是国内唯一一家入选的飞轮储能制造企业，体现了二重储能在国内飞轮储能领域的领先地位。

　　三是，以推动龙头企业创业创新要素共享为重点，借鉴MES（manufacturing

execution system，制造企业生产过程执行系统）管理理念，搭建"供应商业务协同平台+车间+工位"式管理平台，促进产业链协同创新。以产业链上游的中小企业为核心资源，将中小企业当作龙头企业的车间进行管理和沟通，将中小企业的相关机床工位当龙头的工位和生产现场进行调度和管理，通过改进中小企业业务协同平台，实现与供应商在资料传递、技术交流、进度控制、现场监督、质量追溯、财务结算、库存信息、业绩评价方面的同平台共享。

四是，以标准化试点为载体，建设综合性标准化平台，将标准化打造成为"龙头企业+孵化"技术融通和产业融通的先进工具和有效手段，创建良好的产业生态。建立标准化与科技创新、产业提升协同发展工作机制。依托获得批复的德阳经济技术开发区国家高端装备制造业标准化试点项目，二重装备借力并整合国家发电设备机械零部件产品质量监督检验中心、德阳高端装备智能制造创新中心，以及其他相关企业工程技术中心和国家级专业标准化技术委员会等资源，带动装备制造中小企业，形成政产学研用相结合的共建共享高端装备制造业供应链协同标准融通创新联盟。为中小企业提供标准化培训、标准有效性确认、标准翻译等便捷的标准化服务，并形成供需标准协同服务模式，即形成龙头企业+配套中小企业共用的制造技术、共性技术和产品验收标准在指导培训、执行监督和应用反馈上的高效便捷服务。例如，"龙头企业+车间式孵化"模式中，四川顺腾机械制造有限公司与东电签订了9个项目的协作制造合同，合同总价1 395.61万元，目前，双方通过供应链管理协同平台，在计划、设计技术、生产管理、材料采购、产品库存、财务等方面进行业务全面协同，把四川顺腾机械供应商当成东电一个制造车间进行"车间式"协作管理，这是推进项目执行管理的一种有效形式，明显提高了项目执行效率和质量控制效率，并以此为示范，有效带动德阳周边中小企业的管理水平，使"龙头企业+车间孵化"模式有效实现了技术融通和产业融通。

五是，联合二重装备等龙头企业，共同将由德阳经济技术开发区工信局管理的创新创业中心打造成"龙头企业+孵化"特色载体分园区，集研发办公于一体的创新创业载体。依托东方电机开放供应链协同创新平台，依托平台运作、管理、协同、信息交互的基础，面向供应链上中小企业开放，联合银行与二重装备、东电，面向供应链中小企业推广承兑汇票质押、应收账款质押、订单质押等融资服务，探索以供应链金融为抓手的产融结合新路径，推动构建区域创新创业生态环境。例如，德阳经济技术开发区高端装备产业园分园区引进的数据型项目——"德阳市民通"政务公共服务平台，以市民数据为中心打造的一站式"互联网+"公共服务平台，通过实名认证、整合信息资源，以"一云多端"的方式为市民、企业提供在线公证、社会保障、信用查询、养老助老、健康医疗、创业就业、交通旅游等服务，更好地优化营商环境功能、服务市民和企业。

3. 萌芽期到成长期的机遇与困境

自20世纪60年代萌芽以来，成德高端能源装备制造业创新生态系统虽然工业总产值不断增加、产业在全国乃至全球的影响力也不断增强、也有一些突破关键核心技术的"国之重器"的创新成果出现，但系统的发展却一直处于萌芽期的状态，仍未实现从萌芽期到成长期的飞跃。2021年10月20日，中共中央、国务院印发了《成渝地区双城经济圈建设规划纲要》。该纲要提出，强化重庆和成都中心城市带动作用，……推动成渝地区形成有实力、有特色的双城经济圈，打造带动全国高质量发展的重要增长极和新的动力源。成渝地区双城经济圈成为继京津冀、长三角、粤港澳之后的中国发展第四极，成德高端能源装备制造业创新生态系统正是《成渝地区双城经济圈建设规划纲要》中提到的"培育世界级装备制造产业集群"的重中之重。在"一带一路"倡议背景下，我国高端能源装备制造业走出去的步伐将大大加快，此时，恰逢《中华人民共和国国民经济和社会发展第十四个五年规划和2035年远景目标纲要》对"创新"和"先进制造业"重点关注，以及《成渝地区双城经济圈建设规划纲要》对成德高端能源装备制造业创新生态系统成为世界级先进制造业集群有了明确定位，因此，在以习近平同志为核心的党中央统筹中华民族伟大复兴战略全局和世界百年未有之大变局的重大历史机遇下，探索如何促使成德高端能源装备制造业创新生态系统从萌芽期进入成长期，已迫在眉睫。

长期以来，成德高端能源装备制造业创新生态系统难以突破萌芽期的原因有以下三点。

第一，创新主体不完善，价值获取能力不强。价值实现群落中以高端能源装备制造业的东电、东汽、二重、宏华石油、通威等龙头企业及其配套企业为主，但从全球产业价值链来看，这些企业并未完全掌握关键核心技术，一些关键材料、核心零部件、基础软件等还需要进口，仍未掌握全球价值链治理和利润分配的主动权。例如，在燃气轮机领域，三菱重工、通用电气、西门子、阿尔斯通等世界级企业在关键先进技术工艺和核心零部件方面对中国企业一直采取封锁的策略，长期将我国企业锁定在全球价值链低端环节。2020年11月，东方电气集团自主研发的国内首台F级50兆瓦重型燃气轮机顺利实现满负荷稳定运行，但关键先进技术工艺仍有缺失，要真正实现量产和国产化，并最终占领全球市场，还需要较长时间的产品迭代和"干中学"的技术知识积累。2021年10月18日，东方电气发布的13兆瓦海上风力发电机组是目前亚洲地区在制的单机容量最大、叶轮直径最大的永磁直驱海上风电机组，但该产品的一些核心零部件仍依赖进口，产品利润率较低。

第二，知识生产群落中的高校和科研院所的相关科研积累较缺乏，知识资源有待加强。德阳市仅有1个国家重点实验室、2个省级重点实验室、2所本科高校、4个科研院所、7个国家技术创新平台和9个国家级双创载体，成都市与高端能源装备制造业相关的共性技术研究中心、国家实验室也不足，创新平台质量不高，数量偏少，创新产出明显不足，高价值发明专利、高水平论文等创新绩效指标连续多年低于全国平均值，甚至部分指标低于全省平均值。例如，万人发明专利拥有量，2020年全国平均15.8件，四川省平均8.4件，德阳市仅6.56件，科技领域在人才、团队、资金、项目、成果等方面存在明显短板，成都市的高校和科研院所在高端能源装备产业方面的知识资源也并不丰富。

第三，缺乏健全完善的成果转移转化服务体系，科技成果转化体制机制制约明显。科技成果转移转化服务平台缺乏必要的服务功能和支撑体系。现有的成果转移转化服务平台普遍规模较小，资金缺乏，服务能力不强。市场意识和服务意识还比较淡薄，高水平、专业化技术转移服务人才严重缺乏。由此导致科研机构的很多成果找不到需求者而无法实现转化，企业需要的技术成果又很难找到合适的供应者，企业产品开发中的难题得不到及时有效解决。系统中的央企、高校和科研院所引导带头作用发挥不够。东方电气和二重装备等央企及高校、科研院所目前有上万件专利技术，但由于体制机制、转化渠道和资产权属等，发明者及其单位对这类专利技术的转化都缺乏积极性，基础研究原始创新的"最先一公里"和科技成果转移转化及产业市场化应用的"最后一公里"尚未有效打通。

（三）成德高端能源装备制造业创新生态系统知识优势演化阶段分析

萌芽期的成德高端能源装备制造业创新生态系统，其知识优势处于点式生命周期阶段。

1. 客户与市场知识优势

高端能源装备制造业是生产者主导的关系国民经济和国防安全的战略性新兴产业，因此，其客户主要是大型能源企业（大多为央企）、政府采购等。成德高端能源装备制造业创新生态系统的龙头企业是东电、东汽、二重等央企，央企与央企之间，央企与政府之间有天然的信任关系和密切的联系，因此，系统在理解客户与市场的现实和潜在需求时具有较明显的优势。成德高端能源装备制造业创新生态系统发电设备产量世界第一，石油钻机出口国内第一，大型轧钢设备产量国内第一，拥有8万吨模锻压机、"华龙一号"、CAP1400、巨型水电装备、10兆瓦海上风电机组和重型燃气轮机等一批"国之重器"，全国60%的核电产品、50%的大型电站铸锻件、40%的水电机组、30%的火电机组和汽轮机都由德阳制造。

我国高端能源装备产业在东部的上海（上海电气）和南京（南京汽轮电机集

团），东北的哈尔滨（哈尔滨电气）等区域也有央企布局。成德高端能源装备制造业创新生态系统在与客户进行合作创新的过程中也有强大的竞争对手，且在竞争过程中，除产量以外，成德高端能源装备制造业创新生态系统在市场合作创新、客户价值共创方面并未呈现出突出的竞争优势，因此，其客户与市场知识优势仍处于萌芽期。

2. 产业链整合知识优势

由于地理临近性和产业链的协同性，以及政府政策的支持和引导，成德高端能源装备制造业创新生态系统以东汽、东电、国机重装（中国二重）、东锅、宏华石油等一批国内一流、国际先进的能源装备制造企业为龙头，带动了1 500余家中小企业，形成了规模庞大、技术装备先进、配套体系完善的能源装备制造产业集群。从产业链整合效应来看，成德高端能源装备制造业创新生态系统形成了以东电、东汽、二重等央企为龙头的产业链规模优势，但由于系统中还缺乏完善的创新创业载体，在获取创业者、新创企业的技术、产品等关键信息方面，系统中的企业并不具有显著优势，因此，成德高端能源装备制造业创新生态系统的产业链整合知识优势正在孕育过程中。

3. 产学研合作知识优势

产学研合作知识优势一直是成德高端能源装备制造业创新生态系统的短板，主要表现在以下三方面。

第一，德阳和成都在高端能源装备方面有较强研发能力的高校及科研院所较少，创新能力和创新产出较弱。

第二，政府在促进产学研合作、科技成果转移转化方面投入不足。以2019年科技领域财政投入为例，成都8.73亿元、遂宁0.6亿元、绵阳0.5亿元、泸州0.46亿元、南充0.4亿元、内江0.32亿元、达州0.33亿元，德阳0.26亿元，全市的科研财政投入处于全省落后位置，且近几年逐步下降，德阳市研发投入强度仅为3.2%，与德阳经济地位和产业地位不匹配，政府在创新链上发挥的作用十分有限。

第三，缺乏健全完善的成果转移转化服务体系。现有成果转移转化服务平台小、专业化技术人才缺乏、成果供给者需求者不匹配、集群中央企、高校和科研所带头作用发挥不够等问题使得发明者对专利技术转化缺乏积极性。

综上，成德高端能源装备制造业创新生态系统中产学研合作知识优势尚未形成，在更快、更高效地获取高校及科研院所研究实力、最新研究成果、研究项目等方面的非公开信息，获取与高校及科研院所研究团队负责人及关键成员深入沟通与熟悉的机会，通过更多的渠道获取与高校及科研院所合作创新的机会方面并不具备竞争优势，仍处于萌芽期。

五、结论与启示

（一）主要结论

通过对美国硅谷和中国四川省成德高端能源装备制造业集群两个案例的研究，得到以下结论。

（1）先进制造业创新生态系统知识优势的演化是从点式-生命周期阶段到链式-生态进化阶段，再到网络-混沌共生阶段，先进制造业创新生态系统知识优势是支撑先进制造业创新生态系统形成的关键因素。先进制造业创新生态系统知识优势的形成符合短板理论，即三大知识优势需要共同形成，缺一不可，如果某一类知识优势一直没有形成，那么该先进制造业创新生态系统将难以获得知识优势。如果先进制造业创新生态系统一直没有形成知识优势，这个先进制造业创新生态系统将一直处于孕育期，难以成长，如成德高端能源装备制造业创新生态系统虽然具有强大的制造能力，生产规模全球领先，但系统的三大知识优势都没有形成，因此，成德高端能源装备制造业创新生态系统也一直处于萌芽期。当先进制造业创新生态系统知识优势演化为网络-混沌共生阶段时，该先进制造业创新生态系统就拥有了自组织、自更新的动态创新能力，突破了产业的束缚，进入了产业融合式发展的再生阶段，在产业规模、创新能力、品牌影响力等方面具备了世界级竞争力，成为世界级先进制造业创新生态系统，如硅谷先进制造业创新生态系统三大知识优势在发展过程中得到了不断成长，最终形成了混沌-共生的知识网络，突破了产业的束缚，从而形成了硅谷难以复制和替代的世界级竞争力。

（2）政府是先进制造业创新生态系统的关键架构者，是先进制造业创新生态系统知识优势演化的重要推动者。在两个案例中，政府支持对先进制造业创新生态系统及其知识优势的孕育都具有重要的作用。通过政府采购的方式，较快地促成了先进制造业创新生态系统的孕育，硅谷在萌芽期获得了美国海军的支持，成德高端能源装备制造业创新生态系统在萌芽期获得了中国政府"三线"建设的支持。在硅谷的案例中，成长期和成熟期，政府的作用较小，主要是营造公平的市场竞争环境和制定鼓励创新创业的政策来支持硅谷先进制造业创新生态系统的健康发展。在硅谷的衰退/再生期，政府通过知识产权、研究补贴、公共教育、研究型大学等方式促进先进制造业创新生态系统知识优势网络的形成，从而使硅谷具备了动态的创新能力，成功跨越了互联网泡沫期，实现了产业融合式创新，形成了世界级的产业创新生态系统。

（3）先进制造业创新生态系统知识优势的形成与系统的主导产业密切相关，消费者主导型产业创新生态系统知识优势的形成更多是通过市场机制发挥作用，生产者主导型产业创新生态系统知识优势的形成更多是通过多主体互动，政府及龙头企业在其中起着极其关键的作用。第二次世界大战后，硅谷的主导产业从依赖美国海军的无线电转变为消费者主导的半导体产业，市场机制促进了硅谷三类知识优势的形成和发展，在不断适应市场变化、引导市场变化、与客户价值共创的过程中，硅谷三类知识优势都得到了快速发展，从点式-生命周期阶段到链式-生态进化阶段，再到网络-混沌共生阶段，逐渐形成了知识优势网络，拥有了动态的自组织创新能力。成德高端能源装备制造业创新生态系统的主导产品是复杂的且需要多主体协同创新共同完成。成德高端能源装备制造业创新生态系统是典型的生产者主导产业创新生态系统，但由于系统中的政府和龙头企业在促进系统三类知识优势的发展过程中未起到应有的作用，系统三类知识优势都未能形成。成德高端能源装备制造业创新生态系统仅拥有规模生产能力，一直处于萌芽期，没有实现健康成长。

（二）理论启示

（1）对创新生态系统理论研究的贡献。与集中于微观企业创新生态系统和宏观区域创新生态系统的研究不同，本书从中观产业层次借鉴隶属结构生态系统方法，聚焦于先进制造业，利用两个纵向案例研究了产业创新生态系统的演化过程，补充和完善了中观产业层次对创新生态系统理论的研究，对丰富创新生态系统演化影响变量的研究具有重要贡献。

（2）对知识优势研究的贡献。本书尝试从"主体-资源-环境"的视角，将产业创新生态系统知识优势分为客户与市场知识优势、产业链整合知识优势、产学研协同知识优势，并提出三类知识优势的演化模型，通过两个案例的研究，深入探讨了产业创新生态系统知识优势的演化规律，验证了三类知识优势演化模型的合理性，并证明了三类知识优势演化在先进制造业创新生态系统演化过程中的重要作用。

（三）实践启示

技术创新和产业发展态势预示着世界经济正进入新一轮产业革命的前奏，产业之间的竞争已演变为产业创新生态系统之间的竞争。拥有知识优势的产业创新生态系统的发展与培育，关系到抢占新一轮产业革命制高点，已成为世界各国和地区竞相角逐的重点。硅谷通过百余年的发展，已成长为拥有知识优势的世界级先进制造业创新生态系统，其发展历程呈现了先进制造业创新生态系统知识优势演化的全过程。成德高端能源装备制造业创新生态系统处于萌芽期，其知识优势也正在孕育中，因此，现阶段，政府在成德高端能源装备制造业创新生态系统及其知识优势的形成过程中具有主导和决定性的作用。学者认为后发企业在极少数资源或技术垄断型行业中有可能成为世界级企业，后发企业在市场化程度非常高的行业成为世界级企业的可能性极小①。硅谷所代表的先进制造业创新生态系统是市场化程度非常高的行业，其成长规律与后发国家可能实现赶超的资源或技术垄断型行业有一定的差异，因此，研究后发国家中世界级先进制造业创新生态系的培育已迫在眉睫。

中国是世界制造大国，但还不是制造强国。现在中国正面临两个大局，一个是当今世界处于百年未有之大变局，一个是中华民族实现伟大复兴的战略全局。这两个大局为中国先进制造业的发展带来了前所未有的重大机遇。高端能源装备制造业是为国民经济各行业和国防建设提供技术装备的基础性、战略性产业，无论产业革命从哪个领域兴起，都离不开高端能源装备国产化，这将深刻改变高端能源装备制造业的全球格局，也给我国高端能源装备业提供了难得的提档升级、赶超世界先进水平的重大历史机遇。四川省重大装备制造业在全国具有突出优势，德阳是重装制造之都、全国三大动力设备制造基地之一、联合国授予清洁技术与新能源装备制造业国际示范城市和工业和信息化部命名的国家新型工业化示范基地（装备制造），全国60%的核电产品、50%的大型电站铸锻件、40%的水电机组、30%的火电机组和汽轮机都由德阳制造。2021年6月，中共四川省委十一届九次全会审议通过《中共四川省委关于深入推进创新驱动引领高质量发展的决定》，提出打造国家战略性新兴产业集群；2021年10月，中共中央、国务院印发的《成渝地区双城经济圈建设规划纲要》提出到2035年成渝地区双城经济圈"世界级先进制造业集群优势全面形成"；2021年11月23日，《四川省"十四五"制造业高质量发展规划》提出，"十四五"时期四川将培育世界级电子信息、重大装备制造和特色消费品3个产业集群。"一带一路"倡议、成渝双城经济圈建设国家战略，极大地改变了四川省的区位劣势，成德高端能源装备制造业集群的比较优势日益凸显，将成德高端能源装备制造业集群培育为世界级高端能源装备制造业创新生态系统是我国抢占全球高端能源装备制造业制高点的重要突破口，探索如何通过政府政策和投入使其形成知识优势，已迫在眉睫。虽然成德高端能源装备制造业在原始创新和基础技术研发上存在着后发劣势，但中国却拥有全球最大的市场，拥有素质不断提升的勤奋的技术工人、优秀劳动者和知识工作者，拥有新型举国体制的强大制度优势，所结成的中华民族伟大复兴共识下的使命共同体和利益共同体使产业发展具备了供给和需求两侧的巨大优势，在"双循环"发展格局下，不仅为产业全球价值链的重构，更为先进制造业创新生态系统及其知识优势的形成提供了极佳的条件和可能。基于此，本书对培育具有知识优势的成德高端

---

① George T. Long-term commitments: practices and performances validate world-class plants [J]. Industry Week, 2004, 253（2）: 51-54.

能源装备制造业创新生态系统提出以下政策建议。

（1）加大对基础研究的投入力度，设立产业专项研发计划，构建有利于研发驱动的重大装备产业政策。重大装备制造业在研发等领域的难度远超普通行业，政策支持对产业创新发展尤为关键。例如，在燃气轮机领域，发达国家为保持其技术优势，并在市场竞争中始终处于领先，都制定了燃气轮机的专项发展计划，如美国的ATS（advanced tubine systems，先进透平系统）计划和CAGT（collaborative advanced gas turbine，联合循环燃气轮机）计划、欧共体的EC-ATS（environmentally compatible air transport system）计划、日本的"新日光"计划和"煤气化联合循环动力系统"等，这些计划的实施，极大地推动了燃气轮机先进技术的研究和应用，为新型燃气轮机的研制储备了技术，对其保持世界领先的地位和优势起到了决定性作用。四川省已在重大装备制造业领域形成了在全国具有显著比较优势的产业集群，拥有较完善的产业链、供应链，且四川省在电子信息产业领域也具有突出优势，在数字化背景下，新一轮产业融合式发展过程中，占领全球重大装备制造业制高点具有得天独厚的先发优势。为培育四川省世界级重大装备制造业创新生态系统，应重点打造以研发驱动的重大装备制造产业政策。一方面，对本地已有的重大装备制造企业的研发活动，特别是致力于突破产业关键核心技术、"卡脖子"技术、关键零部件的原始创新、基础研发活动予以资金、技术、人才、土地等多种形式的支持，如燃气轮机的研发被业内称为"烧出来的"，即需要大量试验验证，建设一个开展关键部件的工业级试验验证的试验基地，可以实现燃气轮机关键部件精确定量定性，而这决定了后续定型投产的质量控制问题；另一方面，应全面梳理并实时跟踪全球重大装备制造产业链、技术链及全球产业生态系统布局图，设立产业专项研发计划，以此确保产业的技术领先性，并致力于吸引国内外具备研发实力且符合四川省重大装备制造产业政策的龙头企业和创新型企业在四川省设立研发中心。

（2）打造重大装备制造产业人才高地。重大装备制造业是资金、技术、人才密集型战略性产业，人才是产业实现向创新、高端转型发展的基础，也是四川省抢占全球重大装备制造业制高点的关键短板。四川省在重大装备制造业全球价值链低端制造环节拥有数量庞大的产业技术工人队伍，传统制造业劳动力资源的数量和质量能够持续支撑重大装备制造业大规模生产能力的不断扩张，但我省在高端设计、元器件、先进材料、关键零件、芯片设计制造、软件开发等数字化时代重大装备制造业实现弯道超车的关键领域的人才储备短缺，我省重大装备制造业由成本驱动转向研发驱动的内生动力严重不足。一方面，要加强本地人才培养，四川省应加大对四川大学、电子科技大学、西南交通大学等相关产业具有一定学科和科研优势的高等院校的扶持力度，形成对产业相关人才的交叉式融合培养计划，以一流大学支撑一流产业发展；另一方面，要加快人才引进，以极具竞争力的人才政策、城市环境、产业生态等吸引国内外重大装备制造业领域的优秀科学家和高端科研团队来四川工作、生活，持续提升四川省在该领域的原始创新和研发实力。

（3）加强对科技成果转移转化的资金投入，鼓励龙头企业牵头创新联合体建设，探索形成平台生态型企业，加强创新创业载体市场化发展。重大装备制造业是生产者主导的产业，在创新价值链中，龙头企业需发挥核心作用。第一，鼓励龙头企业牵头建设创新联合体，通过政府采购龙头企业的产品和服务，规定关键零部件的国产化率和技术标准，由龙头企业制订技术分解和实现方案，与关键零部件供应商及高校院所、研发机构签订协作研发契约，用利润刺激形成以龙头企业为核心的协作创新机制，当龙头企业积累了必要的关键技术资源后，政府再减少干预，让协作创新机制自发形成和自主运作。第二，探索形成平台生态型企业，优先支持龙头企业创建国家级重点实验室、国家级企业技术中心等平台，加大资金支持力度，激发以企业为主体的创新积极性，逐渐实现工业互联网产业链全覆盖，促进公司创业为导向的科技成果形成与转化。例如，在国内飞轮储能领域处于领先地位的二重储能，是二重通过混合所有制的形式将一支拥有10多年飞轮研发经验的技术团队整合进入二重的一家新创企业。第三，设立市场化的创新创业载体，突破科技成果转化体制机制、转化渠道和资产权属等方面的难题。围绕四川省重大装备制造业发展需求，设立引导基金，组建若干聚焦产业链细分领域的专业孵化机构，实行市场化管理。通过政府引导，吸引全国各类投资机构参股，采取股权融资、债权融资等方式，重点投向科技成果转化项目和科技创新领域，鼓励有条件的产业园区投资平台进行项目跟投，为科技成果项目转化提供融资等服务，降低创业成本，形成创新创业蓬勃发展的产业生态。

第六章　先进制造业创新生态系统知识优势关键影响因素

从先进制造业创新生态系统知识优势的演化过程和发展阶段来看，先进制造业创新生态系统知识优势的演化是多元主体、多种因素之间动态互动、共同作用的结果。由于先进制造业创新生态系统各创新主体之间需求、利益及目标的差异性，以及系统运行的复杂性，先进制造业创新生态系统形成和维持知识优势的难度加大。那么，从发展规律和理论上来看，到底先进制造业创新生态系统的知识优势是如何获得并得到持续发展的？其关键影响因素是什么？本章在知识优势形成与演化过程研究基础上，从先进制造业创新生态系统两个关键主体——企业和政府的视角，通过对我国先进制造业集群中创新型企业的问卷调查，探讨先进制造业创新生态系统（主要是后发国家）形成与维持知识优势的关键影响因素，为先进制造业创新生态系统形成和维持知识优势提供一定的理论依据①。

第一节　理论建构与研究假设

一、理论建构

（一）研究问题的提出

在探索先进制造业创新生态系统知识优势的演化过程中，本书发现企业和政府是其中最关键的两个主体。硅谷是世界级先进制造业创新生态系统成功运行的个例。在硅谷的案例中，萌芽期和发展期的开始阶段，政府都起到了关键

---

① 李其玮，顾新，赵长轶. 产业创新生态系统知识优势影响因素：理论框架与实证研究[J]. 经济问题探索，2017，（9）：163-174.

的主导作用，从发展期开始，企业取代政府在系统知识优势的演化过程中起着主导作用，一些企业逐渐成长为世界级企业，通过持续的创新能力不断促进先进制造业创新生态系统知识优势形成、维持和更新。如果做出一定的理论假设，将先进制造业创新生态系统知识优势关键影响因素聚焦于企业和政府的视角，在研究先进制造业创新生态系统知识优势形成机理的过程中，就可以避免产业创新生态系统理论中所关注的多元主体、多种因素之间动态互动而产生的复杂的、内生的、难以理论化的问题，同时，结论也更有利于为企业制定发展战略、政府制定政策提供有价值的建议。基于案例研究的发现及思考，本章拟基于中国数据，探索新兴市场先进制造业创新生态系统知识优势的关键影响因素，提出以下研究问题。

（1）企业战略如何影响先进制造业创新生态系统知识优势的形成？

（2）政府支持在企业战略与先进制造业创新生态系统知识优势形成过程中的作用机制是什么？

（二）研究构想与模型

1. 文献回顾

产业创新生态系统是某个产业中各创新群落之间以及与创新环境之间共同构成的自组织、自修复的开放、复杂的大系统，其创新群落包括研究、开发、应用等三大群落[①]。先进制造业创新生态系统由知识生产群落、知识转化群落、价值实现群落三大创新群落构成，与区域创新生态系统聚焦于区域、企业创新生态系统聚焦于企业不同，先进制造业创新生态系统聚焦于中观产业层面。围绕产业链形成创新生态系统，从而提升产业创新绩效，获得产业世界级竞争力，是先进制造业创新生态系统区别于区域和企业创新生态系统的本质特征。近年来，新冠疫情对各国特别是全球化程度较高的产业链造成了重大打击，中美贸易摩擦不断升级，贸易保护主义和逆全球化逐渐抬头，在这样复杂多变的全球格局下，构建在产业链关键环节具有有力支撑体系的、对全产业链都拥有绝对控制力和独特知识优势的产业创新生态系统，是世界各国和地区抢占新一轮产业革命制高点的焦点问题，是新兴市场国家产业发展实现从模仿追赶到创新引领的关键，也是中国从产业和企业层面突破创新驱动发展瓶颈亟待解决的本质问题。产业链是各产业部门之间基于一定技术经济关联依据特定的时空布局和供需关系形成的链条式形态，其本质是产业上相互关联的企业群结构。产业链包含价值链、企业链、供需链和空间链四维度，它们在持续互动的协同过程中形成了产业链，这种"协同机

---

① Morgan K. Regional advantage：culture and competition in Silicon Valley and Route 128：Annalee Saxenian[J]. Research Policy，1996，25（3）：484-485.

制"是产业链形成的内在驱动力和客观规律。

第一，产业创新生态系统的研究流派。

根据研究视角的不同，产业创新生态系统分成两个流派，一个是结构视角的产业创新生态系统研究，另一个是隶属视角的产业创新生态系统研究。

结构视角的产业创新生态系统研究以企业间相互依赖的活动为中心[①]，学者们的研究集中于微观层次[②]，研究核心成员如何通过与系统成员之间相互作用，创造价值并获取价值[③~⑥]。隶属结构的产业创新生态系统研究以系统成员为中心，提出生态系统是由多个竞合互动、彼此联系、共生共存的成员之间组成的松散网络[⑦⑧]。学者们主要关注创新生态系统的总体网络特征[⑨]，研究网络规模、密度、中心度等结构特征，与结构视角相比，这一视角主要关注产业和宏观环境之间的互动。虽然，在研究方法和目的方面有一定的区别，但两个视角从本质上是相互联系、互为补充的。

隶属视角创新生态系统的研究是从政府宏观层面的探索，较难解释系统创新主体之间特征、互动关系及价值创造层面的具体问题，而结构视角创新生态系统的研究聚焦于企业微观层面，更易于与其他战略概念区分、更容易分析创新主体之间的互动关系、为战略管理研究领域开启了很多新的独特的研究问题，因此，受到学者们更多的关注。近年来，产业的动态性、相互依赖性日益增强，但学术界对产业变化的理解仍落后于实践的发展。产业是企业之间的联合体，不同企业对产业有不同的理解，从而对产业发展的影响也不同[⑩]。本部分的实证研究将以企业为中心，聚焦于微观层次对创新主体之间互动关系及价值创造的研究。将采

① Adner R. Match your innovation strategy to your innovation ecosystem[J]. Harvard Business Review，2006，（84）：98-107.

② Adner R，Kapoor R. Value creation in innovation ecosystems：how the structure of technological interdependence affects firm performance in new technology generations[J]. Strategic Management Journal，2010，（31）：306-333.

③ Adner R. The Wide Lens：A New Strategy for Innovation[M]. New York：Penguin Putnam，2012.

④ Adner R，Kapoor R. Innovation ecosystems and the pace of substitution：re-examining technology s-curves [J]. Strategic Management Journal，2016，37：625-648.

⑤ Adner R，Feiler D. Interdependence，perception，and investment choices：an experimental approach to decision making in innovation ecosystems[J]. Organization Science，2019，30：109-125.

⑥ Kapoor R，Lee J M. Coordinating and competing in ecosystems：how organizational forms shape new technology investments[J]. Strategic Management Journal，2013，34（3）：274-296.

⑦ Iansiti M，Levien R. Strategy as ecology[J]. Harvard Business Review，2004，82（3）：68-78.

⑧ Nambisan S，Sawhney M. Orchestration processes in network-centric innovation：evidence from the field [J]. Academy of Management Perspectives，2011，25（3）：40-57.

⑨ Song J. Innovation ecosystem：impact of interactive patterns，member location and member heterogeneity on cooperative innovation performance[J]. Innovation：Organization and Management，2016，18（1）：13-29.

⑩ Ozcan P，Santos F M. The market that never was：turf wars and failed alliances in mobile payments[J]. Strategic Management Journal，2015，36（10）：1486-1512.

用结构视角的产业创新生态系统研究方法，探索企业和政府对先进制造业创新生态系统知识优势的影响机制。

第二，结构视角的产业创新生态系统研究。

结构视角的产业创新生态系统研究主要聚焦于三个方面：一是价值创造与获取的研究，产业创新生态系统通过促进产业间形成联系和技术进步创造更多的价值，在创造价值的过程中，产业创新生态系统中的知识系统、业务系统及财务支持系统具有十分重要的作用[1][2]；二是龙头企业的研究，龙头企业在创新和价值获取方面的管理和协调作用是产业创新生态系统的重要特征[3]，产业创新生态系统内部的交互机制可通过龙头企业的网络结构来研究，实证研究中学者们通过对龙头企业处理与上下游产品或服务的关系来探索创新型公司的创新生态系统中的相互依赖的结构[4]；三是系统企业创新生态战略的研究，学者们根据企业在创新生态系统中所处位置，将系统企业创新生态战略分为核心成员战略和外围成员战略，核心成员通过创新生态系统战略管理企业合作关系从而实现价值共创，其战略目标是提高生态系统的整体竞争力、维持自身在生态系统中的主导地位和扩大自身市场占有率和利润水平[5][6]，包括增加系统成员和连接数量，加强成员之间的协同合作，提高创新生态系统整体竞争力[7]，提高自身在生态系统中的影响力、控制力、议价能力[8]，促进产业创新生态系统的形成、维持和转型升级，处理好生态系统内外的竞合、价值获取和分配问题[9]，平衡好创新生态系统整体绩效和自身绩效的提升，维持其在生态系统中的主导地位[10]。外围成员战略主要是与核

① Ritala P, Armila L, Blomqvist K. Innovation orchestration capability: defining the organizational and individual level determinants[J]. International Journal of Innovation Management, 2009, 13（4）: 569-591.

② Clarysse B, Wright M, Bruneel J, et al. Creating value in ecosystems: crossing the chasm between knowledge and business ecosystems[J]. Research Policy, 2014, 43: 1164-1176.

③ Dhanasai C, Parkhe A.Orchestrating innovation networks[J]. Academy of Management Review, 2006, 31（3）: 659-669.

④ Adner R, Kapoor R. Value creation in innovation ecosystems: how the structure of technological interdependence affects firm performance in new technology generations[J]. Strategic Management Journal, 2010,（31）: 306-333.

⑤ Jacobides M G, MacDuffie J P, Tae C J. Agency, structure, and the dominance of OEMs: change and stability in the automotive sector [J]. Strategic Management Journal, 2016, 37（9）: 1942-1967.

⑥ Jacobides M G, Cennamo C, Gawer A. Towards a theory of ecosystems [J]. Strategic Management Journal, 2018, 39（8）: 2255-2276.

⑦ Cennamo C, Santalo J. Generativity tension and value creation in platform ecosystems[J]. Organization Science, 2019, 30: 617-641.

⑧ Adner R. Ecosystem as structure: an actionable construct for strategy[J]. Journal of Management, 2017, 43（1）: 39-58.

⑨ Kapoor R, Agarwal S. Sustaining superior performance in business ecosystems: evidence from application soft-ware developers in the iOS and Android smartphone ecosystems[J]. Organization Science, 2017, 28（3）: 531-551.

⑩ Jacobides M G, Tae C J. Kingpins, bottlenecks and value dynamics along a sector [J]. Organization Science, 2015, 26（3）: 889-907.

心成员设定的目标保持一致[①]。

第三，先进制造业的发展与创新规律。

先进制造业的发展与创新规律一直以来都是研究的热点问题，先进制造业行业门类众多，产业结构复杂，产业之间联系紧密[②]，因此，先进制造业是集聚现象最为明显的产业[③④]，学者们在实证研究中发现，先进制造业的集聚程度与工业增长水平正相关[⑤]，中国先进制造业的区域集聚程度不断提高[⑥]，先进制造业的集聚水平与外商直接投资正相关[⑦]，先进制造业的国际竞争力与外部经济环境紧密相联[⑧]。在知识经济时代，知识以某种属性存在于先进制造企业所生产的产品或提供的服务中，因此，先进制造业发展与知识溢出效应紧密联系[⑨]，先进制造业的生产过程产生知识溢出效应，先进制造业创新的类型由制造业知识溢出的类型决定[⑩]。先进制造业具有系统性特征，先进制造业生产过程包含物力、人力及财力等生产要素的生产、供给及销售，制造业与服务业之间相互依赖、相互作用、相互融合[⑪]，学者们对生产性服务业与先进制造业的互动机制进行了深入的研究[⑫~⑭]，实证研究了对环境规制、要素禀赋与先进制造业国际竞争力之间的关系[⑮]。世界经

① Nambisan S，Baron R A. Entrepreneurship in innovation ecosystems：entrepreneurs'self- regulatory processes and their implications for new venture success[J]. Entrepreneurship Theory & Practice，2013，37（5）：1071-1097.

② 李廉水，石喜爱，刘军. 中国制造业 40 年：智能化进程与展望[J]. 中国软科学，2019，（1）：1-9，30.

③ Ellison G，Glaeser E L. Geographic concentration in U.S. manufacturing industries：a dartboard approach[J]. Journal of Political Economy，1997，105（5）：889-927.

④ Guimaraes P，Figueiredo O，Woodward D.Agglomeration and the location of foreign direct investment in Portugal[J]. Journal of Urban Economics，2000，47（1）：115-135。

⑤ 罗勇，曹丽莉. 中国制造业集聚程度变动趋势实证研究[J]. 经济研究，2005，（8）：106-115，127.

⑥ 路江涌，陶志刚. 中国制造业区域聚集及国际比较[J]. 经济研究，2006，（3）：103-114.

⑦ 梁琦. 中国工业的区位基尼系数：兼论外商直接投资对制造业集聚的影响[J]. 统计研究，2003，（9）：21-25.

⑧ 唐红祥，张祥祯，吴艳，等. 中国制造业发展质量与国际竞争力提升研究[J]. 中国软科学，2019，（2）：128-142.

⑨ 王春杨，孟卫东. 制造业转移、知识溢出与区域创新空间演进[J]. 科研管理，2019，40（9）：75-84.

⑩ 杨丽君. 供给侧改革视阈下中国制造业的知识溢出效应：基于动态空间面板模型的分析[J]. 科研管理，2019，（10）：161-168.

⑪ 陈宪，黄建锋. 分工、互动与融合：服务业与制造业关系演进的实证研究[J]. 中国软科学，2004，（10）：65-71，76.

⑫ 顾乃华，毕斗斗，任旺兵. 生产性服务业与制造业互动发展：文献综述[J]. 经济学家，2006，（6）：35-41.

⑬ 刁莉，朱琦. 生产性服务进口贸易对中国制造业服务化的影响[J]. 中国软科学，2018，（8）：49-57.

⑭ 王成东，蔡渊渊. 全球价值链下产业研发三阶段效率研究：以中国装备制造业为例[J]. 中国软科学，2020，（3）：46-56.

⑮ 傅京燕，李丽莎. 环境规制、要素禀赋与产业国际竞争力的实证研究：基于中国制造业的面板数据[J]. 管理世界，2010，（10）：87-98，187.

济的全球化发展促使企业开拓国际市场，"世界级企业"开始被学界使用[1][2]，学者们对世界级企业的概念、评价标准及成长路径进行了研究[3][4]，学者认为后发企业只有在极少数资源或技术垄断型行业中才有可能成为世界级企业，后发企业在市场化程度非常高的行业成为世界级企业的可能性极小[5]。世界级企业不断发展的同时，世界级集群的概念应运而生[6]，学者们在总结欧盟经验时，从创新集群组织、织造集群网络、创造框架条件和奉行卓越文化四方面构建了"钻石模型"，提出了培育世界级竞争力集群的具体举措[7]。

从既有研究可以看出，创新生态系统为研究区域、产业和企业的世界级竞争力与可持续竞争优势提供了一个重要的理论基础。产业创新生态系统是一个产业情景极强的概念，不同的产业特点，其产业创新生态系统的内涵、结构和功能不同。先进制造业的产业关联性、系统性和创新性决定了创新生态系统理论在研究先进制造业创新中的可行性。由于后发国家只能在极少数资源或技术垄断型行业中存在世界级企业，WMIE的研究对我国提升制造业的创新能力、培育技术垄断型世界级企业具有重要而紧迫的意义。现阶段，学者们在WMIE领域的研究还比较零散，因此，从理论上迫切需要对WMIE进行全面、深入、系统的研究。

2. 理论缺口

现有文献对产业创新生态系统、先进制造业、企业创新生态系统战略等问题进行了卓有成效的研究，但还存在以下研究缺口。

第一，结构视角的产业创新生态系统研究，大多将政府作为外生变量，较少从内生的视角研究政府的作用，但由于体制差异，中国政府在先进制造业创新生态系统的培育过程中起着重要的作用，其对培育具有知识优势的先进制造业创新生态系统的作用机制是什么还值得研究。

第二，产业创新生态系统是一个复杂的网络，企业和政府是其中的重要创新主体，但鲜有文献整合社会网络理论、知识整合理论、制度经济学理论和产业创新生态系统理论从企业和政府的视角来揭示先进制造业创新生态系统知识优势的

① Hayes R H, Pisano G P. Beyond world-class: the new manufacturing strategy[J]. Harvard Business Review, 1994, 72（1）: 77-84.

② 蓝海林. 建立"世界级企业": 优势、路径与战略选择[J]. 管理学报, 2008,（1）: 9-13.

③ 殷群. "世界级"创新型企业成长路径及驱动因素分析: 以苹果、三星、华为为例[J]. 中国软科学, 2014,（10）: 174-181.

④ 陈劲, 李佳雪. 打造世界级创新企业: 基于BCG全球最具创新力企业报告的分析[J]. 科学与管理, 2020, 40（1）: 1-8.

⑤ George T. Long-term commitments[J]. Industry Week, 2004,（2）: 51-54.

⑥ 赵作权, 田园, 赵璐. 网络组织与世界级竞争力集群建设[J]. 区域经济评论, 2018,（6）: 44-53.

⑦ 张佩, 赵作权. 世界级竞争力集群培育的欧盟模式及其启示[J]. 中国软科学, 2019,（12）: 72-80.

形成机理。

　　第三，拥有知识优势是先进制造业创新生态系统的显著特征，但现有文献对知识优势的研究不多，且大多是基于传统竞争优势理论的讨论，较少有学者结合产业创新生态系统多主体互动的特征研究企业和政府两个主体对不同类型知识优势的影响机制[①]。

3. 研究模型

　　以上三个研究问题对理解后发国家先进制造业创新生态系统获取世界级竞争力十分重要，但现有研究还不能完全从实证研究的视角给出系统的解释。基于此，本书在中国数据的基础上，实证研究企业和政府对先进制造业创新生态系统知识优势的影响机制，这具有重要的理论价值和实践意义。

　　企业是价值实现群落的关键创新主体，也是驱动先进制造业创新生态系统客户与市场知识优势、产业链整合知识优势、产学研合作知识优势演化的核心主体，先进制造业创新生态系统知识优势的形成对系统中企业可持续竞争优势的形成具有重要意义。企业是先进制造业创新生态系统知识优势形成后的最大受益者和核心驱动主体，因此，企业生态系统战略对先进制造业创新生态系统知识优势具有直接的影响。政府在整合创新资源、构建创新环境方面具有举足轻重的地位和作用，政府支持也会影响先进制造业创新生态系统知识优势的形成。基于以上思考，结合三个研究问题，本书构建了研究概念模型（图6-1）。

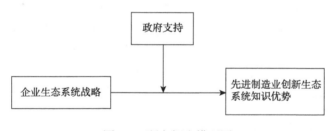

图 6-1　研究概念模型图

二、研究假设

　　结构视角的创新生态系统研究认为企业生态系统战略是对传统战略研究的有益补充[②]，与传统战略关注五种力量的竞争、如何提升企业与各种竞争力量之间的

　　① Williamson P J, De Meyer A. Ecosystem advantage: how to successfully harness the power of partners[J]. California Management Review, 2012, 55（1）: 24-46.

　　② Adner R. Ecosystem as structure: anactionable construct for strategy[J]. Journal of Management, 2017, 43（1）: 39-58.

讨价还价能力不同，企业生态系统战略的关注点是价值主张、主体之间的联结互动，以及如何增加联结的创新主体数量、如何管理主体之间的联结关系以创造更多的价值。企业生态系统战略的本质是联结，通过共同的价值主张实现系统的价值共创、价值获取与价值分配。社会网络理论对联结进行了大量的研究，形成了卓有成效的研究成果，其中嵌入（embeddedness）是研究企业之间联结的重要领域，Polanyi使用嵌入的概念描述了现代市场中的社会结构[1]，Schumpeter和Granovetter提出嵌入在企业之间网络的情景下对经济行为的稳定影响[2][3]。在此基础上，学者们还发现嵌入在产业集群、市场渠道、移民企业、创业、借贷关系、选址决策、收购、组织适应等领域对企业之间的经济行为都有重要的影响。知识整合理论提出企业可以通过知识整合提升其所在系统的创新绩效，企业的知识整合能力对企业获取生态系统中的竞争优势具有十分重要的作用。新制度经济学理论强调在不确定性和有限理性的前提下制度变迁与组织发展之间的关系。制度是人们为减少不确定性和控制环境而设计的规则、规范和约束，包括正式制度和非正式制度，政府是正式制度的重要制定者，政策法规是正式制度的重要形式，政府通过制定和实施公共政策、提供公共物品，弥补市场失灵问题，使社会成员集体行动在一定程度上达到均衡，从而实现社会最终的公共利益[4]。如前章所述，知识优势是产业创新生态系统提升创新绩效和构建世界级竞争力的关键所在，产业创新生态系统的知识优势有三类：客户与市场知识优势、产业链整合知识优势、产学研合作知识优势。由于创新生态系统理论还是一个较新的研究领域，学者们在企业生态系统战略如何影响企业创新绩效，以及政府支持如何影响产业创新生态系统创新绩效方面进行了一些有价值的、开创性的研究，但还很少有学者探索企业生态系统战略在产业创新生态系统知识优势形成过程中的影响机制，更鲜有学者研究企业生态系统战略的哪些行为和能力影响了产业创新生态系统的哪些知识优势，其影响机制又是什么？本书尝试在社会网络理论和知识整合理论的基础上，引入政府支持作为调节变量，探索企业生态系统战略中的社会网络能力和知识整合能力对产业创新生态系统三类知识优势的作用机制。

① Polanyi K. The history of the origins of Europen-cities-German-Ennen[J]. Journal of Economic History，1957，17（2）：312-314.

② Haberler G. Joseph Alois Schumpeter 1883—1950[J]. Quarterly Journal of Economics，1950，64（3）：333-372.

③ Granovetter M. Economic-action and social-structure-the problem of embeddedness[J]. American Journal of Sociology，1985，91（3）：481-510.

④ Acemoglu D，Johnson S，Robinson J. The rise of Europe：Atlantic trade，institutional change and economic growth[J]. American Economic Review，2005，95（3）：546-579.

（一）先进制造业创新生态系统知识优势

自波特提出竞争优势理论以来，学者们对竞争优势进行了大量的研究，从核心竞争力理论、动态能力理论到知识管理理论，从企业竞争优势、区域竞争优势到国家竞争优势，学者们认为在开放式创新时代，知识，特别是默会性知识是创新的基础，而创新是竞争优势的核心来源[1]。与显在性知识不同，默会性知识是难以书面化、难以言传的知识，默会性知识需要通过具有一定共同知识基础的创新主体之间的沟通、互动、交流实现知识的引进、消化、吸收和创新，地理临近性是默会性知识扩散、溢出和创新的重要基础。

区域创新生态系统理论是对创新生态系统理论的补充，Adner提出创新生态系统理论后，学者们大多基于不同的产业情景研究商业生态系统，将生态系统中参与者的商业模式及其互动关系作为研究的重点[2]，区域创新生态系统理论则关注区域商业模式，在区域创新生态系统中不是关注单个企业的演化，而是将能力具有差异性的企业都作为区域共生演化的节点[3]，区域竞争力的研究中，学者们提出区域竞争力差异的根本原因是不同区域的知识扩散和商业化壁垒的差异[4]。将商业生态系统聚焦于不同产业情景、区域创新生态系统聚焦于区域商业模式、区域竞争力聚焦于知识扩散及商业化壁垒是目前研究的重点。本书在前文提出先进制造业创新生态系统知识优势，即在某一区域中该系统所形成的基于知识和创新的动态竞争优势，其表现形式是该区域先进制造业的竞争力，衡量指标包括市场规模、创新能力和品牌影响力。结合基于知识的创新价值链的三个环节：知识生产—知识转化—价值实现，根据先进制造业创新生态系统的三大创新群落，以获取世界级竞争力为目标导向，本书在前文将先进制造业创新生态系统的知识优势分为客户与市场知识优势、产业链整合知识优势、产学研合作知识优势三类[5]。

（二）企业网络嵌入与先进制造业创新生态系统知识优势

在开放式创新时代，单个企业的知识已不足以应对环境的快速变化，在创新生态系统中企业之间以及企业与多元化创新主体之间的互动更加频繁，生态系统中创新主体之间相互依赖的结构影响生态系统的价值共创和价值共生。在社会嵌入理论

---

① Teece D J，Shuen G P A. Dynamic capabilities and strategic management[J]. Strategic Management Journal, 1997, 18（7）: 509-533.

② Adner R. The Wide Lens: A New Strategy for Innovation[M]. New York: Penguin Books, 2012.

③ Best M H. Greater Bostons industrial ecosystem: a manufactory of sectors[J]. Technovation, 2015, 39/40: 4-13.

④ Caiazza R，Richardson A，Audretsch D. Knowledge effects on competitiveness: from firms to regional advantage[J]. Journal of Technology Transfer, 2015, 40（6）: 899-909.

⑤ Bathelt H，Malmberg A，Maskell P. Clusters and knowledge: local buzz, global pipelines and the process of knowledge creation[J]. Progress in Human Geography, 2002, 28（1）: 31-56.

中，学者们用嵌入性解释社会结构影响经济行为的机理，嵌入性涉及认知、社会结构、制度、文化相关的经济行为，包括结构嵌入、意识嵌入、政治嵌入、文化嵌入四种类型。社会嵌入理论强调企业与所嵌入的网络是相互影响的，企业经济活动嵌入在社会网络之中，受网络环境的影响，网络环境也受到企业经济活动的影响[①]。适当的嵌入方式能够改变企业面临的网络环境状况，使之有利于企业发展[②]。根据社会网络属性及嵌入性的本质，学者们将企业网络嵌入方式分为关系嵌入和结构嵌入[③]。既有文献对企业网络嵌入性与企业绩效、创新绩效之间关系方面的结论还不一致，本书认为产业创新生态系统可视为一个开放式的复杂社会网络，企业的关系嵌入和结构嵌入在先进制造业创新生态系统培育期对先进制造业创新生态系统的知识优势具有重要影响。

1. 企业关系嵌入与先进制造业创新生态系统知识优势

先进制造业创新生态系统中企业关系嵌入是指企业与生态系统中多元创新主体之间的关系及其互动历程，主要关注生态系统中企业与多元创新主体在互惠基础上的交换属性，如主体之间的相互理解和信任程度。在先进制造业创新生态系统培育期，企业关系嵌入通过提升先进制造业创新生态系统客户与市场知识优势、产业链整合知识优势、产学研合作知识优势，从而提升先进制造业创新生态系统知识优势。

第一，企业关系嵌入与先进制造业创新生态系统客户与市场知识优势。

企业与客户是先进制造业创新生态系统中价值实现群落的创新主体，企业与客户的关系嵌入是指企业与客户之间通过互惠互利、长期持续互动建立起来的彼此之间的相互理解和相互信任。企业与客户的关系嵌入有利于提升先进制造业创新生态系统的客户与市场知识优势：首先，企业与客户建立在互惠互利基础上的长期持续互动，能促进客户主动与企业分享真实需求，从而提升企业对市场和客户最新需求的理解能力；其次，领先客户的需求对先进制造业市场需求的发展具有重要的引导作用，企业与领先客户之间的持续互动和价值共创，能引导领先客户对企业的认同，从而提升企业对市场和客户潜在需求的理解；最后，企业与客户的相互信任，能降低企业与客户的信息不对称，客户更愿意加入企业的合作创新过程中，主动分享优质知识，从而促进系统中的企业获得更多与客户合作创新

---

① Nahapiet J, Ghoshal S. Social capital, intellectual capital, and the organizational advantage[J]. Academy of Management Review, 1998, 23（2）: 242-266.

② Granovetter M. Economic action and social structure: the problem of embeddedness[J]. American Journal of Sociology, 1985, 91（3）: 481-510.

③ Uzzi B. Social structure and competition in interfirm networks: the paradox of embeddedness[J]. Administrative Science Quarterly, 1997, 42（1）: 35-67.

的机会。

综上，本书提出假设1a：

H1a：企业关系嵌入促进了先进制造业创新生态系统客户与市场知识优势的提升。

第二，企业关系嵌入与先进制造业创新生态系统产业链整合知识优势。

先进制造业创新生态系统中包括价值实现群落和知识转化群落，价值实现群落中有产业链的核心企业，知识转化群落中有创新创业载体、孵化器等，企业与产业链的核心企业、创新创业载体、孵化器等之间的关系嵌入有利于提升先进制造业创新生态系统的产业链整合知识优势：首先，企业与竞争对手之间在竞合基础上的关系嵌入，是多次博弈后形成的相对均衡状态，能提升企业与竞争对手之间的理解和信任，从而使系统中的企业更容易获取竞争对手的实力、策略、产品等方面的信息；其次，企业与供应商之间的关系嵌入，通过企业与供应商之间的长期合作，能降低企业与供应商之间的信息不对称，企业与供应商之间基于互惠互利的正式和非正式交流能促进彼此之间知识共享的意愿，促使企业更容易获取供应商的新产品、新技术、新思想等方面的信息；再次，创新创业载体、孵化器是创业者和新创企业孕育的地方，企业与创新创业载体、孵化器的关系嵌入，能加强企业与创业者和新创企业的沟通和交流，降低信息搜索成本，从而使企业更容易获取新创企业的产品、技术资源、核心能力、战略等方面的信息；最后，企业与产业链上下游企业的关系嵌入，强化了企业与产业链核心企业之间的长期持续互动，促进了彼此之间的正式和非正式交流与沟通，增强了相互理解和信任，核心企业之间更愿意分享优质知识，降低了合作的交易成本，从而使企业更容易获取与产业链上下游企业合作创新的机会。

综上，本书提出假设1b：

H1b：企业关系嵌入促进了先进制造业创新生态系统产业链整合知识优势的提升。

第三，企业关系嵌入与先进制造业创新生态系统产学研合作知识优势。

先进制造业创新生态系统的三大群落分别是知识生产群落、知识转化群落和价值实现群落，知识生产群落包括高校、科研院所等研发机构，企业与高校、科研院所、创新创业载体、孵化器等的关系嵌入有利于提升先进制造业创新生态系统的产学研合作知识优势：首先，企业与高校、科研院所建立的长期互动关系，能促进彼此之间的正式和非正式交流，从而促进知识的流动和获取知识溢出的好处，企业更容易获取高校及科研院所研究实力、最新研究成果、研究项目等方面的非公开信息；其次，企业通过与高校、科研院所、创新创业载体、孵化器等建立互惠互利的长期互动关系，通过定期的交流，更容易获取与高校及科研院所研究团队负责人及关键成员深入沟通与熟悉、彼此信任的机会；最后，企业通过与高校、科研院所、创新创业载体、孵化器等的长期持续互动建立相互信任和相互理解关系，降低了彼此的信息不对称，有机会获得更多异质性知识，促进知识转移，增强知识溢出效应，企业更容易获取与高校及科研院所合作创新的机会。

综上，本书提出假设1c：

H1c：企业关系嵌入促进了先进制造业创新生态系统产学研合作知识优势的提升。

2. 企业结构嵌入与先进制造业创新生态系统知识优势

先进制造业创新生态系统中企业结构嵌入是指企业所处网络位置及其与多元创新主体之间关联关系的组态、形式，包括结构对称性、自我中心度等特征[①]。在先进制造业创新生态系统培育期，企业结构嵌入通过提升先进制造业创新生态系统客户与市场知识优势、产业链整合知识优势、产学研合作知识优势，从而提升先进制造业创新生态系统知识优势。

1）企业结构嵌入与先进制造业创新生态系统客户与市场知识优势

在先进制造业创新生态系统培育期，企业结构嵌入能提升先进制造业创新生态系统客户与市场知识优势：一方面，网络中心性越高的企业，在系统中占据着枢纽位置，与系统中核心创新主体都保持着密切的联系，更易于获取互补性知识和异质性资源去满足并引领客户与市场的需求，并通过与领先客户的合作创新，加强创新要素以市场为导向的流动，从而提升先进制造业创新生态系统客户与市场知识优势；另一方面，网络异质性越强的企业，联结的创新主体的知识异质性越强，通过多样性的信息安排，能促进企业与客户之间的知识共享，激发客户与企业合作创新的积极性，从而提升先进制造业创新生态系统客户与市场知识优势。

综上，本书提出假设2a：

H2a：企业结构嵌入促进了先进制造业创新生态系统客户与市场知识优势的提升。

2）企业结构嵌入与先进制造业创新生态系统产业链整合知识优势

在先进制造业创新生态系统培育期，企业结构嵌入能提升先进制造业创新生态系统产业链整合知识优势：第一，网络中心性越高的企业，与系统中核心创新主体都保持密切的联系，是信息传递的中心，能及时获取新创企业、竞争者、供应商的产品、信息、技术、战略等方面的信息，从而提升先进制造业创新生态系统产业链整合知识优势；第二，网络中心性越高的企业，在系统中占据枢纽位置，在系统中拥有强大的资源配置和议价能力，能扩大信息传递的数量，增强产业链

---

① Gnyawali D R, Madhavan R. Cooperative networks and competitive dynamics: a structural embeddedness perspective[J]. Academy of Management Review, 2001, 26（3）：431-445.

上下游创新要素流动的效率，从而提升先进制造业创新生态系统产业链整合知识优势；第三，网络异质性越强的企业，通过占据相互隔离的创新主体间非冗余连接，拥有更多机会获取异质性资源，享有信息利益，能掌握产业链上下游、竞争者、新创企业的信息，通过多元化的信息帮助企业筛选资源供应者、选择具有潜在价值的供应商，还享有控制利益，有更多的机会整合产业链相关资源，更容易获得与产业链上下游企业合作创新的机会，从而提升先进制造业创新生态系统产业链整合知识优势。

综上，本书提出假设2b：

H2b：企业结构嵌入促进了先进制造业创新生态系统产业链整合知识优势的提升。

3）企业结构嵌入与先进制造业创新生态系统产学研合作知识优势

在先进制造业创新生态系统培育期，企业结构嵌入能提升先进制造业创新生态系统产学研合作知识优势：第一，处于网络中心的企业，占据生态系统的枢纽位置，与多元创新主体保持紧密联系，在获取高校及科研院所研究实力、最新研究成果、研究项目等方面的非公开信息时具有优势，从而提升先进制造业创新生态系统产学研合作知识优势；第二，网络中心度越高的企业，资源配置能力越强，在系统中有较强的话语权，在互惠互利的基础上，越容易获取与高校及科研院所研究团队负责人及关键成员深入沟通与熟悉、彼此信任的机会，从而提升先进制造业创新生态系统产学研合作知识优势；第三，网络异质性越强的企业，更容易在与多元创新主体互动的过程中获取异质性的知识、信息和资源，降低信息不对称性，更容易获取符合产业发展趋势的具备潜在价值的技术范式，通过甄选信息，选择与适合的高校及科研院所合作创新，从而提升先进制造业创新生态系统产学研合作知识优势。

综上，本书提出假设2c：

H2c：企业结构嵌入促进了先进制造业创新生态系统产学研合作知识优势的提升。

（三）企业外部知识整合与内部知识整合的链式中介作用

在先进制造业创新生态系统培育期，企业网络嵌入性在促进企业形成与多元创新主体之间的信任、理解、知识共享、知识溢出等方面具有重要作用，但学术界对企业如何嵌入网络以获得更多价值的问题并没有一致的结论。例如，在关系嵌入的研究中，一些学者认为强联系和弱联系的关系嵌入都能促进企业绩效的提升，强联系可以获得成员之间的信任和深入的信息，弱联系可以获得独特的信息。在结构嵌入的研究中，有学者提出密集的网络结构能够促进成员之间的信任和合作，有学者提出松散的网络结构能够使企业获得效率，以及建立在非冗余信息交换套利基础上的中介优势。还有一些学者认为关系嵌入和结构嵌入并不是完全对立的，在不同的目标和范围上其作用不同。Rowley等通过对钢铁行业和半导体行业战略联盟的实证研究提出在高度互联的战略联盟网络中，紧密的联系会对企业绩效产生负面影响，且在不同的产业，关系嵌入和结构嵌入对企业绩效的影响不同[①]。大量研究表明，企业创新需要的知识涉及的学科和领域越来越多元化，企业更多依靠外部知识以提高其创新能力[②]，并保持长期竞争优势[③]。但既有研究重点关注企业网络嵌入和内外部知识整合等因素对企业创新绩效的影响，而很少研究企业网络嵌入性在提升先进制造业创新生态系统知识优势过程中的作用机制。基于知识管理理论，本章认为在开放式创新时代，企业需要与高校、科研院所、供应商、竞争者、客户等多元创新主体联结并进行知识共享，通过知识整合实现创新，系统中企业创新能力的提升及由此带来的知识溢出，能推动先进制造业创新生态系统知识优势的形成、发展、维持和更新。本章尝试引入知识整合理论，探索企业网络嵌入性影响先进制造业创新生态系统知识优势的作用机制。

知识整合最早由Henderson和Clark在研究产品开发时提出，他们提出知识整合是指架构知识的产生过程，是企业对现有知识的重新配置[④]。此后，学者们将知识整合从产品开发扩展到企业运作层面，开始区分外部整合和内部整合，即从跨组织边界的视角来研究知识整合[⑤]。Grant从组织能力构建的角度正式提出知识整合，认为整合的知识而非知识本身形成企业的核心能力，并从三个方面描述了知识整合的过程，即知识整合的范围、有效性和灵活性，提出了知识整合的两种机制、三个评判维度，形成了知识整合的研究体系[⑥]。在此基础上，有人研究了组织结构方式与知识整合范围、有效性和灵活性之间的关系，认为不同的组织结构会对三个变量产生不同的影响，并提出衡量企业知识整合能力的三个维度——系统化能力、协调能力和社会化能力：系统化能力是通过正式的系统，如编码、程序和计划等产生新的结构性知识；协调能力通过管理机制，如培训、参与、联

① Rowley T, Behrens D, Krackhardt D. Redundant governance structures: an analysis of structural and relational embeddedness in the steel and semiconductor industries[J]. Strategic Managment Journal, 2000, 21（3）: 369-386.

② 耿紫珍, 刘新梅, 杨晨辉. 战略导向、外部知识获取对组织创造力的影响[J]. 南开管理评论, 2012, 15（4）: 15-27.

③ Cassiman B, Veugelers R. In search of complementarity in innovation strategy: internal R&D and external knowledge acquisition[J]. Management Science, 2006, 52（1）, 68-82.

④ Henderson R M, Clark K B. Architectural innovation: the reconfiguration of existing product technologies and the failure of established firms[J]. Administrative Science Quarterly, 1990, 35（1）: 9-30.

⑤ Iansiti M, Clark K B. Integration and dynamic capability: evidence from product development in automobiles and mainframe computers[J]. Industrial & Corporate Change, 1994, 3（3）: 557-605.

⑥ Grant R M. Prospering in dynamically-competitive environments: organizational capability as knowledge integration[J]. Organization Science, 1996, 7（4）: 375-387.

络工具等形式发挥整合作用；社会化能力通过文化机制，如理念、价值观、信念等实现整合。

知识整合能力是指企业搜寻、甄别、获取、解码、消化、储存、融合、重构、使用和创造知识的能力，能有效促进企业知识基础的进化，为企业发展提供知识支撑[1]。企业可利用知识整合能力实现与合作伙伴在知识层面的深入沟通，共享默会性、隐性知识等，并应用新知识实现创新，最终构建企业的知识优势[2]。企业知识整合能力由企业累积的知识存量和通过知识共享增加的知识增量共同构成[3]，因此，企业知识整合的范围和边界是企业提升知识整合能力从而构建企业知识优势的前提和基础[4]。

在先进制造业创新生态系统中，知识生产群落、知识转化群落、价值实现群落围绕创新价值链栖息着多元创新主体，开放式创新是先进制造业创新生态系统的显著特征，通过开放式创新，企业利用跨组织的网络嵌入性进行外部知识整合，与多元创新主体整合知识资源并形成新知识、新技术的创新。先进制造业创新生态系统创新主体的多元化程度越高，开放式创新的价值越大，同时，系统中创新主体多元化程度的提升不仅能使企业获得更多不同价值的知识和经验[5]，还有利于企业全方位整合知识资源，提升企业知识整合能力，构建企业知识优势，从而实现先进制造业创新生态系统知识优势提升的目标[6]。基于此，本书提出知识整合能力在企业网络嵌入性和先进制造业创新生态系统中有中介作用。

在知识整合领域的研究中，学者们从外部（跨组织）知识整合和内部知识整合两个视角开展了大量的研究。外部（跨组织）知识整合是通过从外部获取对企业发展有利的知识资源，并将其与企业现有知识相结合，实现对外部知识的吸收与应用。知识的路径依赖特性决定了组织的知识吸收能力受制于其所拥有的先验知识，单一的知识储备会影响其对新知识的吸收与利用，影响多元化知识体系的形成，从而降低其对环境的应变能力，企业外部知识整合构建的多元化知识体系有利于企业吸收异质性知识。学者们认为在环境支持下，企业通过外部知识整合，

① Tanriverdi H. Information technology relatedness, knowledge management capability, and performance of multibusiness firms[J]. MIS Quarterly, 2005, 29（2）: 311-334.

② Sivadas E, Dwyer F R. An examination of organizational factors influencing new product success in internal and alliance-based processes[J]. Journal of Marketing, 2000, 64（1）: 31-49.

③ Mitchell V L. Knowledge integration and information technology project performance[J]. MIS Quarterly, 2006, 30（4）: 919-939.

④ Zack M H. Developing a knowledge strategy[J]. California Management Review, 1999, 41（3）: 125-143.

⑤ Gassmann O, Enkel E, Chesbrough H. The future of open innovation[J]. R&D Management, 2010, 40（3）: 213-221.

⑥ Chesbrough H. Open Innovation: the New Imperative for Creating and Profiting, from Technology[M]. Boston: Harvard Business School Press, 2003.

可利用不同知识的协同，吸收并利用外部知识①，从而实现内外部知识的有效整合、提炼与系统化②。内部知识是整合对企业发展有较大影响的内部知识进行合并、重组，并创造新知识的过程，重新配置企业内部知识资源，包括知识吸收与利用，内部知识整合分为知识识别、知识共享、知识融合、知识利用、知识重构等阶段③④。外部知识能否成为企业获取竞争优势的基础，在一定程度上取决于企业内部如何甄别、消化及利用外部知识⑤。一方面，外部知识具有特定的应用场景，企业无法简单利用。当识别了有价值的外部知识后，对外部知识的吸收和运用对企业创新就十分重要，但由于企业内部资源和能力限制，企业所获取的外部知识将使其知识体系陷入混乱，如缺乏有效的信息处理及知识融合机制，企业会在过多的信息中迷失，会影响企业的创新绩效。另一方面，外部知识常以隐性知识的形式存在，不同组织之间通过合作交流获得知识，但知识如果没有有效整合就很难转化为企业的价值，甚至会对企业的创新绩效产生负面影响⑥。内部知识整合就是对外部知识进行有效理解、甄别，将所获得的优质外部知识运用到组织内部生产运作过程中，即将内部知识与所获取的外部知识有效整合、利用、吸收，并重构内部知识的过程。Zahra等提出内部知识整合是企业获取、分析、理解并运用外部知识的过程与机制，包括沟通、学习及重新整合的能力⑦。在实证研究中，De Luca和Atuahene-Gima发现了跨部门的协同与市场知识通过内部知识整合机制的中介作用影响企业产品创新的绩效⑧，Zahra等发现了内部知识整合机制在企业国际化扩张与技术知识获取之间的调节作用⑦。

（1）企业外部知识整合与内部知识整合在企业关系嵌入与先进制造业创新生态系统知识优势关系中的链式中介作用。

先进制造业创新生态系统中企业通过嵌入所处生态系统的网络中，获取多元

① Sankowska A, Soderlund J. Trust, reflexivity and knowledge integration: toward a conceptual framework concerning mobile engineers[J]. Human Relations, 2015, 68（6）: 973-1000.

② 林向义，罗洪云，王艳秋，等. 集成创新中的知识整合模式研究[J]. 科学管理研究，2011, 29（3）: 16-20.

③ Chang H H, Tsai Y C, Fu C S, et al. Exploring the antecedents and consequences of technology and knowledge integration mechanisms in the context of NPD[J]. Information Systems Frontiers, 2016, 18（6）: 1165-1189.

④ Tiwari S R, Gupta R. Dynamics of knowledge integration in a project network[J]. International Journal of Business and Economics, 2012, 11（2）: 143-169.

⑤ Grant R M. Toward a knowledge-based theory of the firm[J]. Strategic Management Journal, 1996, 17（S2）: 109-122.

⑥ Haas M R, Hansen M T. Different knowledge, different benefits: toward a productivity perspective on knowledge sharing in organizations[J]. Strategic Management Journal, 2007, 28（11）: 1133-1153.

⑦ Zahra S A, Ireland R D, Hitt M A. International expansion by new venture firms: international diversity, mode of market entry, technological learning, and performance[J]. Academy of Management Journal, 2000, 43（5）: 925-950.

⑧ De Luca L M, Atuahene-Gima K. Market knowledge dimensions and cross-functional collaboration: examining the different routes to product innovation performance[J]. Journal of Marketing, 2007, 71（1）: 95-112.

化知识资源实现快速成长，从而提升先进制造业创新生态系统知识优势[①]。企业关系嵌入性越强网络成员间的信任、联系持久性、互动频率等程度越高[②]，系统中多元化创新主体之间的联系越紧密，接触和获取异质性资源的机会越多。创新主体之间信任程度越高，共享和传递信息的意愿越强，企业从先进制造业创新生态系统中获取、整合和利用的知识资源越丰富。但丰富的知识资源并不能直接转化为先进制造业创新生态系统的知识优势，知识基础理论认为企业的本质是一个知识应用的实体，通过整合内外部知识资源来生产产品和提供服务，从而使企业构建基于独特知识的核心竞争优势。在先进制造业创新生态系统中，企业通过外部知识整合，企业在客户与市场价值共创、产业链整合、产学研合作过程中，通过与多元创新主体的关系嵌入获得丰富的知识资源，企业对所获得的知识进行识别、共享、融合和利用，将所获得的外部知识资源与内部知识资源整合，再通过企业内部知识整合，实现知识重构与创新，转化为企业价值并构建企业竞争优势，从而提升先进制造业创新生态系统知识优势。

综上，本书提出假设3：

H3：企业外部知识整合与内部知识整合在企业关系嵌入与先进制造业创新生态系统知识优势关系中存在链式中介作用。

H3a：企业外部知识整合与内部知识整合在企业关系嵌入与先进制造业创新生态系统市场与客户知识优势关系中存在链式中介作用。

H3b：企业外部知识整合与内部知识整合在企业关系嵌入与先进制造业创新生态系统产业链整合知识优势关系中存在链式中介作用。

H3c：企业外部知识整合与内部知识整合在企业关系嵌入与先进制造业创新生态系统产学研合作知识优势关系中存在链式中介作用。

（2）企业外部知识整合与内部知识整合在企业结构嵌入与先进制造业创新生态系统知识优势关系中的链式中介作用。

先进制造业创新生态系统中企业结构嵌入体现企业在生态系统中的位置和中心性。企业在先进制造业创新生态系统中的位置影响企业对系统中的知识、信息与资源的获取和控制能力，以及社会地位和声望，网络位置对企业寻找优质合作伙伴，获取优质知识具有积极作用。中心性影响企业的知识积累，能提高企业识别和吸收新知识，并将其转化为企业的价值和竞争优势[③]。企业通过结构嵌入在

① 谭云清，翟森竞. 关系嵌入、资源获取与中国 OFDI 企业国际化绩效[J]. 管理评论，2020, 32（2）：29-39.

② Lyu Y B, He B Y, Zhu Y Q, et al. Network embeddedness and inbound open innovation practice: the moderating role of technology cluster[J]. Technological Forecasting and Social Change, 2019, 144: 12-24.

③ Mazzola E, Perrone G, Kamuriwo D S. Network embeddedness and new product development in the biopharmaceutical industry: the moderating role of open innovation flow[J]. International Journal of Production Economics, 2015, 160: 106-119.

先进制造业创新生态系统中寻找优质合作伙伴，获取优质知识，提高识别和吸收新知识的能力。企业外部知识整合通过对外部获得的新知识进行甄别和吸收，将客户与市场价值共创、产业链整合、产学研合作所获得的外部优质知识与企业内部知识结合，再通过内部知识整合，通过知识共享、融合、创造，重构企业知识结构，将外部优质知识转化为企业的价值，构建企业的知识优势，从而提升先进制造业创新生态系统的知识优势。

综上，本书提出假设4：

H4：企业外部知识整合与内部知识整合在企业结构嵌入与先进制造业创新生态系统知识优势关系中存在链式中介作用。

H4a：企业外部知识整合与内部知识整合在企业结构嵌入与先进制造业创新生态系统市场与客户知识优势关系中存在链式中介作用。

H4b：企业外部知识整合与内部知识整合在企业结构嵌入与先进制造业创新生态系统产业链整合知识优势关系中存在链式中介作用。

H4c：企业外部知识整合与内部知识整合在企业结构嵌入与先进制造业创新生态系统产学研合作知识优势关系中存在链式中介作用。

（四）政府支持对链式中介的调节作用

基于制度经济学理论，先进制造业创新生态系统的培育及其知识优势的形成能支撑区域创新绩效的提升，但先进制造业创新生态系统的培育及其知识优势的形成很难自然发生，政府支持在先进制造业创新生态系统的培育及其知识优势的形成过程中起着重要的作用。一方面，我国现行的资源配置模式是市场与政府双轨制，政府作为在区域创新系统建设中的重要主体，政府支持行为对于先进制造业创新生态系统的培育及区域创新绩效的提升具有重要的基础导向性作用；另一方面，凯恩斯经济学相关理论认为由于市场机制不完善，创新活动常常面临"市场失灵"的问题，技术创新理论也强调创新活动具有不确定性强、高投入、高风险及正外部性等突出特征。从区域宏观视角看，企业会出现搭便车行为，导致区域创新资源投入难以达到最优规模，区域创新效率低下；从企业微观视角看，会降低企业创新行为的偏好，难以发挥创新活动的规模效应。因此，创新活动的开展离不开适度的政府支持，在宏观层面将创新活动外部性内在化，在微观层面促使企业乃至区域创新活动能够达到最优规模，以弥补市场机制在创新资源配置过程中的内在缺陷。在既有研究中，虽然政府支持在区域创新中的作用受到了国内外学者的关注，但关于政府支持是否促进了区域创新，目前学术界尚未形成一致的观点。

在知识创新与区域竞争力的研究中，学者们提出区域竞争力存在差异的根本原因是不同区域对知识扩散和商业化的壁垒不同，这种壁垒可通过政府政策作用于知识过滤器，包括正式壁垒和非正式壁垒。知识过滤器较低的区域，更容易实现知识扩散和商业化，通过知识创造获取创新能力，通过知识转化获取合作能力、关系能力、吸收能力、地理邻近性，提升企业综合竞争力和创业企业的创业能力，从而构建区域优势。在现有文献的基础上，本书从政府支持的对象出发，将先进制造业创新生态系统中的政府支持分为政府对企业的支持和政府对系统的支持，提出政府支持在企业知识整合能力对先进制造业创新生态系统知识优势的链式中介作用中有调节作用。

1. 政府支持在关系嵌入、知识整合与先进制造业创新生态系统知识优势链式中介中的调节作用

在先进制造业创新生态系统中，政府支持在关系嵌入、知识整合与先进制造业创新生态系统知识优势链式中介中具有调节作用，即政府支持力度越大，知识整合在关系嵌入与先进制造业创新生态系统知识优势关系中的链式中介作用越显著，原因如下：第一，政府的高端人才引进和资助政策，帮助企业吸纳更多创新导向的高端人才，高端人才具备的知识结构、能力素养、人际关系网络能促使企业关系嵌入更加多元化、更加高质量，还能提升企业的知识整合能力，从而通过知识整合推动先进制造业创新生态系统知识优势的提升，政府的税收优惠政策[①]、系统高效的产业政策体系对企业创新活动具有战略引导作用，能鼓励企业加强知识整合能力[②]，同时，地方税收水平较高的地方政府越有能力为区域创新提供较好的基础支撑条件[③]，促进企业加强外部知识整合，提高创新活动的效率，从而提升先进制造业创新生态系统知识优势；第二，政府通过加快交通、通信、金融、技术研发等创新平台、科技园区等硬环境建设[④]，形成高技术产业集群[⑤]，完善的基础设施建设为系统知识溢出、技术扩散及创新合作提供必备的基础条件[⑥]，加强企业关系嵌入的深度和广度，有利于创新要素自由流动，促进知识溢出、共享与传播，增强系统中多元创新主体的知识获取、知识共享和学习能力，营造创新

① 李晨光，张永安. 区域创新政策对企业创新效率影响的实证研究[J]. 科研管理，2014，35（9）：25-35.

② 乔志程，吴非，刘诗源. 地方产业政策之于区域创新活动的影响：基于政府行为视角下的理论解读与经验证据[J]. 现代财经（天津财经大学学报），2018，38（9）：3-17.

③ 吴非，杨贤宏，龙晓旋，等. 地方税收真的会抑制区域创新吗？——基于政府行为视角下的非线性门槛效应研究[J]. 经济评论，2018，（4）：84-100，145.

④ 孙德梅，胡娜琦，王正沛，等. 政府行为、金融发展与区域创新绩效：基于省际面板数据的实证研究[J]. 科技进步与对策，2014，31（20）：34-41.

⑤ Jaffe A B, Trajtenberg M, Henderson R. Geographic localization of knowledge spillovers as evidenced by patent citations[J]. The Quarterly Journal of Economics, 1993, 108（3）：577-598.

⑥ Whittington K B, Owen-Smith J, Powell W. Networks, propinquity, and innovation in knowledge-intensive industries[J]. Administrative Science Quarterly, 2009, 54（1）：90-122.

氛围，吸引创新要素集聚，鼓励企业强化知识整合能力，与多元创新主体建立互惠互利、相互信任、相互理解的长期合作关系，发挥创新活动的规模效应，提升创新绩效，从而提升先进制造业创新生态系统知识优势；第三，政府通过完善知识产权保护制度、提升公共服务质量等软环境建设，为企业关系嵌入提供良好的制度保障[1]，塑造尊重知识、鼓励创新的社会氛围和文化，激发社会创新，提供公平、公正、有序的技术市场交易制度[2]，促进技术市场交易，同时，通过提高政府服务质量与效率及完善的基础设施建设，降低系统中多元创新主体开展创新活动过程中的制度摩擦[3]，消除企业在知识整合过程中的制度壁垒，提高知识整合的创新效率，从而提升先进制造业创新生态系统知识优势。

综上，本书提出假设5：

H5：政府支持增强企业外部知识整合与内部知识整合在企业关系嵌入与先进制造业创新生态系统知识优势关系中的链式中介作用。

2. 政府支持在结构嵌入、知识整合与先进制造业创新生态系统知识优势链式中介中的调节作用

在先进制造业创新生态系统中，政府支持在结构嵌入、知识整合与先进制造业创新生态系统知识优势链式中介中具有调节作用，即政府支持力度越大，知识整合在结构嵌入与先进制造业创新生态系统知识优势关系中的链式中介作用越显著，原因如下：第一，政府对企业的项目支持、研发补贴对企业创新投入具有挤入效应，有利于鼓励企业开展研发创新活动[4]，对企业创新活动具有导向和推动作用，能提高企业创新产出[5]，企业结构嵌入的网络中心度和网络异质性强，可通过企业知识整合能力，促进先进制造业创新生态系统知识优势的提升；第二，政府承担先进制造业创新生态系统中的基础知识和共性技术研发，为企业开展试验发展、应用研究创造了完善的知识生产和转化环境，有利于鼓励企业开展研发活动[6]，使企业与更多元的创新主体进行合作创新，增强企业结构嵌入的网络异

---

① Buesa M，Heijs J，Baumert T. The determinants of regional innovation in Europe：a combined factorial and regression knowledge production function approach[J]. Research Policy，2010，39（6）：722-735.

② 杨若愚. 市场竞争、政府行为与区域创新绩效：基于中国省级面板数据的实证研究[J]. 科研管理，2016，37（12）：73-81.

③ 李政，杨思莹，路京京. 政府参与能否提升区域创新效率?[J]. 经济评论，2018，（6）：3-14，27.

④ Czarnitzki D，Hussinger K. The link between R&D subsidies, R&D spending and technological performance[R]. ZEW Discussion Papers，2004.

⑤ Szczygielski K，Grabowski W，Pamukcu M T，et al. Does government support for private innovation matter? Firm-level evidence from two catching-up countries[J]. Research Policy，2017，46（1）：219-237.

⑥ Hong J，Feng B，Wu Y，et al. Do government grants promote innovation efficiency in China's high-tech industries?[J]. Technovation，2016，57/58：4-13.

质性，从而促进先进制造业创新生态系统知识优势的提升；第三，政府支持能解决市场机制不完善的问题，避免产业过度竞争，为产业发展营造公平的竞争环境，促进企业的创新行为和创新效率，增强企业结构嵌入的网络中心度，降低企业获取多元创新主体的有效信息成本，鼓励企业增强知识整合能力，提升先进制造业创新生态系统知识优势。

综上，本书提出假设6：

H6：政府支持增强企业外部知识整合与内部知识整合在企业结构嵌入与先进制造业创新生态系统知识优势关系中的链式中介作用。

本章的研究模型如图6-2所示。

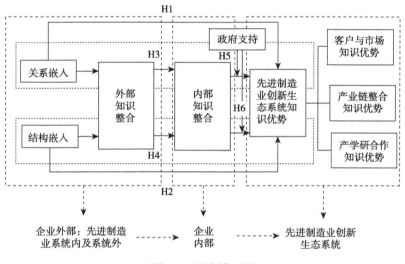

图 6-2　研究模型图

第二节　研究方法与实证检验

一、研究方法

（一）数据与样本

1. 数据来源

鉴于本书的研究问题是企业层面的创新，因此将企业高管、研发部门主管作为访谈对象，每个企业选择一位相关负责人进行调研。研究样本来自全国先进制造业发展较好的区域，包括北京、广东、上海、武汉、湖南、江苏、西安、成都、重庆等9省市的11个先进制造业集群/高新区（其中前9个为赛迪研究院《2020先进制造业集群白皮书》中列举的中国主要先进制造业集群）——武汉"芯屏端网"产业集群、深圳电子信息产业集群、西安航空航天产业集群、长沙工程机械产业集群、株洲轨道交通装备产业集群、苏州纳米新材料产业集群、宁波石化产业集群、北京中关村生物医药产业集群、上海张江生物医药产业集群、重庆高新技术产业开发区、成都高新技术产业开发区的创新型企业。在正式调研之前，我们选择了20家创新型企业进行了实地走访和预调研，经过信度和效度分析，对问卷进行了相应的调整然后开始正式调研。本次调研时间为2020年3月至8月，采用线上和线下相结合、实地调查与委托调研公司相结合的方式进行问卷发放，具体如下：①实地调研了成都市软件和信息服务集群、成德高端能源装备产业集群，通过省市科技管理部门、经济和信息化部门、工业园区管委会的推荐，与集群中的创新型企业进行座谈，对企业主管人员进行访谈并请被访者现场填写问卷，对于他们不理解或者容易产生偏差的部分，调研人员当场进行了解答，发放问卷共计30份，收回26份；②以四川大学商学院MBA/EMBA项目中创办先进制造企业或在先进制造业企业中担任高管职位的学员作为调查对象（严格保证一个企业一个受访者），在课堂上发放问卷，发放25份，收回18份；③通过委托专业调研公司执行其他省市的问卷调查，调研公司在问卷调研的过程中进行了严格的质量监控，由先进制造业集群中创新型企业高层管理者填写问卷，确保数据的真实性与有效性。在公司调研过程中，有一些集群回收的有效问卷较少，因此，课题组与调研公司经过多次讨论与论证，将数据采集的范围扩大到10省市的29个集群/高新区（增加了杭州市），除以上11个集群/高新区外，还包括广州高新技术产业开发区、深圳市高新技术产业园区、中山火炬高技术产业开发区、佛山高新技术产业开发区、武汉东湖新技术开发区、西安高新技术产业开发区、苏州工业园区、北京市中关村科技园区、天津滨海高新技术产业开发区、上海张江高新技术产业开发区、上海紫竹国家高新技术产业开发区、上海闵行经济技术开发区、上海虹桥经济技术开发区、上海漕河泾新兴技术开发区、上海金桥出口加工区、上海化学工业经济技术开发区、上海松江经济开发区、杭州高新技术产业开发区，并保证每个省（市）回收有效问卷不少于10个，最终，调研公司接触了10省市29个先进制造业集群/高新技术区创新型企业样本1 360个，收回问卷430份。本次调研共计发放问卷1 415份，收回474份，删减行业不符合研究要求、勾选选项呈规律性、空缺率过高及所选选项相同的无效问卷124份，最终得到有效问卷313份，有效回收率为66%。

2. 样本

在收回的313份有效问卷中，样本分布如表6-1所示。企业的规模20人以下的有27家，占有效样本的8.6%，20~299人的为178家，占有效样本的56.9%，300~1 000

人的47家，占有效样本的15%，1 000人以上的61家，占有效样本的19.5%；企业成立的年限不足5年的有63家，占有效样本的20.1%，6~10年的56家，占有效样本的17.9%，11~15年的有57家，占有效样本的18.2%，16~20年的56家，占有效样本的17.9%，21~25年的30家，占有效样本的9.6%，26~30年的9家，占有效样本的2.9%，30年以上的42家，占有效样本的13.4%；企业性质方面，港澳台股份合作企业11家，占有效样本的3.5%，个人独资企业5家，占有效样本的1.6%，股份制企业119家，占有效样本的38%，国有企业61家，占有效样本的19.5%，集体所有制企业2家，占有效样本的0.6%，联营企业28家，占有效样本的8.9%，私营企业53家，占有效样本的17%，外商投资企业34家，占有效样本的10.9%。

表 6-1　样本统计（N=313）

样本特征	分布	数量/家	比例
人员规模	20 人以下	27	8.6%
	20 ~ 299 人	178	56.9%
	300 ~ 1 000 人	47	15%
	1 000 人以上	61	19.5%
企业年龄	不足 5 年	63	20.1%
	6 ~ 10 年	56	17.9%
	11 ~ 15 年	57	18.2%
	16 ~ 20 年	56	17.9%
	21 ~ 25 年	30	9.6%
	26 ~ 30 年	9	2.9%
	30 年以上	42	13.4%
企业性质	港澳台股份合作企业	11	3.5%
	个人独资企业	5	1.6%
	股份制企业	119	38%
	国有企业	61	19.5%
	集体所有制企业	2	0.6%
	联营企业	28	8.9%
	私营企业	53	17%
	外商投资企业	34	10.9%

（二）问卷设计与变量测度

本书问卷设计主要是基于已有的国内外成熟量表，并根据本书研究对象——先进制造业创新生态系统的特征，邀请专家、政府相关负责人、企业高管、行业协会负责人等，结合实际情况对相应题项进行适当的整合和调整，以保证调查问卷的科学合理性。本书问卷中一些题项的原文表述为英文，为避免翻译不当造成的表述偏差，课题组首先查找中文文献的表述，然后邀请5位学者和1名英语笔译工作者对原有英文表述题项进行翻译，再邀请参与预调研的20家企业对问卷进行填写，依据企业对问卷的疑问进行修正和完善，再与原有英文表述进行对比，最后确定最终调研问卷。本书最终形成的问卷包括企业背景信息和调查主体两部分，测量量表使用Likert 5级分类法进行打分，从"完全不同意"到"完全同意"分别赋值1~5分。

1. 因变量

本章的因变量是先进制造业创新生态系统知识优势，先进制造业创新生态系统知识优势分为三类，客户与市场知识优势、产业链整合知识优势、产学研合作知识优势。基于服务创新理念和价值共创新理论，Lusch和Nambisan将企业资源界定为一种能力、关系、知识和信息四位一体的动态资源集，认为顾客与企业进行价值共创是不断整合、匹配与重构资源的过程[①]。在借鉴价值共创领域实证研究所开发的量表基础上，结合先进制造业创新生态系统的特征，本章编制了测量量表，用三个题项测量先进制造业创新生态系统客户与市场知识优势。基于开放式创新理论的研究成果[②]，产业链整合知识优势可从产业链上下游、新创企业、竞争者、互补企业等方面来分析。在借鉴开放式领域实证研究所开发的量表基础上，结合先进制造业创新生态系统的特征，本章编制了测量量表，用四个题项测量先进制造业创新生态系统产业链整合知识优势。基于三螺旋模型的研究成果，大学、企业和政府的互动才是创新系统的核心单元和推动知识生产和传播的关键因素，在将知识转化为价值的过程中，产学研协同创新、互相作用，从而推动创新螺旋上升[③]。在借鉴三螺旋模型领域实证研究所开发的量表基础上[④]，结合先进制造业创新生态系统的特征，本章编制了测量量表，用三个题项测量先进制造业创新生态系统产业链整合知识优势。

---

① Lusch R F, Nambisan S. Service innovation: a service dominant logic perspective[J]. MIS Quarterly, 2015, 39（1）: 155-176.

② Chesbrough H. Open Innovation, the New Imperative for Creating and Profiting from Technology[M]. Boston: Harvard Business School Press, 2003.

③ Etzkowitz H. Innovation in innovation: the triple helix of university-industry-government relations[J]. Social Science Information, 2003, 42（3）: 293-337.

④ Leydesdorff L, Fritsch M. Measuring the knowledge base of regional innovation systems in Germany in terms of a Triple Helix dynamics[J]. Research Policy, 2006, 35（10）: 1538-1553.

2. 自变量

本章的自变量是企业的网络嵌入性。本书借鉴Granovetter[①]、Uzzi[②]、Gulati和Sytch[③]、Karimi和Walter[④]对网络嵌入的测量，从企业结构嵌入与企业关系嵌入两方面测度企业网络嵌入性。结合先进制造业创新生态系统的特征，编制了先进制造业创新生态系统企业结构嵌入和关系嵌入的量表，结构嵌入采用网络规模、密度与中心性等测量，共计四个题项，关系嵌入采用网络成员联系的频率、持久性和信任等测量，共计四个题项。

3. 中介变量

本章的中介变量是知识整合，包括外部知识整合和内部知识整合。知识整合的测量量表主要借鉴Iansiti和Clark[⑤]、Gardner等[⑥]、Mytelka和Smith[⑦]、Cohen和Levinthal[⑧]、Zahra等[⑨]的研究，结合先进制造业创新生态系统的特征，本章编制了先进制造业创新生态系统企业外部知识整合的测量量表，由四个题项构成，先进制造业创新生态系统企业内部知识整合的测量量表，由三个题项构成。

4. 调节变量

本章的调节变量是政府支持，借鉴Szczygielski等[⑩]的研究，结合先进制造业

① Granovetter M S. The strength of weak ties: a network theory revisited[J]. Sociological Theory, 1983, 1 (3): 201-233.

② Uzzi B. Embeddedness in the making of financial capital: how social relations and networks benefit firms seeking financing[J]. American Sociological Review, 1999, 64 (4): 481-505.

③ Gulati R, Sytch M. Dependence asymmetry and joint dependence in interorganizational relationships: effects of embeddedness on a manufacturer's performance in procurement relationships[J]. Administrative Science Quarterly, 2007, 52 (1): 32-69.

④ Karimi J, Walter Z. Corporate entrepreneurship, disruptive business model innovation adoption, and its performance: the case of the newspaper industry[J]. Long Range Planning, 2016, 49 (3): 342-360.

⑤ Iansiti M, Clark K B. Integration and dynamic capability: evidence from product development in automobiles and mainframe computers[J]. Industrial and Corporate Change, 1994, 3 (3): 557-605.

⑥ Gardner H K, Gino F, Staats B R. Dynamically integrating knowledge in teams: transforming resources into performance[J]. Academy of Management Journal, 2012, 55 (4): 998-1022.

⑦ Mytelka L K, Smith K. Policy learning and innovation theory: an interactive and co-evolving process[J]. Research Policy, 2002, 31 (8/9): 1467-1479.

⑧ Cohen W M, Levinthal D A. Absorptive capacity: a new perspective on learning and innovation[J]. Administrative Science Quarterly, 1990, 35 (1): 128-152.

⑨ Zahra S A, Ireland R D, Hitt M A. International expansion by new venture firms: international diversity, mode of market entry, technological learning, and performance[J]. Academy of Management Journal, 2000, 43 (5): 925-950.

⑩ Szczygielski K, Grabowski W, Pamukcu M T, et al. Does government support for private innovation matter? Firm-level evidence from two catching-up countries[J]. Research Policy, 2017, 46 (1): 219-237.

创新生态系统的特征，将政府支持分为政府对企业的支持和政府对系统的支持，编制了先进制造业创新生态系统政府对企业支持的测量量表，由两个题项构成，编制了先进制造业创新生态系统政府对系统支持的测量量表，由两个题项构成。

5. 控制变量

大量研究发现企业基本特征会对其网络嵌入和知识整合产生影响，本章将企业年龄、人员规模、大专及以上人员比例、研发人员比例、销售收入作为控制变量。变量设计及测量表如表6-2所示。

表 6-2　变量设计及测量表

指标		题项	来源
网络嵌入	关系嵌入	1. 与本企业建立技术合作关系的组织数量较多 2. 与本企业保持长期技术合作关系的合作伙伴的占比很高（即长期技术合作的合作伙伴的数量与所有合作伙伴的数量的比值很大） 3. 与本企业有技术合作关系的组织数量变动较大 4. 在与其他组织的技术合作过程中，本企业在技术资源上处于优势地位	Granovetter[1]、Uzzi[2]、Gulati 和 Sytch[3]、Karimi 和 Walter[4]
	结构嵌入	1. 我们与技术合作伙伴的合作很频繁 2. 我们十分熟悉技术合作伙伴的情况 3. 我们与技术合作伙伴建立起了多方面的合作 4. 我们与技术合作伙伴保持着长期稳定的合作关系	
知识整合能力	外部知识整合	1. 能够从本产业创新生态系统内部其他企业、机构获得市场开发技能 2. 能够从本产业创新生态系统内部其他企业、机构获得企业管理技能 3. 能够从本产业创新生态系统内部其他企业、机构获得产业链合作技能 4. 能够从本产业创新生态系统内部其他企业、机构获得新技术	Iansiti 和 Clark[5]、Gardner 等[6]、Mytelka 和 Smith[7]、Cohen 和 Levinthal[8]、Zahra 等[9]
	内部知识整合	1. 获得的新信息、新知识能在企业内部快速流动 2. 获得的新知识、新技术与原有的知识、技术能紧密结合和匹配 3. 能充分运用取得的新知识、新技术有效解决运营过程中产生的问题	
政府支持	对系统的支持	1. 政府鼓励与产业创新生态系统内企业、机构合作 2. 政府帮助产业创新生态系统内的企业、机构挑选合作伙伴	Szczygielski 等[10]
	对企业的支持	1. 政府为产业创新生态系统的企业、机构合作提供政策支持 2. 政府为产业创新生态系统的企业、机构合作提供资源支持	
先进制造业创新生态系统知识优势	客户与市场知识优势	1. 本产业创新生态系统更容易获取最新的客户和市场信息 2. 本产业创新生态系统更容易获取客户和市场潜在需求的信息 3. 本产业创新生态系统更容易获取与客户合作创新的机会	俞国军等[11]、李瑜和谢恩[12]
	产业链整合知识优势	1. 本产业创新生态系统更容易获取竞争对手的实力、策略、产品等方面的信息 2. 本产业创新生态系统更容易获取供应商的新产品、新技术、新思想等方面的信息 3. 本产业创新生态系统更容易获取新创企业的产品、技术资源、核心能力、战略等方面的信息 4. 本产业创新生态系统更容易获取与产业链上下游企业合作创新的机会	韩春花等[13]、Lin 等[14]

续表

指标		题项	来源
先进制造业创新生态系统知识优势	产学研合作知识优势	1. 本产业创新生态系统更容易获取高校及科研院所研究实力、最新研究成果、研究项目等方面的非公开信息 2. 本产业创新生态系统更容易获取与高校及科研院所研究团队负责人及关键成员深入沟通与熟悉、彼此信任的机会 3. 本产业创新生态系统更容易获取与高校及科研院所合作创新的机会	Blazek[15]、于丽英等[16]、戴万亮等[17]

注：1）Granovetter M S. The strength of weak ties: a network theory revisited[J]. Sociological Theory, 1983, 1（3）: 201-233

2）Uzzi B. Embeddedness in the making of financial capital: how social relations and networks benefit firms seeking financing[J]. American Sociological Review, 1999, 64（4）: 481-505

3）Gulati R, Sytch M. Dependence asymmetry and joint dependence in interorganizational relationships: effects of embeddedness on a manufacturer's performance in procurement relationships[J]. Administrative Science Quarterly, 2007, 52（1）: 32-69

4）Karimi J, Walter Z. Corporate entrepreneurship, disruptive business model innovation adoption, and its performance: the case of the newspaper industry[J]. Long Range Planning, 2016, 49（3）: 342-360

5）Iansiti M, Clark K B. Integration and dynamic capability: evidence from product development in automobiles and mainframe computers[J]. Industrial and Corporate Change, 1994, 3（3）: 557-605

6）Gardner H K, Gino F, Staats B R. Dynamically integrating knowledge in teams: transforming resources into performance[J]. Academy of Management Journal, 2012, 55（4）: 998-1022

7）Mytelka L K, Smith K. Policy learning and innovation theory: an interactive and co-evolving process[J]. Research Policy, 2002, 31（8/9）: 1467-1479

8）Cohen W M, Levinthal D A. Absorptive capacity: a new perspective on learning and innovation[J]. Administrative Science Quarterly, 1990, 35（1）: 128-152

9）Zahra S A, Ireland R D, Hitt M A. International expansion by new venture firms: international diversity, mode of market entry, technological learning, and performance[J]. Academy of Management Journal, 2000, 43（5）: 925-950

10）Szczygielski K, Grabowski W, Pamukcu M T, et al. Does government support for private innovation matter? Firm-level evidence from two catching-up countries[J]. Research Policy, 2017, 46（1）: 219-237

11）俞国军, 贺灿飞, 朱晟君. 产业集群韧性: 技术创新、关系治理与市场多元化[J]. 地理研究, 2020, 39（6）: 1343-1356

12）李瑜, 谢恩. 客户导向和竞争者导向的整合与企业绩效[J]. 管理科学, 2014, 27（3）: 14-23

13）韩春花, 佟泽华, 刘晓婷, 等. 复杂动态环境下产业集群创新中的群体知识协同行为模型构建[J]. 科技进步与对策, 2019, 36（9）: 69-76

14）Lin C H, Tung C M, Huang C T. Elucidating the industrial cluster effect from a system dynamics perspective[J]. Technovation, 2006, 26（4）: 473-482

15）Blazek J. Regional innovation systems and global production networks: two views on the source of competitiveness in the present-day world?[J]. Geografie, 2012, 117（2）: 209-233

16）于丽英, 窦义粟, 于英川. 上海 IC 产业集群 "协同学习" 实现途径的实证研究[J]. 科技进步与对策, 2009, 26（3）: 64-67

17）戴万亮, 路文玲, 徐可, 等. 产业集群环境下企业网络权力、知识获取与技术创新[J]. 科技进步与对策, 2019, 36（24）: 109-117

（三）描述性统计结果

变量之间的平均值、标准差和相关性如表6-3所示。关系嵌入与先进制造业创新生态系统客户与市场知识优势（DV1）、先进制造业创新生态系统产业链整合知识优势（DV2）、先进制造业创新生态系统产学研合作知识优势（DV3）呈正相关（$r=0.438$，$p<0.01$；$r=0.440$，$p<0.01$；$r=0.398$，$p<0.01$）。结构嵌入与DV1、DV2和DV3也存在显著的正相关（$r=0.414$，$p<0.01$；$r=0.390$，$p<0.01$；$r=0.302$，$p<0.01$）。同时，关系嵌入和结构嵌入与外部知识整合显著正相关（$r=0.583$，$p<0.01$；$r=0.586$，$p<0.01$），外部知识整合与内部知识整合显著正相关（$r=0.542$，$p<0.01$），而内部知识整合与DV1、DV2、DV3呈显著正相关（$r=0.501$，$p<0.01$；$r=0.465$，$p<0.01$；$r=0.348$，$p<0.01$）。

表 6-3　描述性统计结果与相关系数

项目	平均数	标准差	1	2	3	4	5
1 关系嵌入	3.58	0.847					
2 结构嵌入	3.81	0.816	0.712**				
3 外部整合	3.46	0.857	0.583**	0.586**			
4 内部整合	3.81	0.742	0.495**	0.586**	0.542**		
5 政府支持	3.64	0.845	0.349**	0.335**	0.435**	0.364**	
6 DV1	3.52	0.849	0.438**	0.414**	0.546**	0.501**	0.562**
7 DV2	3.50	0.787	0.440**	0.390**	0.546**	0.465**	0.495**
8 DV3	3.39	0.966	0.398**	0.302**	0.385**	0.348**	0.562**
9 企业年龄	3.41	1.948	0.087	0.089	0.055	−0.130*	0.084
10 人员规模	2.45	0.902	0.125*	0.106	0.058	−0.070	0.090
11 大专及以上人员比例	3.13	1.398	0.161**	0.014	0.015	0.023	0.036
12 研发人员比例	1.71	0.935	0.210**	0.126*	0.188**	0.163**	0.261**
13 销售收入	2.83	0.933	0.090	0.115*	0.071	−0.056	0.129*
项目	6	7	8	9	10	11	12
1 关系嵌入							
2 结构嵌入							
3 外部整合							
4 内部整合							
5 政府支持							
6 DV1							
7 DV2	0.746**						
8 DV3	0.553**	0.602**					
9 企业年龄	0.063	0.087	0.064				
10 人员规模	0.085	0.129*	0.116*	0.579**			

续表

项目	6	7	8	9	10	11	12
11 大专及以上人员比例	0.009	0.027	0.164**	0.013	−0.012		
12 研发人员比例	0.178**	0.199**	0.260**	0.000	−0.012	0.375**	
13 销售收入	0.094	0.057	0.057	0.509**	0.673**	−0.052	−0.008

*、**分别表示在10%、5%的水平上显著

注：企业年龄，1=不足5年，2=6~10年，3=11~15年，4=16~20年，5=21~25年，6=26~30年；7=30年以上；人员规模，1=20人以下，2=20~299人，3=300~1 000人，4=1 000人以上；大专及以上人员比例，1=0%~20%，2=21%~40%，3=41%~60%，4=61%~80%，5=81%以上；研发人员比例，1=0%~20%，2=21%~40%，3=41%~60%，4=61%~80%，5=81%以上；销售收入，1=300万元以下，2=301万~2 000万元，3=2 001万~40 000万元，4=40 000万元以上

（四）信度、效度与数据同源偏差

本章使用SPSS 22.0和Amos 23.0进行信度和效度分析。如表6-4所示，各个构念的克朗巴赫α值范围为0.808至0.935，均高于阈值0.70，表明具有较高的内部一致性信度。同时，表中的结果表明，组合信度（composite reliability，CR）良好，所有值均超过0.8。

对于聚合效度的评估，平均方差（average variance extracted，AVE）在0.592到0.830之间，超过了阈值0.5，结果表明有足够的聚合度。至于区分效度，AVE的所有平方根都大于构念间最大的相关性（Max r），这意味着较高的区分效度。

表6-4　信效度检验结果

变量	克朗巴赫α	CR	AVE	Max r	AVE平方根
关系嵌入	0.808	0.812	0.592	0.712	0.769
结构嵌入	0.895	0.897	0.684	0.712	0.827
外部知识整合	0.910	0.911	0.719	0.605	0.848
内部知识整合	0.866	0.868	0.687	0.586	0.829
政府支持	0.865	0.865	0.617	0.562	0.785
DV1	0.907	0.908	0.767	0.746	0.876
DV2	0.878	0.882	0.653	0.746	0.808
DV3	0.935	0.936	0.830	0.602	0.911

此外，本章使用Amos 23.0进行一系列验证性因素分析（confirmatory factor analysis，CFA）以评估变量间的差异性。如表6-5所示，八因素模型的拟合度较好（χ^2=664.922，df=322，IFI[①]=0.948，CFI[②]=0.948，RMSEA[③]=0.058），而七因素和六因素模型拟合较差。结果表明，本章的研究变量之间存在显著差异。

① IFI：incremental fit index，增值拟合指数。

② CFI：comparative fit index，比较拟合指数。

③ RMSEA：root mean square error of approximation，近似误差均方根。

表6-5　验证性因子分析结果

模型	χ^2	df	χ^2/df	RMSEA	IFI	CFI
八因子模型	664.922	322	2.065	0.058	0.948	0.948
七因子模型 a	745.557	329	2.266	0.064	0.937	0.937
七因子模型 b	978.854	329	2.975	0.080	0.902	0.901
六因子模型	1 323.442	335	3.951	0.097	0.850	0.849
单因子模型	3 192.485	350	9.121	0.161	0.569	0.567

注：七因子模型 a，关系嵌入、结构嵌入合并；七因子模型 b，外部知识整合、内部知识整合合并；六因子模型，DV1、DV2、DV3 合并；单因子模型，所有变量合并

考虑到所有项目均为自我报告，可能存在数据同源偏差问题。本章在CFA中进行了单因子检验。结果表明单因子模型拟合度较差（χ^2=3 192.485，df=350，IFI=0.569，CFI=0.567，RMSEA=0.161），这表明本书中数据同源偏差不显著。

二、实证检验

（一）直接效应检验

本章使用层级回归分析检验H1和H2。表6-6列出了分析结果。控制控制变量的影响后（企业年龄、人员规模、大专及以上人员比例、研发人员比例、销售收入），关系嵌入对DV1（b=0.285，p<0.001，M2）、DV2（b=0.284，p<0.001，M4）和DV3（b=0.348，p<0.001，M6）有显著的积极影响。因此，H1a、H1b、H1c得到验证。关系嵌入对先进制造业创新生态系统知识优势有促进作用，对先进制造业创新生态系统客户与市场知识优势、产业链整合知识优势、产学研合作知识优势都有正向显著影响。

表6-6　层级回归分析结果

变量	DV1		DV2		DV3	
	M1	M2	M3	M4	M5	M6
企业年龄	0.004	0.000	0.012	0.009	−0.003	−0.006
人员规模	0.039	0.001	0.138	0.103	0.154	0.116
大专及以上人员比例	−0.038	−0.051	−0.033	−0.047	0.053	0.034
研发人员比例	0.184**	0.114*	0.187***	0.124**	0.240***	0.177**
销售收入	0.055	0.039	−0.055	−0.068	−0.032	−0.041
关系嵌入		0.285***		0.284***		0.348***
结构嵌入		0.201**		0.145*		0.067
R^2	0.045	0.230	0.062	0.233	0.088	0.201
ΔR^2		0.185***		0.171***		0.113***

*、**和***分别表示在10%、5%和1%的水平上显著

同时，结构嵌入对DV1（$b=0.201$，$p<0.05$，M2）和DV2（$b=0.145$，$p<0.1$，M4）有显著积极影响，但对DV3（$b=0.067$，ns，M6）影响不显著。因此，H2a和H2b得到验证，但H2c没有得到验证。结构嵌入对先进制造业创新生态系统客户与市场知识优势、先进制造业创新生态系统产业链整合知识优势有显著正向影响，但结构嵌入对先进制造业创新生态系统产学研合作知识优势的促进作用不显著，说明产学研合作知识优势主要由创新主体之间的信任和理解程度决定，而企业是否占据网络的中心位置和结构的异质性对先进制造业创新生态系统知识优势的形成并不具有决定性的意义。

（二）链式中介效应检验

为检验H3和H4，本章使用PROCESS 3.5，拔靴法样本量设置为5 000。根据假设的链式中介模型，本章采用模板6，并设置关系嵌入/结构嵌入作为自变量，外部知识整合作为第一阶段中介变量，内部知识整合作为第二阶段中介变量，DV1、DV2和DV3作为因变量。同时，本章排除了控制变量的影响（企业年龄、人员规模、大专及以上人员比例、研发人员比例、销售收入）。

如表6-7所示，关系嵌入通过外部知识整合及内部知识整合的链式中介效应对DV1、DV2和DV3产生显著影响。链式中介效应分别为0.027 6（95%置信区间[0.011 2，0.048 6]）、0.022 0（95%置信区间[0.008 7，0.041 4]）和0.019 2（95%置信区间[0.004 6，0.040 3]）。因此，H3a、H3b和H3c得到支持。外部知识整合和内部知识整合在关系嵌入与先进制造业创新生态系统知识优势的关系中起着链式中介作用。

表 6-7　链式中介效应检验结果

中介路径	效应值	SE	LLCI	UCLI
关系嵌入-外部整合-内部整合-DV1	0.027 6	0.009 6	0.011 2	0.048 6
关系嵌入-外部整合-内部整合-DV2	0.022 0	0.008 4	0.008 7	0.041 4
关系嵌入-外部整合-内部整合-DV3	0.019 2	0.009 2	0.004 6	0.040 3
结构嵌入-外部整合-内部整合-DV1	0.028 3	0.009 6	0.012 6	0.049 8
结构嵌入-外部整合-内部整合-DV2	0.022 5	0.008 6	0.008 9	0.042 3
结构嵌入-外部整合-内部整合-DV3	0.019 7	0.009 4	0.004 7	0.041 6

同样地，结构嵌入通过外部知识整合及内部知识整合的链式中介效应对DV1、DV2和DV3产生显著影响。链式中介效应分别为0.028 3（95%置信区间[0.012 6，0.049 8]）、0.022 5（95%置信区间[0.008 9，0.042 3]）和0.019 7（95%置信区间[0.004 7，0.041 6]）。因此，H4a、H4b和H4c得到支持。外部知识整合和

内部知识整合在结构嵌入与先进制造业创新生态系统知识优势的关系中起着链式中介作用。

（三）调节效应检验

H5和H6提出了被调节的链式中介效应。为检验政府支持的调节作用，本章采用了PROCESS模板86。具体来说，在前述链式中介模型基础上，本章设定政府支持作为调节变量。

结果如表6-8所示，对于关系嵌入通过外部知识整合及内部知识整合影响DV1、DV2和DV3的链式中介效应，被调节的链式中介效应值分别为0.014 5（95%置信区间[0.002 7，0.032 6]）、0.014 3（95%置信区间[0.003 8，0.029 9]）和0.022 5（95%置信区间[0.008 0，0.044 6]）。更具体地说，较之低政府支持（平均值-1 SD），当政府支持高时（平均值+1 SD），链式中介效应（关系嵌入-外部知识整合-内部知识整合-DV1/DV2/DV3）更强。因此，H5a、H5b和H5c得到了支持。政府支持增强企业外部知识整合与内部知识整合在企业关系嵌入与先进制造业创新生态系统知识优势关系中的链式中介作用。

表 6-8　被调节的中介效应检验结果

关系嵌入-外部知识整合-内部知识整合-DV1

被调节的中介效应=0.014 5，95%置信区间[0.002 7，0.032 6]

政府支持	中介效应	SE	LLCI	ULCI
政府支持低	0.013 0	0.008 1	−0.001 4	0.029 8
政府支持中	0.023 8	0.008 4	0.009 6	0.042 3
政府支持高	0.034 7	0.011 9	0.014 4	0.061 4

关系嵌入-外部知识整合-内部知识整合-DV2

被调节的中介效应=0.014 3，95%置信区间[0.003 8，0.029 9]

政府支持	中介效应	SE	LLCI	ULCI
政府支持低	0.009 1	0.006 7	−0.003 6	0.023 8
政府支持中	0.019 8	0.007 6	0.007 3	0.036 4
政府支持高	0.030 5	0.011 0	0.012 4	0.054 6

关系嵌入-外部知识整合-内部知识整合-DV3

被调节的中介效应=0.022 5，95%置信区间[0.008 0，0.044 6]

政府支持	中介效应	SE	LLCI	ULCI
政府支持低	−0.002 9	0.008 2	−0.022 1	0.011 1
政府支持中	0.013 9	0.007 3	0.001 4	0.030 3
政府支持高	0.030 8	0.011 9	0.011 6	0.058 1

续表

结构嵌入–外部知识整合–内部知识整合–DV1				
被调节的中介效应=0.014 8, 95%置信区间[0.003 0, 0.033 5]				
政府支持	中介效应	SE	LLCI	ULCI
政府支持低	0.013 3	0.008 2	–0.001 0	0.030 9
政府支持中	0.024 4	0.008 7	0.009 9	0.043 9
政府支持高	0.035 6	0.012 2	0.015 4	0.063 4
结构嵌入–外部知识整合–内部知识整合–DV2				
被调节的中介效应=0.014 6, 95%置信区间[0.003 8, 0.030 4]				
政府支持	中介效应	SE	LLCI	ULCI
政府支持低	0.009 3	0.007 3	–0.003 4	0.026 0
政府支持中	0.020 3	0.008 3	0.007 0	0.039 4
政府支持高	0.031 3	0.011 8	0.012 3	0.058 5
结构嵌入–外部知识整合–内部知识整合–DV3				
被调节的中介效应=0.023 1, 95%置信区间[0.008 4, 0.045 6]				
政府支持	中介效应	SE	LLCI	ULCI
政府支持低	–0.003 0	0.008 3	–0.021 2	0.012 3
政府支持中	0.014 3	0.008 0	0.001 6	0.032 3
政府支持高	0.031 6	0.012 8	0.011 9	0.061 6

对于结构嵌入通过外部知识整合及内部知识整合影响DV1、DV2和DV3的链式中介效应，被调节的链式中介效应值分别为0.014 8（95%置信区间[0.003 0，0.033 5]）、0.014 6（95%置信区间[0.003 8，0.030 4]）和0.023 1（95%置信区间[0.008 4，0.045 6]）。更具体地说，与较低之政府支持（平均值–1 SD），当政府支持高时（平均值+1 SD），链式中介效应（结构嵌入–外部知识整合–内部知识整合–DV1/DV2/ DV3）更强。因此，H6a、H6b和H6c得到支持。政府支持增强企业外部知识整合与内部知识整合在企业结构嵌入与先进制造业创新生态系统知识优势关系中的链式中介作用。

假设检验验证表，如表6-9所示。

表 6-9　假设检验验证表

假设	是否被验证
H1：企业关系嵌入促进了先进制造业创新生态系统知识优势的提升	是
H1a：企业关系嵌入促进了先进制造业创新生态系统客户与市场知识优势的提升	是
H1b：企业关系嵌入促进了先进制造业创新生态系统产业链整合知识优势的提升	是
H1c：企业关系嵌入促进了先进制造业创新生态系统产学研合作知识优势的提升	是
H2：企业结构嵌入促进了先进制造业创新生态系统知识优势的提升	是

续表

假设	是否被验证
H2a：企业结构嵌入促进了先进制造业创新生态系统客户与市场知识优势的提升	是
H2b：企业结构嵌入促进了先进制造业创新生态系统产业链整合知识优势的提升	是
H2c：企业结构嵌入促进了先进制造业创新生态系统产学研合作知识优势的提升	否
H3：企业外部知识整合与内部知识整合在企业关系嵌入与先进制造业创新生态系统知识优势关系中存在链式中介作用	是
H3a：企业外部知识整合与内部知识整合在企业关系嵌入与先进制造业创新生态系统市场与客户知识优势关系中存在链式中介作用	是
H3b：企业外部知识整合与内部知识整合在企业关系嵌入与先进制造业创新生态系统产业链整合知识优势关系中存在链式中介作用	是
H3c：企业外部知识整合与内部知识整合在企业关系嵌入与先进制造业创新生态系统产学研合作知识优势关系中存在链式中介作用	是
H4：企业外部知识整合与内部知识整合在企业结构嵌入与先进制造业创新生态系统知识优势关系中存在链式中介作用	是
H4a：企业外部知识整合与内部知识整合在企业结构嵌入与先进制造业创新生态系统市场与客户知识优势关系中存在链式中介作用	是
H4b：企业外部知识整合与内部知识整合在企业结构嵌入与先进制造业创新生态系统产业链整合知识优势关系中存在链式中介作用	是
H4c：企业外部知识整合与内部知识整合在企业结构嵌入与先进制造业创新生态系统产学研合作知识优势关系中存在链式中介作用	是
H5：政府支持增强企业外部知识整合与内部知识整合在企业关系嵌入与先进制造业创新生态系统知识优势关系中的链式中介作用	是
H6：政府支持增强企业外部知识整合与内部知识整合在企业结构嵌入与先进制造业创新生态系统知识优势关系中的链式中介作用	是

第三节　研究结果与讨论

一、研究结果

本章基于网络嵌入理论、知识整合理论、制度经济学理论、产业创新生态系统理论，构建了"网络嵌入—知识整合—政府支持—先进制造业创新生态系统知识优势"理论模型，并基于我国10省市29个先进制造业集群/高新技术区313个创新型企业的问卷调查数据进行了实证检验。研究结果表明：

第一，关系嵌入和结构嵌入对先进制造业创新生态系统知识优势具有促进作用，但结构嵌入对先进制造业创新生态系统产学研合作知识优势的促进作用不显著，说明产学研合作知识优势主要由创新主体之间的信任和理解程度决定，而企业是否占据网络的中心位置和结构的异质性对先进制造业创新生态系统知识优势的形成并不具有决定性的意义。先进制造业创新生态系统中企业关系嵌入是指企业与多元创新主体之间的关系及其互动历程，主要关注生态系统中企业与多元创新主体在互惠基础上的交换属性，如主体之间的相互理解和信任程度。在先进制造业创新生态系统培育期，企业关系嵌入体现在先进制造业创新生态系统网络成员间的互动频率、信任、联系持久性等程度[1][2]，关系嵌入决定企业获取和利用网络知识资源的水平。先进制造业创新生态系统网络成员之间信任程度越高，共享和传递知识信息的意愿越强，网络成员之间联系越密切，获取异质性知识信息资源的机会越多，从而提高企业创新效率，促进先进制造业创新生态系统知识优势的形成。先进制造业创新生态系统中企业结构嵌入是指企业所处网络位置及其与多元创新主体之间关联关系的组态、形式，包括结构对称性、自我中心度等特征。在先进制造业创新生态系统培育期，企业结构嵌入是企业在先进制造业创新生态系统网络中的位置，决定企业对信息资源的获取与控制能力、社会地位和声誉，企业网络中心性和异质性能够丰富企业知识获取渠道、提高企业的知识积累水平，通过识别、消化、吸收多元化知识转化为企业价值，从而提升先进制造业创新生态系统知识优势[3]。

第二，外部知识整合和内部知识整合在结构嵌入与先进制造业创新生态系统知识优势之间起链式中介作用。网络嵌入与企业绩效之间的关系，学术界并没有得到一致的结论。本书引入知识整合理论，提出企业通过与先进制造业创新生态系统网络成员之间的长期持续的联系获得彼此信任和相互理解，能促进企业与多元创新主体之间的知识共享，能获取异质性的知识资源，通过外部知识整合，识别和整合外部优质资源，通过内部知识整合，通过企业内部知识吸收能力，将外部优质资源与企业内部知识整合，提升企业创新绩效，从而促进先进制造业创新生态系统知识优势的形成。企业通过网络嵌入提升在先进制造业创新生态系统中的网络中心性和异质性，丰富企业异质性知识的获取渠道，提高企业的知识积累水平，通过外部知识整合，将所获取的异质性知识进行甄别、吸收、融合，再通过内部知识整合，将所获取的外部知识整合吸收、融合的多元知识和所积累的异质性知识与企业内部知识整合，通过吸收能力不断学习、内化，最终实现企业的知识结构重构，激发企业创新，从而提升先进制造业创新生态系统知识优势。

① Lyu Y B，He B Y，Zhu Y Q，et al. Network embeddedness and inbound open innovation practice：the moderating role of technology cluster[J]. Technological Forecasting and Social Change，2019，144：12-24.
② 谭云清，翟森竞. 关系嵌入、资源获取与中国 OFDI 企业国际化绩效[J]. 管理评论，2020，32（2）：29-39.
③ Mazzola E，Perrone G，Kamuriwo D S. Network embeddedness and new product development in the biopharmaceutical industry：the moderating role of open innovation flow[J]. International Journal of Production Economics，2015，160：106-119.

第三，政府支持正向调节网络嵌入、外部知识整合、内部知识整合对先进制造业创新生态系统知识优势的影响。制度经济学理论强调制度对经济和社会发展的影响，政府支持作为一种重要的制度安排对先进制造业创新生态系统知识优势具有重要的影响，当政府支持质量较高时，网络嵌入、外部知识整合、内部知识整合对先进制造业创新生态系统知识优势的影响会增强，反之，当政府支持质量较低时，网络嵌入、外部知识整合、内部知识整合对先进制造业创新生态系统知识优势的影响会减弱。一方面，当政府支持质量较高时，先进制造业创新生态系统中企业所嵌入社会网络中的成员会更有信心和意愿为其提供更核心和重要的知识、信息和资源，还能与更多、更高质量的创新主体接触，同时，在政府支持下，企业也有更强的意愿和更多的资源提升其外部知识整合和内部知识整合能力，从而提升消化、吸收所获取优质知识资源的效率，重构企业知识基础，先进制造业创新生态系统中企业知识优势的形成将极大地促进系统知识优势的提升。另一方面，当政府支持质量较高时，先进制造业创新生态系统中的企业更愿意将通过网络嵌入所获得的知识资源在系统中共享，企业的区域根植性越强，知识溢出的意愿也越强，从而提升先进制造业创新生态系统的知识优势。

二、讨论

（一）理论贡献

第一，探索了网络嵌入对先进制造业创新生态系统知识优势的影响机制，确认了网络嵌入、外部知识整合和内部知识整合是先进制造业创新生态系统知识优势的重要前因变量，拓展了网络嵌入理论、知识整合理论和产业创新生态系统理论的相关研究。

第二，引入外部知识整合和内部知识整合作为双中介变量，分析了外部知识整合和内部知识整合在网络嵌入与先进制造业创新生态系统知识优势关系中的链式中介作用，探索了政府支持的调节作用，丰富了网络嵌入对先进制造业创新生态系统知识优势的影响机制研究。

第三，以中国先进制造业集群/园区的创新型企业为研究样本，从实证角度探究了知识整合的前因与后果，进一步丰富了知识整合理论的研究内容。

第四，以网络嵌入和知识整合作为企业生态系统战略的重要策略，实证检验了企业生态系统战略对先进制造业创新生态系统知识优势的作用机制，丰富了企业生态系统战略领域的研究。

（二）管理启示

第一，先进制造企业应充分认识和理解网络嵌入的两面性。一方面，应通过主动接近先进制造业创新生态系统核心创新体，占据先进制造业创新生态系统的核心位置，获取系统网络资源的优先使用权和知识的控制权，尽量减少自身资源约束和外部环境不确定性风险，为企业在先进制造业创新生态系统中的成长提供保障；另一方面，应在先进制造业创新生态培育期有意识地构建高质量的关系网络，采取多种措施增强系统中网络成员之间的知识、信息等资源共享的深度和强度，为企业提升创新绩效获取更多支持。

第二，先进制造企业通过网络嵌入构建企业生态系统战略过程中，应重视知识整合的作用。一方面，先进制造业企业在网络嵌入的过程中重视外部知识整合，在与系统网络成员互动的过程中，应有意识地与系统网络成员进行知识共享，并对所获取的外部知识进行甄别、分析和选择，建立一套完善的外部知识整合机制，能及时、有效地识别优质的外部知识；另一方面，先进制造业企业应加强对内部知识整合的培育，企业需具有一定的知识基础才能有效整合从外部获取的优质知识，还应具备对外部知识理解、消化、吸收、融合、创造的能力，才能将外部优质知识与企业既有知识进行整合，并实现企业知识结构的重构，促进企业创新，从而使企业生态系统战略获得成功。

第三，高质量的政府支持影响先进制造业创新生态系统知识优势的形成。在先进制造业创新生态系统的培育期，政府支持对先进制造业创新生态系统知识优势的形成具有重要作用。政府通过对企业和系统的支持，促进企业的网络嵌入，建立企业与高校、科研院所、供应商、新创企业、竞争者、互补者、客户等多元创新主体联结的平台，推动企业与多元创新主体的知识共享、整合和创新，先进制造业创新生态系统知识优势的形成是多主体互动的结果，政府是先进制造业创新生态系统知识优势形成的重要推动者，应对政府培育政策进行深入的研究。

（三）研究不足与未来展望

第一，本章仅对10省市的313家创新型企业进行了研究，受区域样本容量的限制，实证研究的结论存在一定局限，未来研究可考虑增加样本容量。

第二，企业生态系统战略除网络嵌入和知识整合外，还可能有其他的路径，未来研究将考虑引入其他变量，来验证企业实施生态系统战略的其他关键策略，从而丰富和完善研究模型。

第三，先进制造业创新生态系统知识优势的影响机制除企业生态系统战略外，还可能包括其他创新主体的生态系统战略，以及各主体之间的互动，未来可以考虑在不同的情景下丰富模型中的前因变量和中介变量。

第四，先进制造业创新生态系统具有一定的生命周期，本书以培育期的先进制造业创新生态系统为研究对象，未来可持续跟进各区域先进制造业创新生态系统的发展状况，对研究模型进行迭代和更新。

第七章　先进制造业创新生态系统知识优势评价体系

先进制造业创新生态系统知识优势能否形成、维持和更新是其在竞争中取胜的关键所在[①]，但先进制造业创新生态系统是多元创新主体互动的一个动态复杂系统，其知识优势受到多种因素的影响，其形成、维持和更新的规律比较复杂，很难培育，知识优势已成为先进制造业创新生态系统形成和发展的关键制约因素。因此，探索一种客观、科学的评价方法，对先进制造业创新生态系统知识优势进行评价，从中及时识别制约先进制造业创新生态系统知识优势的形成和发展的问题，有利于政府提升先进制造业创新生态系统知识创新效率，从而培育具有知识优势的世界级先进制造业创新生态系统。

既有文献对知识优势评价的研究较少，主要基于知识的存量和流量，采用单一主观的方法，如专家分析、频数统计等，运用模糊技术等方法构建评价指标体系，较少考虑综合性的评价体系，更鲜有学者基于世界级的标准对先进制造业创新生态系统知识优势进行综合评价。本书基于对世界级先进制造业创新生态系统及其知识优势的深入研究，构建了一套先进制造业创新生态系统知识优势的评价指标体系和主客观综合评价方法，以提升评价结果的稳定性、可信性、实用性和可操作性。

第一节　先进制造业创新生态系统知识优势评价指标体系

一、评价指标设计

如何设计一套评价指标体系，科学评价先进制造业创新生态系统知识优势水平，

---

① 拉各斯 R，霍尔特休斯 D. 知识优势：新经济时代市场制胜之道[M]. 吕巍，吴韵华，蒋安奕，译. 北京：机械工业出版社，2002.

以精准识别先进制造业创新生态系统知识优势形成过程中存在的问题，并有针对性地提出解决方案和制定培育政策，是现阶段我国培育世界级先进制造业创新生态系统亟待解决的关键问题，但还鲜有学者对此进行研究。本书在先进制造业创新生态系统、知识优势及其形成机理分析的基础上，构建了先进制造业创新生态系统知识优势评价指标体系，以完善相关研究，为培育世界级先进制造业集群提供决策参考。

指标体系是先进制造业创新生态系统知识优势评价的核心，直接关系到能否科学评价先进制造业创新生态系统的知识优势水平，本书按照有效性、动态性、简洁性的基本原则建立了先进制造业创新生态系统评价指标体系。

1. 有效性

先进制造业创新生态系统的核心主体是企业，先进制造业创新生态系统知识优势形成后，最大的受益者和最及时的感知者也是企业。因此，本书的评价针对系统中的企业设计，这样才能获取有效、客观、真实的数据反映系统知识优势的现状，还能通过对知识优势三个维度和综合得分进行横向和纵向的比较，精准识别问题，及时甚至预先提出应对措施和改进策略。

2. 动态性

先进制造业创新生态系统知识优势是在三个维度动态耦合的基础上形成的，也是系统中三大创新群落中的多元创新主体在动态互动的过程中形成的，因此，指标设计需体现动态性。通过主客观赋权法，本书根据先进制造业创新生态系统成长生命周期、地域差异、产业特色、政府导向等动态调整各指标系数，使评价指标体系能反应先进制造业创新生态系统知识优势的动态演化。

3. 简洁性

由于该评价指标体系需长期运行，本书在设计过程中特别注重简洁性，一方面，需要用简洁的文字便于企业负责人填写时理解；另一方面，需计算方法简洁，以便于对所获得的数据进行计算、分析和应用。

二、评价指标、变量测量与问卷设计

（一）客户与市场知识优势维度

客户与市场知识优势是指先进制造业创新生态系统具有理解和获取客户和市场相关知识和信息方面的优势，通过促进创新群落各主体与客户和市场的知识流动，推动创新群落各主体与客户和市场持续地合作创新，为先进制造业创新生态系统带来规模和品牌等方面的竞争力。

综合既有文献在价值共创、领先客户等方面的研究，本书主要从以下三方面来衡量客户与市场知识优势：获取最新的客户和市场信息的优势；获取客户和市场潜在需求信息的优势；获取与客户合作创新机会的优势。借鉴相关研究，本书通过三个题项对该变量进行测量[①②]。

（二）产业链整合知识优势维度

产业链整合知识优势是指先进制造业创新生态系统具有获取全产业链各节点企业知识和信息的优势，通过促进产业链各企业之间的知识流动，推动产业链各节点企业合作创新的机会，为先进制造业创新生态系统带来市场和生产规模方面的竞争力。

基于开放式创新、产业链整合等方面的研究成果，本书主要从以下四方面来衡量产业链整合知识优势：获取竞争对手信息的优势；获取供应商信息的优势；获取新创企业信息的优势；获取与产业链上下游企业合作创新机会的优势。借鉴现有研究，本书通过四个题项对该变量进行测量[③④]。

（三）产学研合作知识优势维度

产学研合作知识优势是指先进制造业创新生态系统具有获取产学研各主体知识和信息的优势，通过促进产学研各主体之间的知识流动，推动产学研合作创新，为先进制造业创新生态系统带来持续的创新竞争力。

基于三螺旋模型理论、产学研协同创新方面的研究成果，本书主要从以下三方面来衡量产学研合作知识优势：获取高校及科研院所等研发机构信息的优势；获取高校及科研院所等研发机构研究团队信息的优势；获取与高校及科研院所合作创新机会的优势。借鉴已有研究成果，本书通过三个题项对该变量进行测量[⑤~⑦]。评价指标体系及问卷题项，如表7-1所示。

① 俞国军，贺灿飞，朱晟君. 产业集群韧性：技术创新、关系治理与市场多元化[J]. 地理研究，2020，39（6）：1343-1356.

② 李瑜，谢恩. 客户导向和竞争者导向的整合与企业绩效[J]. 管理科学，2014，27（3）：14-23.

③ 韩春花，佟泽华，刘晓婷，等. 复杂动态环境下产业集群创新中的群体知识协同行为模型构建[J]. 科技进步与对策，2019，36（9）：69-76.

④ Lin C H, Tung C M, Huang C T. Elucidating the industrial cluster effect from a system dynamics perspective[J]. Technovation，2006，26（4）：473-482.

⑤ Blazek J. Regional innovation systems and global production networks：two views on the source of competitiveness in the present-day world?[J]. Geografie，2012，117（2）：209-233.

⑥ 于丽英，窦义粟，于英川. 上海 IC 产业集群"协同学习"实现途径的实证研究[J]. 科技进步与对策，2009，26（3）：64-67.

⑦ 戴万亮，路文玲，徐可，等. 产业集群环境下企业网络权力、知识获取与技术创新[J]. 科技进步与对策，2019，36（24）：109-117.

表 7-1　先进制造业创新生态系统知识优势评价指标体系及问卷题项表

一级指标	二级指标	问卷题项	来源
客户与市场知识优势 X1	在理解和获取客户和市场最新需求方面具有优势 X11	本产业创新生态系统更容易获取最新的客户和市场信息	俞国军等[1]；李瑜和谢恩[2]
	在理解和获取客户和市场潜在需求方面具有优势 X12	本产业创新生态系统更容易获取客户和市场潜在需求的信息	
	在获取与客户合作创新机会方面具有优势 X13	本产业创新生态系统更容易获取与客户合作创新的机会	
产业链整合知识优势 X2	在理解和获取竞争对手信息方面具有优势 X21	本产业创新生态系统更容易获取竞争对手的实力、策略、产品等方面的信息	韩春花等[3]；Lin 等[4]；
	在理解和获取供应商信息方面具有优势 X22	本产业创新生态系统更容易获取供应商的新产品、新技术、新思想等方面的信息	
	在理解和获取新创企业信息方面具有优势 X23	本产业创新生态系统更容易获取新创企业的产品、资源、能力、战略等方面的信息	
	在获取与产业链上下游企业合作创新机会方面具有优势 X24	本产业创新生态系统更容易获取与产业链上下游企业合作创新的机会	
产学研合作知识优势 X3	在理解和获取高校及科研院所等研发机构信息方面具有优势 X31	本产业创新生态系统更容易获取高校及科研院所等研发机构的研究实力、最新研究成果、研究项目等方面的信息	Blazek[5]；于丽英等[6]；戴万亮等[7]
	在理解和获取高校及科研院所等研发机构研究团队信息方面具有优势 X32	本产业创新生态系统更容易获取高校及科研院所等研发机构的研究团队负责人及团队成员的相关信息	
	在获取与高校及科研院所等研发机构合作创新机会方面具有优势 X33	本产业创新生态系统更容易获取与高校及科研院所等研发机构合作创新的机会	

1）俞国军，贺灿飞，朱晟君. 产业集群韧性：技术创新、关系治理与市场多元化[J]. 地理研究，2020，39（6）：1343-1356.

2）李瑜，谢恩. 客户导向和竞争者导向的整合与企业绩效[J]. 管理科学，2014，27（3）：14-23.

3）韩春花，佟泽华，刘晓婷，等. 复杂动态环境下产业集群创新中的群体知识协同行为模型构建[J]. 科技进步与对策，2019，36（9）：69-76.

4）Lin C H，Tung C M，Huang C T. Elucidating the industrial cluster effect from a system dynamics perspective[J]. Technovation，2006，26（4）：473-482.

5）Blazek J. Regional Innovation Systems and Global Production Networks：Two Views on the Source of Competitiveness in the Present-Day World?[J]. Geografie，2012，117（2）：209-233.

6）于丽英，窦义粟，于英川. 上海 IC 产业集群"协同学习"实现途径的实证研究[J]. 科技进步与对策，2009，26（3）：64-67.

7）戴万亮，路文玲，徐可，等. 产业集群环境下企业网络权力、知识获取与技术创新[J]. 科技进步与对策，2019，36（24）：109-117.

第二节　评价方法与实证研究

一、数据采集与样本情况

本部分的数据采集分为两个部分：一是层次分析法的数据采集，我们选择了创新型企业负责人4位，园区或集群管理委员会负责人2位，研究先进制造业创新的专家学者2位，对这8位调研对象发放层次分析法调查问卷，第一轮在一周内回收完毕，根据所回收问卷的一致性检验对问卷进行了相应调整后，进行第二轮发放，三天内回收完毕并通过一致性检验；二是企业问卷的数据收集，我们根据表7-1知识优势评价指标体系设计了Likert 5级量表的调查问卷。鉴于本书的研究问题是企业层面的创新，因此将企业高管、研发部门主管作为访谈对象，每个企业选择一位相关负责人进行调研。研究样本来自全国先进制造业发展较好的区域，包括北京、广东、上海、武汉、湖南、江苏、西安、成都、重庆等9省市的11个先进制造业集群/高新区（其中前9个为赛迪研究院《2020先进制造业集群白皮书》中列举的中国主要先进制造业集群）——武汉芯屏端网产业集群、深圳电子信息产业集群、西安航空航天产业集群、长沙工程机械产业集群、株洲轨道交通产业集群、苏州纳米新材料产业集群、宁波石化产业集群、北京中关村生物医药产业集群、上海张江生物医药产业集群、重庆市高新技术产业开发区、成都市高新技术产业开发区的创新型企业。在正式调研之前，选择了20家创新型企业进行了实地走访和预调研，经过信度和效度分析，对问卷进行了相应的调整后开始正式调研。调研自2020年3月至8月，采用线上和线下相结合、实地调查与委托调研公司相结合的方式进行问卷发放，具体如下：①实地调研了成都市软件和信息服务集群、成德高端能源装备产业集群，通过省市科技管理部门、经信部门、园区管理委员会的推荐，与集群中的创新型企业进行座谈，对企业主管人员进行访谈并请被访者现场填写问卷，对于他们不理解或者容易产生偏差的部分，调研人员当场进行了解答，发放问卷共计30份，收回26份；②以四川大学商学院MBA/EMBA项目中创办先进制造企业或在先进制造业企业中担任高管职位的学员作为调查对象（严格保证一个企业一个受访者），在课堂上发放问卷，发放25份，收回18份；③通过委托专业调研公司执行其他省市的问卷调查，调研公司在问卷调研的过程中进行了严格的质量监控，由先进制造业集群中创新型企业高层管理者填写问卷，确保数据的真实性与有效性。在公司调研过程中，有一些集群回收的有效问卷较少，因此，课题组与调研公司经过多次讨论与论证，将数据采集的范围扩大到10省市的29个集群/高新区（增加了杭州市），除以上11个集群/高新区外，还包括广州高新技术产业开发区、深圳市高新技术产业园区、中山火炬高新技术产业开发区、佛山高新技术产业开发区、武汉东湖新技术开发区、西安新技术产业开发区、苏州工业园区、北京市中关村科技园、天津滨海高新技术开发区、上海张江高新技术产业开发区、上海紫竹高新技术产业开发区、上海闵行经济技术开发区、上海虹桥经济技术开发区、上海漕河泾新兴技术开发区、上海金桥出口加工区、上海化学工业经济技术开发区、上海松江经济开发区、杭州高新技术产业开发区，并保证每个省市回收有效问卷不少于10个，最终，调研公司接触了10省市29个先进制造业集群/高新技术区创新型企业样本1 360个，收回问卷430份。本次调研发放问卷共计1 415份，收回474份，删减行业不符合研究要求、勾选选项呈规律性、空缺率过高及所选选项相同的无效问卷124份，最终得到有效问卷313份，有效回收率为66%。

二、评价方法与分析过程

本书通过为表7-1中各指标进行赋权，再将权重与313份问卷中各指标得分相乘得到每个样本的知识优势一级指标和二级指标得分，然后再将分区域样本的知识优势一级指标和二级得分汇总求均值，得到各区域的知识优势三个维度得分及综合得分，最后，将各区域知识优势三个维度得分和综合得分进行比较分析。

（一）主客观综合赋权法的原理

为避免主观赋权法和客观赋权法在指标赋权过程中的偏差，本书采用主客观综合赋权法对"知识优势评价指标体系"中的各指标进行赋权。首先，采用层次分析法，利用8位调研对象的调查问卷计算主观权重；其次，采用离差最大化组合评价方法，利用313份创新企业的问卷调查计算客观权重；最后，将主观权重与客观权重相加求均值，得到各指标的综合权重。

（二）层次分析法分析过程[①②]

第一，确定相对重要性标度。

确定相对重要性标度的目的是给出指标相对重要性的打分标准以供专家参考，一般采用1—9标度法作为打分标准，1—9标度打分标准如表7-2所示。

表 7-2 　层次分析法评价比较尺度表

分值	含义
1	因素 X 和因素 Y 同等重要
3	因素 X 相对于因素 Y 稍微重要
5	因素 X 相对于因素 Y 比较重要
7	因素 X 相对于因素 Y 重要得多
9	因素 X 相对于因素 Y 绝对重要
2、4、6、8	因素 X 相对于因素 Y 的重要性介于上述之间

---

① Saaty T L. The Analytic Hierarchy Process[M]. New York：McGraw-Hill，1980.

② 彭国甫，李树丞，盛明科. 应用层次分析法确定政府绩效评估指标权重研究[J]. 中国软科学，2004，（6）：136-139.

第二，构造权重判断矩阵。

权重判断矩阵由专家打分得出，判断矩阵的具体形式为

$$A = \begin{bmatrix} a_{11} & a_{12} & \cdots & a_{1n} \\ a_{21} & a_{22} & \cdots & a_{2n} \\ \vdots & \vdots & & \vdots \\ a_{n1} & a_{n2} & \cdots & a_{nn} \end{bmatrix}$$

元素 a_{ij} 表示在同一隶属指标下，指标 i 对指标 j 的相对重要性。

第三，计算单层指标权重。

$$AW = \lambda_{\max} W$$

其中，$\lambda_{\max}$ 表示判断矩阵 A 的最大特征值，$\sum_{i=1}^{n} w_i = 1, w_i \geqslant 0$。

第四，一致性检验。

专家对指标权重的判断会存在一定误差，为了避免误差过大导致错误的情况出现，需进行一致性检验，一致性检验的算法为

$$CR = \frac{\lambda_{\max} - n}{(n-1)RI}$$

其中，$\lambda_{\max}$ 表示判断矩阵 A 的最大特征值，RI表示随机一致性指标（取值见表7-3）。

表 7-3　平均随机一致性指标表

平均随机一致性指标								
n	1	2	3	4	5	6	7	8	9
RI	0	0	0.52	0.89	1.11	1.25	1.35	1.4	1.45

CR 越大，则判断矩阵的一致性越差，若 $CR \geqslant 0.1$，则判断矩阵一致性不通过，需重新构造判断矩阵，若 $CR < 0.1$，可以继续进行下一步运算。另外，若 $n < 3$，则判断矩阵很容易满足一致性要求，不需做一致性检验。

第五，计算综合权重。

综合权重是单个指标相对于系统的权重，隶属指标 i 下的第 j 个指标的综合权重为

$$w_{ij} = w_i \times w_{i_j}$$

w_i 表示隶属指标 i 的综合权重，w_{i_j} 表示隶属指标 i 下的第 j 个指标在隶属指标 i 中所占的权重。层次分析法得到的权重如表7-4所示，从表7-4中可以看出在先进制造业创新生态系统的培育期，客户与市场知识优势是最重要也是最受重视的维度，其次为产业链整合知识优势，最后是产学研合作知识优势。

表 7-4　层次分析法权重表

一级指标	权重	二级指标	权重	综合权重
X1	0.504 1	X11	0.150 3	0.075 8
		X12	0.430 3	0.216 9
		X13	0.419 4	0.211 4
X2	0.396 9	X21	0.205 6	0.081 6
		X22	0.195 3	0.077 5
		X23	0.179 7	0.071 3
		X24	0.419 4	0.166 5
X3	0.099 1	X31	0.235 4	0.023 3
		X32	0.408 5	0.040 5
		X33	0.356 1	0.035 3

（三）离差最大化组合评价方法的计算步骤[①]

第一，标准化经济效益指标中原数据。为了消除量纲和量纲单位不同所带来的不可共度性，首先要把指标中数据进行无量纲化处理，得到各单一评价方法要评价的初始数据。然而，评价指标类型不同，无量纲化处理方法也将不同。

对于效益型指标，一般可令

$$z_{ij} = \frac{y_{ij} - y_j^{\min}}{y_j^{\max} - y_j^{\min}}, \ i = 1, 2, \cdots, n$$

$y_j^{\max}$ 和 $y_j^{\min}$ 分别为指标 j 的最大值和最小值。

对于成本型指标，令

$$z_{ij} = \frac{y^{\max} - y_y}{y_j^{\max} - y_j^{\min}}, \ i = 1, 2, \cdots, n$$

$y_j^{\max}$ 和 $y_j^{\min}$ 分别为指标 j 的最大值和最小值。

第二，确定指标权重。

组合评价权重向量 $\boldsymbol{W} = \left(w_1, w_2, \cdots w_m\right)^{\mathrm{T}}$ 的获取，在组合评价方法下，应使所有评价对象的总离差为最大，于是有模型：

$$\max F(\boldsymbol{W}) = \sum_{i=1}^{n} \sum_{k=1}^{n} \sum_{j=1}^{m} \left| z_{ij} - z_{kj} \right| w_j$$

$$\text{s.t.} \quad \sum_{j=1}^{m} w_j^2 = 1$$

---

① 王应明. 运用离差最大化方法进行多指标决策与排序[J]. 系统工程与电子技术, 1998, (7): 24-26, 31.

该模型用拉格朗日的方法进行处理，最终能够得到：

$$w_j = \frac{\sum\limits_{i=1}^{n}\sum\limits_{t=1}^{n}|z_{ij} - z_{tj}|}{\sqrt{\sum\limits_{j=1}^{m}\left(\sum\limits_{i=1}^{n}\sum\limits_{t=1}^{n}|z_{ij} - z_{tj}|\right)^2}}$$

由于各权重之和为1，对 w_j 进行归一化处理，得最终组合评价权重为

$$w_j^* = \frac{\sum\limits_{i=1}^{n}\sum\limits_{t=1}^{n}|z_{ij} - z_{tj}|}{\sum\limits_{j=1}^{m}\sum\limits_{i=1}^{n}\sum\limits_{t=1}^{n}|z_{ij} - z_{tj}|} \quad (j=1,2,\cdots,m)$$

第三，根据各决策方案多指标综合评价值的大小，对多指标决策与排序问题作出科学的评价比较和排序分析。

对象 S_i 的组合评价值：

$$F_i = w_1^* z_{i1} + w_2^* z_{i2} + \cdots w_m^* z_{im}(i=1,2,\cdots,n)$$

层次分析法权重、离差最大化组合评价法权重及平均权重的综合权重表如表 7-5 所示，从表中可以看出，处于培育期的先进制造业创新生态系统权重最高的维度依次为：X12（本产业创新生态系统更容易获取客户和市场潜在需求的信息）、X13（本产业创新生态系统更容易获取与客户合作创新的机会）、X24（本产业创新生态系统更容易获取与产业链上下游企业合作创新的机会），说明客户与市场的潜在需求信息、与客户合作创新、与产业链上下游企业合作创新是先进制造业创新生态系统获取竞争优势的关键。

表 7-5 综合权重表

指标	层次分析法权重	最大离差法权重	平均权重
X11	0.075 8	0.097 0	0.086 4
X12	0.216 9	0.093 2	0.155 0
X13	0.211 4	0.086 0	0.148 7
X21	0.081 6	0.091 1	0.086 3
X22	0.077 5	0.093 4	0.085 5
X23	0.071 3	0.102 0	0.086 7
X24	0.166 5	0.098 6	0.132 5
X31	0.023 3	0.114 8	0.069 1
X32	0.040 5	0.108 4	0.074 4
X33	0.035 3	0.115 5	0.075 4

第三节　结果与讨论

一、研究结果

（一）知识优势综合得分

本书所调研的10省市先进制造业创新生态系统客户与市场知识优势得分、产业链整合知识优势得分、产学研合作知识优势得分及知识优势综合得分如表7-6所示。从表7-6中可看出，10省市在客户与市场知识优势得分（平均分3.48分，总分5分）、产业链整合知识优势得分（平均分3.43分，总分5分）、产学研合作知识优势得分（平均分3.31分，总分5分）及综合得分上都普遍较低（平均分3.45分，总分5分），说明企业对所在先进制造业创新生态系统知识优势的评价不高，各地先进制造业创新生态系统在培育过程中可提升的空间较大。

表 7-6　10省市先进制造业创新生态系统知识优势得分表

区域	客户与市场 知识优势得分	产业链整合 知识优势得分	产学研合作 知识优势得分	知识优势 综合得分
江苏	3.903 2	3.673 7	3.468 6	3.769 5
北京	3.710 7	3.752 2	3.444 8	3.701 2
浙江	3.811 9	3.498 4	3.340 9	3.641 2
上海	3.624 6	3.580 3	3.243 2	3.569 6
湖南	3.435 7	3.531 2	3.198 9	3.450 5
广东	3.561 2	3.321 7	3.397 5	3.450 3
湖北	3.468 1	3.474 8	3.049 8	3.429 7
重庆	3.245 9	3.298 1	3.273 7	3.269 7
四川	3.217 3	3.298 3	3.223 2	3.250 4
陕西	2.867 7	2.869 5	3.423 5	2.923 8

从知识优势综合得分来看，江苏排名第一（得分为3.769 5），其次是北京、浙江，最后一名是陕西。排名靠前的依然是东部省市，但我们观察到湖南的排名高于创新强省广东，这可能是因为湖南的两大高端装备制造业集群——长沙工程机械产业集群和株洲轨道交通产业集群已具备世界级的竞争力。

（二）客户与市场知识优势得分

从客户与市场知识优势得分来看，排名按照东-中-西部顺序展开，第一位仍为江苏（得分为3.903 2），其次是浙江、北京，排名最后的仍为陕西，说明东部省市先进制造业创新生态系统在发展过程中对市场和客户的知识和创新最重视。客户与市场知识优势也是三个知识优势维度中得分最高的维度，说明我国人口红利和巨大的国内市场需求是培育先进制造业创新生态系统的第一动力。

（三）产业链整合知识优势得分

从产业链整合知识优势得分来看，排名第一的是北京（得分为3.752 2），其次是江苏、上海，湖南、浙江紧随其后，最后一位仍是陕西，而广东位列湖北之后，说明广东先进制造业集群在发展过程中在产业链的知识和创新方面的竞争优势不明显，与广东创新强省的地位不匹配，亟须改进。

（四）产学研合作知识优势得分

从产学研合作知识优势来看，各省市普遍得分较低。排名第一的江苏得分仅为3.468 6，远低于其他两个维度排名得分，其次是北京、陕西，排名最后的是湖北。陕西是唯一入围前三的西部省市，说明陕西在产学研合作知识与创新优势方面具有较强的竞争力，但由于陕西其他两个维度知识优势得分低，导致三个维度知识优势未实现动态耦合发展，知识优势综合得分较低。

二、讨论

（1）各省市可根据知识优势评价的结果，有针对性地构建本区域培育先进制造业创新生态系统的政策体系。例如，江苏先进制造业创新生态系统在客户与市场知识优势得分、产学研合作知识优势得分、知识优势综合得分上都最高，产业链整合知识优势得分仅低于北京，说明江苏在培育先进制造业创新生态系统的过程中对知识优势的培育成效显著，三类知识优势基本实现了协同发展，已具有培育世界级先进制造业创新生态系统的潜质，因此，政府未来应更加关注产业链整合知识优势的培育，制定相关政策促进和支持先进制造业创新生态系统产业链相关企业与供应商、互补商、竞争者、合作者、新创企业等之间的信息交流及合作创新，同时，强化本省在客户与市场知识优势及产学研合作知识优势方面的竞争力，稳步获取世界级竞争力。

（2）各省市创新型企业对先进制造业创新生态系统产学研合作方面的知识和创新优势评价最低，产学研合作知识优势是产业基础知识创新的关键，而产业基础知识是我国先进制造业创新生态系统突破关键核心技术的源头，是我国先进制造业突破价值链低端锁定、实现可持续发展的核心，因此，我国先进制造业创新生态系统应在加强产学研合作知识优势的同时，强化客户与市场知识优势、产业链整合知识优势，推动三类知识优势在知识流动的过程中实现知识优势"点–链–网"的动态耦合发展

第四节　启示与展望

一、研究结论

本书界定了先进制造业创新生态系统及其知识优势，将知识优势分为客户与市场知识优势、产业链整合知识优势和产学研合作知识优势，并从动力源、动力机制和演化过程的视角探索了先进制造业创新生态系统知识优势形成机理，在此基础上构建了先进制造业创新生态系统知识优势评价指标体系，并利用中国10个省市29个先进制造业集群/高新区313个创新型企业的调查数据，采用主客观赋权法，对10个省市先进制造业创新生态系统知识优势进行了评价和分析，补充和完善了相关研究。从实证研究可得到一些重要结论：①在先进制造业创新生态系统的培育期，客户与市场知识优势是最重要也是最受重视的维度，其次为产业链整合知识优势，最后是产学研合作知识优势；②各省市先进制造业创新生态系统在三类知识优势及知识优势综合得分上都普遍较低，客户与市场知识优势得分最高，产学研合作知识优势得分最低，东部省市得分明显高于西部省市。

二、政策与管理启示

（一）在顶层设计方面，立足世界格局，优化数字创新环境，形成基于数字化共生平台的核心创新体

（1）制定数字化背景下先进制造业创新生态系统发展中长期战略规划和短期行动计划。在学习发达国家培育和发展先进制造业创新生态系统经验的基础上，利用第四次工业革命的机遇，结合我国国情制定相关战略规划，充分发挥我国海量数据资源、人口红利、国内需求的优势，利用数字技术，通过丰富的应用场景迭代突破产业关键核心技术；从短期行动计划来看，鼓励有条件的地方政府逐步建设和完善数字化平台和相关基础设施，设立先进制造业创新生态运营中心

（简称"中心"），主要任务是培育龙头企业为主导的基于数字化共生平台的核心创新体。

（2）统筹规划培育先进制造业创新生态系统的区域和行业布局。我国幅员辽阔，区域发展不均衡，行业发展也各有特色，因此，在培育先进制造业创新生态系统的过程中要严格按照比较优势的原则，借鉴发达国家的经验，成立权威的评审委员会，对设立"中心"做充分的论证，立足产业前沿和关键核心技术，搭建国际国内合作交流平台，鼓励区域协同创新发展，知识链明显的区域鼓励发展环知识生产群落式先进制造业创新生态系统，技术链优势明显的区域鼓励发展环知识转化群落式先进制造业创新生态系统，价值链优势明显的区域鼓励发展环价值实现群落式先进制造业创新生态系统，避免重复建设、同质发展、恶性竞争。

（3）优化数字创新环境，形成基于数字化共生平台的核心创新体，突破关键核心技术。除龙头企业外，核心创新体形成的另一个关键是该区域是否拥有显著的知识优势。通过创新体制机制释放创新活力，吸引创新要素聚集，优化创新环境，建立一套能让不同创新主体都做出相当贡献的激励机制，在合作方之间建立充分的信任。通过制度创新，利用数字化平台，鼓励形成一套数字化治理机制和合作方式，把大学和政府实验室的研究成果有效地转变成新创企业，再帮助新创企业把创新变成产品，融入整个经济，培育本区域独特的产业创新生态系统知识优势，以此吸引其他主体向本区域聚集。通过激励措施鼓励高校、科研院所、金融机构、供应商、客户等围绕龙头企业的工业互联网形成具有强大创新能力和知识溢出能力的数字化共生平台。积极发挥行业协会、共性技术研究院、创新创业平台等各类载体的作用，在开发出新产品之前，投入资源把开发新技术的风险集中在一起，依托公共资源先把处于技术生命周期前端的高风险技术创造出来，通过核心创新体共用昂贵科研设备等方式，突破产业核心关键共性技术，降低单一企业创新的风险。

（二）在产业规划方面，采纳知识优势评价指标体系，培育龙头企业，鼓励价值实现

中国所拥有的巨大的市场、多元化的客户需求、海量的数据资源、逆向工程创新和再设计能力及庞大的工业生态环境是数字化背景下培育先进制造业创新生态系统的优势所在，但中国缺乏如苹果、微软、英特尔等拥有价值创造主导权及价值获取话语权的龙头企业，而龙头企业是形成先进制造业创新生态系统核心创新体的主导力量，龙头企业的价值创造和价值获取能力是其获取世界级竞争力的前提和基础，因此，政府在政策制定的过程中，需重点关注对龙头企业的吸引和培育。

（1）由"中心"负责持续动态跟踪龙头企业对政府政策和区域发展环境的需求，加强基础设施建设，优化营商环境，吸引和培育具有世界级价值创造和获取能力的龙头企业，利用公共资源促进大企业参与资源共建，利用财政拨款推行相关制度实现先进制造业创新生态系统中各主体生态联结，建立中国式人才培训体系，重视"工匠精神"的培育。

（2）由于我国制造业大多被锁定在全球价值链的低端，这种"高产量，低边际利润"的商业模式在我国新生代创新制造企业中相当普遍[①]，而价值实现群落是我国制造业嵌入全球价值链中高端的重要突破口，因此，我们建议在政府绩效考核指标中加入所在区域价值实现的衡量指标，鼓励政府在发展区域经济的过程中，放眼全局和长远利益，以培育核心创新体为抓手优化创新型企业发展的区域产业生态环境，完善知识产权保护政策，保证这些企业能从现有创新生产活动中获得足够的回报，并有足够的再投资来保障高水平的创新活动使其成为企业日常活动的一部分，从而演变成能够根植于区域产业生态环境中的持续创新的企业。

（3）建议政府采纳本书所构建的知识优势评价指标体系，对本区域先进制造业创新生态系统知识优势进行实时跟踪，加强与系统内企业的联系与沟通，精确识别系统知识优势存在的短板和问题，有针对性地提出改进对策，确立企业在知识优势形成过程中的主体地位，推动三类知识优势的动态耦合发展，培育具有知识优势的先进制造业创新生态系统。

（三）在企业战略方面，鼓励其确立数字化背景下的产业创新生态系统发展观，立足自身优势，以更开放的姿态积极融入先进制造业创新生态系统

（1）鼓励企业以超前意识谋划发展机遇，将产业创新生态系统发展观融入企业战略发展规划中，确立开放式创新的发展战略，积极推进产学研协同创新，利用数字技术积极建立工业互联网，融入创新平台与生态，设立首席数字创新生态运营官，通过数字化平台对企业开放创新过程进行有效知识管理，积累隐性知识，提升企业吸收能力，获取企业的知识优势[②]。

（2）鼓励企业找准定位，在把握和衔接相关行业发展趋势、需求和自身业务模式基础上，通过数字技术实现与其他主体的生态联结，积极融入先进制造业创新生态系统，科学制定五年发展规划、三年行动计划和年度工作方案，明确企业战略发展方向和目标定位。

---

① 伯杰 S. 重塑制造业[M]. 廖丽华译. 杭州：浙江教育出版社，2018.

② 赵长轶, 曾婷, 顾新. 产学研联盟推动我国战略性新兴产业技术创新的作用机制研究[J]. 四川大学学报（哲学社会科学版），2013，（3）：47-52.

（3）鼓励有条件成为龙头的企业，积极建设开放式的数字化共生平台，与政府及相关机构合作，跟踪行业发展动态，参与世界级大工程建设，参与行业国际标准的制定，通过各种途径与世界级企业联合创新，在与世界级企业的合作过程中形成难以复制的创新能力，以打造世界级企业为使命和目标，强化社会责任感和历史使命感[①]。

三、研究不足及展望

本章的研究还存在一些拓展空间，未来需要更多的理论研究和实证研究来深入探究本章构建的数字化背景下先进制造业创新生态系统构成要素、运行机制和演化过程的概念模型。本书所提出的先进制造业创新生态系统知识优势的内涵及分类假设，以及所构建的知识优势评价指标体系，需要更多基于数字化背景的实证研究来验证并拓展。考虑到新冠疫情对全球治理结构的影响，以及我国双循环新发展格局的构建，本书所提出的知识优势形成机理，未来可采用更丰富的案例研究进行探索。

---

① Weill P，Woerner S. Is your business ready for a digital future?[J]. MIT Sloan Management Review，2018，59（2）：21-24.

第八章　世界级先进制造业创新生态系统的培育政策

　　本部分在文献分析的基础上，收集政府出台的针对世界级先进制造业创新生态系统的相关政策，并将其划分为供给面、需求面、环境面政策进行梳理。通过政策内容分析和统计分析，解构政府政策与制造业创新生态系统的相互影响，探索政府如何根据制造业创新生态系统的不同发展阶段来制定相应举措，引导世界级先进制造业创新生态系统的构建与完善，为政府制定培育政策提供科学依据和决策支撑。

第一节　政府政策与制造业创新生态系统发展的关系

　　本章应用CiteSpace软件分别对来自CNKI中国知网和Web of Science的政府政策与制造业创新生态系统的文献进行分析，探索既有研究对政府政策与制造业创新生态系统发展关系的分析，以此为构建世界级先进制造业创新生态系统培育政策的理论基础。

一、文献来源与分析

　　文献检索表，如表8-1所示。

表 8-1　文献检索表

检索设定项目	检索设定内容及结果
数据库	CNKI 中国知网、Web of Science
检索方式	CNKI 中国知网通过限定主题词"制造业创新生态系统 + 制造业集群 + 制造业"AND 主题词"创新的培育政策 + 创新政策 + 政策"并限定来源类别为"SCI 来源期刊、EI 来源期刊、北大核心、CSSCI、CSCD"来检索。 Web of Science 通过限定主题词（Innovation ecosystem of manufacturing* manufacturing cluster*OR manufacturing*）AND 主题 （the cultivation policy of innovation* innovation policy* OR policy*）同时剔除无关研究方向来检索
文献类型	期刊
时间跨度	1997 年 1 月—2021 年 12 月
检索时间	2021 年 4 月
清洗后结果	1 305 篇（中文-来自 CNKI 中国知网）、4 973 篇（英文-来自 Web of Science 核心期刊）

本部分的数据来源为CNKI中国知网和Web of Science，为保证数据覆盖的全面性及研究结果的准确性，以"制造业创新生态系统+制造业集群+制造业"AND"创新的培育政策+创新政策+政策"为主题词，文献检索时间从1997年1月至2021年12月。对检索后数据进行合并、检验、删除、提取、去重及整理，最后得到清洗后的数据，共计文献6 278篇。本部分利用CiteSpace软件对制造业创新生态系统/制造业集群/制造业的创新培育政策/创新政策/政策的研究文献进行知识图谱分析。通过对数据进行深度挖掘、分析并用可视化的知识图谱等方式将一段时间内该研究领域的热点、演进历程及发展趋势形象呈现出来。

通过应用CiteSpace软件分别对来自CNKI中国知网和Web of Science的关键词突现分析可以看到，如图8-1所示，根据CNKI数据，1997—2005年的突现词有"内陆地区""高地""跨界合作""嵌入性创新网络"；2002—2007年的突现词为"先进制造业基地"；2016—2021年的突现词为"先进制造业"；2019—2021年的突现词为"高质量发展"。其中，"先进制造业"和"高质量发展"的突现率一直延续至今。

如图8-2所示，根据WOS数据，1997—2008年的突现词为"先进制造科技"；2016—2018年的突现词有"创新""吸收能力"；2016—2019年的突现词为"设计"；2016—2021年的突现词为"科技"；2017—2021年的突现词为"承载"；2018—2021年的突现词有"工业4.0""系统""框架""未来"。其中，后六者一直延续至今，可说明在国外的先进制造业创新相关研究中，主要趋势是研究先进制造业中科技创新系统的整体性问题。

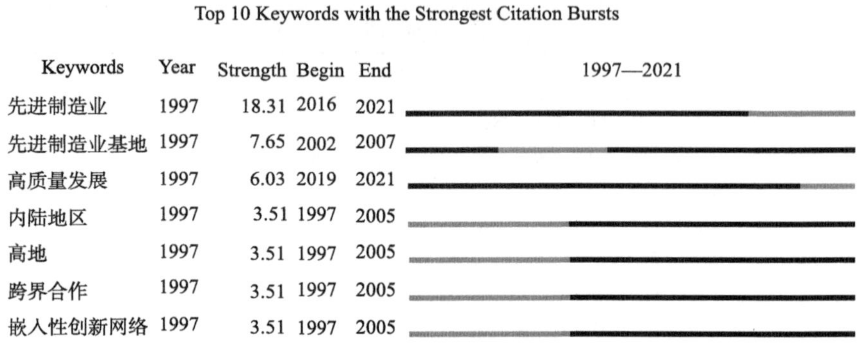

Top 10 Keywords with the Strongest Citation Bursts

Keywords	Year	Strength	Begin	End	1997—2021
先进制造	1997	18.31	2016	2021	
先进制造业基地	1997	7.65	2002	2007	
高质量发展	1997	6.03	2019	2021	
内陆地区	1997	3.51	1997	2005	
高地	1997	3.51	1997	2005	
跨界合作	1997	3.51	1997	2005	
嵌入性创新网络	1997	3.51	1997	2005	

图 8-1　"先进制造业创新"领域 CNIK 关键词突现图

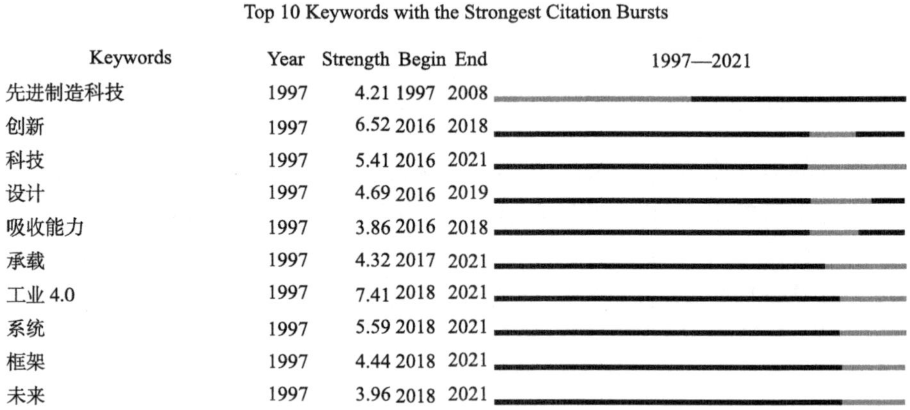

Top 10 Keywords with the Strongest Citation Bursts

Keywords	Year	Strength	Begin	End	1997—2021
先进制造科技	1997	4.21	1997	2008	
创新	1997	6.52	2016	2018	
科技	1997	5.41	2016	2021	
设计	1997	4.69	2016	2019	
吸收能力	1997	3.86	2016	2018	
承载	1997	4.32	2017	2021	
工业 4.0	1997	7.41	2018	2021	
系统	1997	5.59	2018	2021	
框架	1997	4.44	2018	2021	
未来	1997	3.96	2018	2021	

图 8-2　"先进制造业创新"领域 WOS 关键词突现图

应用CiteSpace软件分别对来自中国知网和Web of Science的文献进行关键词共现分析，可以得到出现频率前十五位的关键词，分别如表8-2和表8-3所示。综合表8-1发现，学者们对制造业的研究较为深入，如关键词"制造业""企业异质性""企业竞争力""制造业转型升级""manufacturing system"和"manufacturing"等，此外在政府政策方面，学者的研究侧重于国家战略规划，如"一带一路"倡议、"双轮"协同驱动等，同时，学者关注创新驱动力和政策工具，并侧重从创新投入、创新产出方面评价创新政策绩效。

表 8-2　CNKI 中国知网关键词共现分析表

关键词	频数	中心性
制造业	646	0.95
产业政策	107	0.18
"一带一路"倡议	104	0.00

关键词	频数	中心性
"双轮"协同驱动	101	0.00
制造业转型升级	98	0.01
企业异质性	97	0.00
双重差分法	95	0.01
企业竞争力	93	0.00
区域协调发展	92	0.01
创新产出	92	0.00
创新投入	91	0.00
产品质量供给能力	91	0.00
政策工具	90	0.01
区域差异	87	0.01
创新驱动力	86	0.00

表 8-3　Web of Science 关键词共现分析表

关键词	频数	中心性
policy	826	0.12
model	556	0.11
performance	423	0.06
innovation	364	0.04
growth	336	0.04
impact	332	0.01
system	319	0.09
productivity	283	0.03
management	247	0.04
design	237	0.03
manufacturing system	233	0.09
manufacturing	228	0.09
firm	226	0.03
industry	208	0.06
Petri net	205	0.01

二、制造业创新生态系统相关研究

产业创新生态系统是创新生态系统发展的新范式，基于不同的研究目的，学界对产业创新生态系统的研究也有所差异。目前学界对产业创新生态系统的研究集中于结构①、治理模式②、创新主体、创新机制和创新效率等方面。学者侧重从其基本概念出发展开研究，王娜和王毅③提出了产业创新生态系统的内部一致性模型。何向武等④探索了产业创新生态系统的特征、结构模型和功能层级模型。

国内对于产业创新生态系统的研究情景主要集中在高科技产业、汽车产业、新兴产业和新能源产业等，对制造业创新生态系统研究不多，较少有学者对制造业创新生态系统内部机制及外部结构进行深层研究，在其研究体系方面也相对较少。由于我国制造业创新生态系统尚处于萌芽阶段，大多数学者认为还是应对国外相对成熟的制造业创新生态系统进行借鉴来发展我国制造业创新生态系统的策略，如侯明⑤、张彬和葛伟⑥等提出了借鉴美国创新政策，推动我国创新建设的理念，同时指出要坚持以制造业创新能力提升作为科技创新的核心，面对先进制造技术和未来产业的思考。还有学者发出了对制造业创新生态系统建设的呼吁，如宋华振⑦从当前创新生态建设存在的问题和制造业生态建设也同样需要专业等方面强调了建设制造业创新生态系统的必要性。

学界在对制造业创新生态系统的研究方面也提出了一些产业集聚与区域创新生态系统的设想，如武翠和谭清美⑧运用中介效应检验方法实证探究了区域创新生态系统对协同集聚的创新驱动效应，认为区域创新生态系统可提升区域创新能力，促进技术创新的传递和溢出，进而推动制造业和生产性服务业协同集聚。在具体区域创新生态系统的构建实例方面有安娜⑨、楼健人⑩等，安娜论证了围绕产业创新链形成创新联盟在促进山东地区制造业创新生态系统发展方面的有效性，结合地域特色探索了制造业创新生态系统的发展路径。

总之，中国的制造业创新生态系统现处萌芽阶段，其具体研究体系也尚在探索阶段，学者们的研究主要借鉴国外相对成熟的体系，并强调区域特色对制造业创新生态系统的影响。

---

① 埃斯特琳 J. 美国创新在衰退[M]. 闫佳，翁翼飞译. 北京：机械工业出版社，2010.

② 吴绍波，顾新. 战略性新兴产业创新生态系统协同创新的治理模式选择研究[J]. 研究与发展管理，2014，26（1）：13-21.

③ 王娜，王毅. 产业创新生态系统组成要素及内部一致模型研究[J]. 中国科技论坛，2013，（5）：24-29，67.

④ 何向武，周文泳，尤建新. 产业创新生态系统的内涵、结构与功能[J]. 科技与经济，2015，28（4）：31-35.

⑤ 侯明. 美国创新战略对我国加快推进创新型国家建设的启示[J]. 技术与创新管理，2019，40（1）：25-30.

⑥ 张彬，葛伟. 美国创新战略的内容、机制与效果及对中国的启示[J]. 经济学家，2016，（12）：78-84.

⑦ 宋华振. 制造业需要创新生态系统的建设[J]. 上海质量，2020，（5）：20-25.

⑧ 武翠，谭清美. 基于生态位适宜度的区域创新生态系统与产业协同集聚研究[J]. 科技管理研究，2021，41（3）：1-9.

⑨ 安娜. 山东省制造业区域协同创新体系构建策略研究[J]. 现代营销（下旬刊），2018，（10）：132-133.

⑩ 楼健人. 杭州构建创新生态和发展数字经济的探索[J]. 杭州科技，2018，（6）：10-19.

三、创新政策

1. 创新政策的概念

创新政策是指政府营造创新环境，为促进创新活动的产生和发展，规范创新主体行为而制定并运用的各种直接或间接的政策和措施的总和，它涉及税收、金融、人才、产业等各个方面的政策，内容包含了从科学研发、技术创新及技术应用的全过程。

2. 中国创新政策的演变

从改革开放开始，为激励、推动创新，我国出台了一系列的政策，从这些政策的演变，可以看出我国逐渐构建自主创新体系、建设创新型国家的过程。

范柏乃等[①]将我国创新政策划分为四个阶段：重构科技体制（1978~1985年）、建立研发投入机制（1986~1998年）、促进科技成果转化（1999~2005年）、构建全面的国家创新体系（2006年至今）。我国自主创新政策演进的特点如下：目标上，前期以破除原有机制为主，后期以建立新的创新体系为主；内容安排上，前期政府主导，后期发挥市场作用；政策工具上，逐渐由原来的实体型科技政策工具转变为税收、金融等服务型政策工具。

张永凯[②]将我国科技创新政策划分为四个阶段：重建阶段（1978~1985年）、系统发展阶段（1986~1994年）、调整阶段（1995~2005年）、提升阶段（2006~2018年）。我国自改革开放来的科技创新政策演变具有以下特点："科技政策的单项指令"向"科技政策与经济政策配套发展"转变、"忽视发挥市场机制"向"注重发挥市场机制"转变、模仿创新向集成创新与自主创新演进。

薛澜[③]将我国科技创新政策划分为五个阶段：拨乱反正和酝酿改革阶段（1978~1985年）、科技创新体制重大改革阶段（1985~1998年）、国家科技创新体系的布局建设阶段（1998~2006年）、国家科技创新体系的系统运行和提高阶段（2006~2013年）、创新驱动发展战略实施阶段（2013年至今）。

3. 中国创新政策的特点

由以上阶段的划分我们可以看出，现今，我国的政府创新政策建设已经到了一个全新的阶段。在此阶段下，创新政策有着以下特点。

---

① 范柏乃，段忠贤，江蕾. 中国自主创新政策：演进、效应与优化[J]. 中国科技论坛，2013，（9）：5-12.
② 张永凯. 改革开放40年中国科技政策演变分析[J]. 当代中国史研究，2019，26（3）：152-153.
③ 薛澜. 中国科技创新政策40年的回顾与反思[J]. 科学学研究，2018，36（12）：2113-2115，2121.

1）降低政府主导作用，发挥创新主体的作用

发挥创新主体在创新中的作用，主要包括提升高校、研究机构的科技创新，改善政府创新管理体制，发挥企业创新能力，加强创新人才队伍的建设。2017年党的十九大报告中提出"深化科技体制改革，建立以企业为主体、市场为导向、产学研深度融合的技术创新体系"。2015年5月，《国务院办公厅关于深化高等学校创新创业教育改革的实施意见》发布，提出深化高等学校创新创业教育改革，是推进高等教育综合改革、促进高校毕业生更高质量创业就业的重要举措。2015年10月24日，国务院又印发《统筹推进世界一流大学和一流学科建设总体方案》，推进大学体制改革，建设世界一流大学，带动我国高等教育发展，为创新培育良好的人才基础。2018年7月24日，《国务院关于优化科研管理提升科研绩效若干措施的通知》发布，提出赋予科研人员更大的人财物自主支配权，减轻科研人员负担，充分释放创新活力。2019年5月，国务院办公厅印发《职业技能提升行动方案（2019—2021年）》，提出要持续开展职业技能提升行动，提高培训针对性实效性，全面提升劳动者职业技能水平和就业创业能力。为了发挥企业在创新中的主体作用，2013年、2014年《国务院办公厅关于强化企业技术创新主体地位全面提升企业创新能力的意见》《国务院关于扶持小型微型企业健康发展的意见》发布，激发企业创新活力。

2）注重国家创新环境的建设

创新环境建设主要集中于发挥市场主体作用，着重改善营商环境，培育大众创业、万众创新的社会风气，通过建设典型示范区、高新技术开发区等方式，以点带面，推动我国整体创新环境改善，带动我国整体创新实力。2016年5月12日，国务院办公厅印发《关于建设大众创业万众创新示范基地的实施意见》，旨在更大程度上推动大众创业、万众创新，建设一批双创基地、扶持一批双创平台，并且于2016年、2017年、2020年先后三次列示了三批双创示范基地。2020年7月17日，《国务院关于促进国家高新技术产业开发区高质量发展的若干意见》发布，通过建设高新技术产业开发区的方式，营造良好的创新创业环境，推动科学技术创新发展。2020年《国务院办公厅关于支持多渠道灵活就业的意见》中提出，通过加强审批服务管理、取消部分收费等方式，优化自主创业环境。自2015年，《国务院关于取消和调整一批行政审批项目等事项的决定》《国务院关于取消13项国务院部门行政许可事项的决定》等文件发布，扩大地方自主权、减少政府审批，深化"放管服"改革，促进创新环境的改善。

3）注重多种措施综合运用

科技创新并非仅仅与科学技术部有关，制造业创新也并非仅仅与工业和信息化部有关，创新事关国家各个方面，如放松贷款、减税降费、财政补贴、人才培育等，只有多个部门联合行动，才能构建完善的创新国家政策体系，才能更好地建设创新

型国家。自2017年始,《国务院办公厅关于推广支持创新相关改革举措的通知》已经分三批下发,通过促进军民融合、加强银行对创新支持等措施,切实提高我国自主创新能力。2016年国务院印发《推进普惠金融发展规划(2016—2020年)》,通过普惠金融的发展,解决小微企业融资难的问题,促进大众创业、万众创新。

第二节 关系研究

在先进制造业创新生态系统建设方面,政府政策具有显著的支持和促进作用。先进制造业创新生态系统是一个以企业、高校及科研机构、科研中介机构、政府等多元创新主体为核心的开放、复杂、动态演化系统,政府政策通过对先进制造业创新生态系统中多元创新主体的支持和促进,优化系统内部创新主体之间知识的传递、资源的配置,最终推动先进制造业创新生态系统的发展。

一、政府政策与制造企业

制造企业是制造业创新生态系统中的核心,制造企业是创新的需求者,也是创新的实施者。制造业创新生态系统的成果要通过企业的技术应用来表现出来。

党的十九大报告提出,"建设现代化经济体系,必须把发展经济的着力点放在实体经济上,把提高供给体系质量作为主攻方向,显著增强我国经济质量优势。加快建设制造强国,加快发展先进制造业"。2017年11月27日,国务院印发《关于深化"互联网+先进制造业"发展工业互联网的指导意见》,文件提出"加快建设和发展工业互联网,推动互联网、大数据、人工智能和实体经济深度融合,发展先进制造业,支持传统产业优化升级","到2025年基本形成具备国际竞争力的基础设施和产业体系;到2035年,建成国际领先的工业互联网网络基础设施和平台,重点领域实现国际领先;到本世纪中叶,工业互联网网络基础设施全面支撑经济社会发展,工业互联网创新发展能力、技术产业体系以及融合应用等全面达到国际先进水平,综合实力进入世界前列"[1]。2021年《中华人民共和国国民经济和社会发展第十四个五年规划和2035年远景目标纲要》中提出,要深入实施制造强国战略。

---

① 国务院关于深化"互联网+先进制造业"发展工业互联网的指导意见[EB/OL]. http://www.gov.cn/zhengce/content/2017-11/27/content_5242582.htm, 2017-11-27.

二、政府政策与高校及科研机构

高校及科研机构是科学技术知识的创新、人才培养的主要来源，为制造业创新生态系统进行创新活动提供了坚实的基础。在高校方面，我国一直坚持科教兴国、人才强国战略，不断深化教育改革，加大教育投入，分类建设一流大学与一流学科，建设高素质专业化教师队伍，促进我国高等教育的发展，同时增强职业技术教育适应性，培育职业技术专业型人才。习近平总书记在党的十九大报告中，提出"加快一流大学和一流学科建设，实现高等教育内涵式发展"[①]。自"十三五"以来，我国每年教育投入占GDP的比重都在4%以上，并且连年增长，至2019年全国财政一般公共预算教育支出达到3.5万亿元，是2015年的1.34倍。至2020年，我国已经认定了200所深化创新创业教育改革示范高等学校，高校已经承担了60%以上的基础研究和重大科研任务，建设了60%以上的国家重点实验室，已经产出了许多具有重要影响力的成果。在2021年QS世界大学排行榜上，我国已经有25所大学进入世界前500。2021年，教育部印发《普通高等学校本科教育教学审核评估实施方案（2021—2025年）》，提出，全面落实立德树人根本任务，坚决破除"五唯"顽瘴痼疾，扭转不科学教育评价导向，确保人才培养中心地位和本科教育教学核心地位。

在科研机构上，2019年《国务院办公厅关于抓好赋予科研机构和人员更大自主权有关文件贯彻落实工作的通知》发布，提出要通过推动"预算调剂和仪器采购管理权落实到位、推动科研人员的技术路线决策权落实到位、推动项目过程管理权落实到位"[②]等措施，赋予科研机构以及人员更大的自主权，为科研单位和科研人员营造良好创新环境，调动积极性。

三、政府政策与科技中介机构

科技中介机构在先进制造业创新生态系统演化与运转中发挥着黏合剂的作用[③]。为了保证科研中介机构的有效性和可靠性，美国通过制定相应的法规与政策不断增加科技人才、基础设施等方面创新要素的供给[④]，为科技中介机构的进展营造良好的氛围与设置技术转移监管和促进机构，保证了科研中介服务机构的质量，

---

① 习近平. 决胜全面建成小康社会 夺取新时代中国特色社会主义伟大胜利——在中国共产党第十九次全国代表大会上的报告[EB/OL]. https://www.gov.cn/zhuanti/2017-10/27/content_5234876.htm, 2017-10-27.

② 国务院办公厅关于抓好赋予科研机构和人员更大自主权有关文件贯彻落实工作的通知[EB/OL]. http://www.gov.cn/zhengce/content/2019-01/03/content_5354526.htm?trs=1, 2019-01-03.

③ 冯志军. 东莞先进制造业创新生态系统的构建研究[J]. 商业经济, 2019，（9）：22-26，78.

④ 侯明. 美国创新战略对我国加快推进创新型国家建设的启示[J]. 技术与创新管理, 2019, 40（1）：25-30.

采取多种措施对科技中介服务加以扶持，如给予特定的科技中介服务机构相关优惠政策、加大科技中介机构发展资金支持力度和直接资助建立国家科技中介机构等。此外，美国还将部分原属于政府的职能，如行业管理、项目评估、市场监管等交由有关科技中介服务机构来实现，促进了科技中介服务机构的快速发展，保证了整个创造业创新生态系统的灵活运转和持续演化，引导世界级先进制造业创新生态系统的构建与完善。

四、政府政策与政府

在制造业创新生态系统中，政府是创新政策的制定者，通过政府的政策安排与顶层设计，改善制造业创新生态系统的运转，提升整体创新绩效，同时，政府还是系统内的监管者与服务者。为推动制造业发展，国务院及其组成部门下发了一系列文件，形成构建制造业创新生态系统的政策保障。2019年，《国务院办公厅关于支持国家级新区深化改革创新加快推动高质量发展的指导意见》发布，提出持续增强竞争优势。把推动制造业高质量发展放在突出位置，深化供给侧结构性改革，赋予新区更大改革自主权，发挥综合功能平台优势建立高质量的国家级新区。在推动创新发展、提升关键领域科技创新能力上，新区要深入实施创新驱动发展战略、促进科技与经济深度融合，要健全科技成果转化激励机制和运行机制，支持新区探索更加开放便利的海外科技人才引进和服务管理机制。2021年12月召开的中央经济工作会议提出，实施新的减税降费政策，强化对中小微企业、个体工商户、制造业、风险化解等的支持力度，支持制造业发展。

第三节　小　　结

学术界关于世界级先进制造业创新生态系统培育政策的研究较少，本书借鉴产业集群和创新生态系统的相关培育政策研究进行类比。20世纪80年代末以后，政策工具研究途径开始兴起，这一途径侧重于检视特定政府行为中的公共政策提供[1]。创新生态系统受益于促进创新合作的区域公共政策[2]，政府政策越来越成为培育世界级先进制造业创新生态系统的重要力量。国外研究中，McCarthy等[3]认

---

[1] 王世强. 政府培育社会组织政策工具的分类与选择[J]. 学习与实践，2012，(12)：78-83.

[2] Vlaisavljevic V，Medina C C，van Looy B. The role of policies and the contribution of cluster agency in the development of biotech open innovation ecosystem[J].Technological Forecasting and Social Change, 2020, 155: 119987.

[3] McCarthy D J, Puffer S M, Graham L R, et al. Emerging innovation in emerging economies：can institutional reforms help Russia break through its historical barriers?[J].Thunderbird International Business Review，2014，56（3）：243-260.

为正式和非正式制度的不足已经成了俄罗斯开展创新的历史性障碍，目前需要通过国家体制基础和政策制度变革来发展国家创新生态系统。

张宏[①]提出产业集群的形成分为自发形成、"自上而下"和"自下而上"三类，其中"自上而下"指政府与有关单位根据自身的目标，制定出清晰的产业集群发展战略规划，并加以有效地实施，从而培育出产业集群。在这种形成模式下，政府无疑是产业集群的培育者、组织者和具体实施者。冯德连[②]认为政府在先进制造业集群成长中的作用主要有三个方面：集群网络的促进器（facilitator）、动态比较优势的催化剂（catalyst）、公共机构的建立者（builder）。政府政策支持在新兴国家先进制造业集群的培育中扮演着愈加重要的角色[③]。根据集群的生命周期，政府在集群形成初期发挥主要作用，创造有利于产业集群成长的法律与政策环境，发挥"推进者"作用[④]；制定集群计划或战略，促进集群组织的形成与建设并为各经济体的网络化提供资金支持渠道，发挥引领作用[⑤]。Watanabe和Fukuda[⑥]也提到周期的重要性，认为技术政策应该努力促进创新，以期构建创新发展周期与制度体系进步之间的协同进化。

目前，国外的集群培育政策较为成熟，所以许多学者对美国、日本等发达国家的培育政策进行了研究分析。刘志阳和姚红艳[⑦]研究发现，美国采取市场化共同培育模式，政府注重战略性技术的开发与应用和高新技术产业方面的多方合作；日本则通过产业政策对集群形成进行干预，在宏观经济政策上发挥了巨大作用，从而形成了政府主导型的战略性新兴产业模式，由政府主导规划技术发展路线，筹建战略性新兴产业集群；芬兰则由国家以从上至下的方式推动"技能中心计划"，引导产业集群创新服务机制环境的形成。李力等[⑧]则对欧盟的产业集群政策进行分析，认为其主要侧重营造集群建立的环境政策，包括提供制度框架保障、科学规划和基础设施保障；提供"集群发展的条件"的政策，包括支持合作和促进交流；发展和完善集群、克服系统失灵的政策，包括调控变革、设立风险投资基金、政府采购等多种举措。在各国集群的培育政策中，政府资金政策支持必不可少。资金是世界级集群执行集群政策、集群自身运行的"血液"，是集群组织活力的保

① 张宏. 产业集群培育的路径与政府作用[J]. 理论导刊，2006，（5）：21-23.

② 冯德连. 加快培育中国世界级先进制造业集群研究[J]. 学术界，2019，（5）：86-95.

③ 曾祥炎，成鹏飞. 全球价值链重构与世界级先进制造业集群培育[J]. 湖湘论坛，2019，32（4）：72-79.

④ 王辉. 产业集群网络创新机制与能力培育研究[D]. 天津大学博士学位论文，2008.

⑤ 张佩，赵作权. 世界级竞争力集群培育的欧盟模式及其启示[J]. 中国软科学，2019，（12）：72-80.

⑥ Watanabe C，Fukuda K. National innovation ecosystems：the similarity and disparity of Japan-US technology policy systems toward a service oriented economy[J]. Journal of Services Research，2006，（1）：159-186.

⑦ 刘志阳，姚红艳. 战略性新兴产业的集群特征、培育模式与政策取向[J]. 重庆社会科学，2011，（3）：49-55.

⑧ 李力，曹雄军，宋娇英. 欧盟产业集群政策及其启示[J]. 科技管理研究，2008，（1）：235-238.

障①。Engel等②发现公共研发资金诱导了更多的知识流动，而且有相当一部分项目研究了新的想法或提供了只有在非常密切的合作框架内才可能存在的动力，因为它存在于集群倡议中。此外，政府培育政策的实施应具有中长期性、分阶段③等特点，如日本政府高度重视集群政策的延续性与演变性，先后实施了产业集群计划、知识集群计划和城市区计划等三个集群发展战略，不断完善集群政策，解决集群发展中面临的问题④。

① 赵作权，田园. 培育世界级先进制造业集群之关键问题[J]. 中国工业和信息化，2019，(8)：46-51.

② Engel D，Eckl V，Rothgang M. R&D funding and private R&D: empirical evidence on the impact of the leading-edge cluster competition[J]. The Journal of Technology Transfer，2019，44 (6)：1720-1743.

③ 张佩，赵作权. 如何培育世界级竞争力集群?——以挪威为例[J]. 科学学研究，2020，38 (2)：218-226.

④ 2019 先进制造业集群白皮书[J]. 中国工业和信息化，2019，(11)：46-65.

第九章 世界级先进制造业创新生态系统培育政策的框架构建

2013年4月，德国"工业4.0"的问世引起了世界的广泛关注和强烈反响。纵观全球发展历史，制造大国走向制造强国的一个重要标志，就是要培育若干世界级先进制造业集群[①]。产业创新生态系统是创新驱动的产业集群，因此，培育世界级先进制造业创新生态系统是新时代中国成为制造强国的必经之路，因此，政府采取何种政策工具培育世界级先进制造业创新生态系统成为重要的研究课题。知识优势是产业创新生态系统形成核心竞争力的关键所在，能为先进制造业创新生态系统的发展提供持续不断的动力，使其在市场竞争中难以被竞争对手破解、模仿和追赶[②]。但还鲜有学者从知识优势视角对世界级先进制造业创新生态系统培育政策进行研究，基于此，本书从知识优势视角探索世界级先进制造业创新生态系统培育政策体系的构建。

第一节 理论基础与机理研究

一、政策工具组合概念框架

Rogge和Reichardt[③]对政策组合概念进行了扩展，认为这一概念强调政策组合

---

① 刘志彪. 攀升全球价值链与培育世界级先进制造业集群：学习十九大报告关于加快建设制造强国的体会[J]. 南京社会科学，2018，（1）：13-20.

② 李其玮，顾新，赵长轶. 产业创新生态系统知识优势影响因素：理论框架与实证研究[J]. 经济问题探索，2017，（9）：163-174.

③ Rogge K S, Reichardt K. Policy mixes for sustainability transitions: an extended concept and framework for analysis[J]. Research Policy，2016，45（8）：1620-1635.

不仅仅是相互作用的工具-组合工具的组合，还包括政策战略、政策过程和特征，通过实证研究发现一定程度的政策组合一致性是企业创新活动的核心[①]。本书借鉴Rothwell和Zegveld的研究方法[②]，将基本政策工具所涉及的供给面、需求面和环境面三种类型的政策工具作为世界级先进制造业创新生态系统培育政策框架的X维度。

1. 供给面

从世界级先进制造业创新生态系统知识优势培育政策角度出发，供给面培育政策主要是指政府部门通过扩大创新投入，增加技术供给和提高成果转化效率来使企业有充足的创新资源投入创新活动当中[③]，推动先进制造业创新生态系统尽快形成知识优势。

2. 需求面

需求侧培育政策是指政府积极开拓和稳定新技术应用市场，通过政府采购、外包贸易控制和海外制度支持等手段，减少市场不确定性，促进技术创新和新产品开发[④]。其中，政府采购被一些学者视为需求侧创新政策的重要工具之一[⑤]。

3. 环境面

环境政策主要是指政府通过财政、税收制度、调控等政策影响科技发展的环境因素，为技术创新等科技活动提供有利的政策环境，间接影响和促进科技创新和新产品开发，可分为目标规划、金融支持、税收优惠、知识产权、法规管制等[⑥]。

二、知识优势及其形成过程

知识链是知识在参与创新活动的不同组织（企业、大学、科研院所）之间

---

① Reichardt K, Rogge K. How the policy mix impacts innovation: findings from company case studies on offshore wind in Germany[J]. Environmental Innovation and Societal Transitions, 2016, 18: 62-81.

② Rothwell R, Zegveld W. Reindustrialization and Technology[M]. London: Longman Group Limited, 1985.

③ 袁永，张宏丽，李妃养. 奥巴马政府科技创新政策研究[J]. 中国科技论坛，2017，（4）：178-185.

④ 张雅娴，苏竣. 技术创新政策工具及其在我国软件产业中的应用[J]. 科研管理，2001，（4）：65-72.

⑤ Edler J, Georghiou L. Public procurement and innovation: Resurrecting the demand side[J].Research Policy, 2007, 36 (7): 949-963.

⑥ 赵筱媛，苏竣. 基于政策工具的公共科技政策分析框架研究[J]. 科学学研究，2007，（1）：52-56.

流动而形成的网链式结构[①]。知识优势是在知识流动过程中一条知识链相对于另一条知识链所表现出来的优势[②]。Mavrot和Sager[③]提出科学知识和共识不仅支持不同群体之间的横向协调，而且积极地包括在一个垂直网络中，从而以自上而下的方式追求具体的政策目标。因此，政府培育世界级先进制造业创新生态系统的政策体系可以通过自上而下促进知识流动，从而推动先进制造业创新生态系统内多元创新主体在竞争与合作中形成知识优势。基于创新价值链模型，本书将知识优势的形成过程动态化地分为知识生产（知识研究）、知识转化（知识开发）和知识应用三个方面，并作为世界级先进制造业创新生态系统培育政策框架的Y维度。

1. 知识生产（知识研究）

知识生产是在知识存量的基础上产生新知识的过程[④]。世界级先进制造业创新生态系统知识生产，主要是高校和科研院所的基础知识及专利产出等。这些论文、专著和专利等正是知识形成过程中原始创新的源泉。

2. 知识转化（知识开发）

知识转化是由高校或科研院所形成的基础知识及专利通过中介机构、孵化器等科技中介服务机构转化成为应用型知识。知识转化的过程是价值创造的过程。

3. 知识应用

知识应用是企业将吸收的优质新知识与内部知识整合转化为生产力，物化到产品或服务的过程中，并获得市场和客户的认同，从而实现其自身的价值增值[⑤]。企业将知识应用在实际生产或产品当中，实现先前过程所创造的价值，与客户进行合作创新，其中，客户也是知识应用过程中重要的创新主体。此外。从先进制造业的基本特征来看，知识应用还应具有规模化和国际化的特点[⑥]。

---

① 顾新，郭耀煌，李久平. 社会资本及其在知识链中的作用[J]. 科研管理，2003，（5）：44-48.

② 李久平，顾新，王维成. 知识链管理与知识优势的形成[J]. 情报杂志，2008，（3）：50-53.

③ Mavrot C, Sager F. Vertical epistemic communities in multilevel governance[J]. Policy & Politics, 2018, 46(3): 391-407.

④ 袁祥飞，关成华. 企业多样性与知识生产、经营绩效的关系研究：基于区域创新空间视角的分析[J]. 经济经纬，2020，37（2）：19-26.

⑤ 李全喜，张鹏，王楠. 供应链企业知识协同过程研究[J]. 情报科学，2015，33（7）：150-154.

⑥ 陈瑛，汤建中，邓立丽. 长三角世界级先进制造业基地建设的经济评析[J]. 上海经济研究，2005，（5）：62-67.

第二节 框架构建与运行机理

借鉴先进制造业、产业创新生态系统、政策工具、知识优势等领域的相关研究成果，本书将政策工具和知识优势动态形成过程相结合，构建世界级先进制造业创新生态系统培育政策框架图（图9-1）。

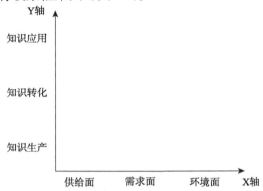

图 9-1 世界级先进制造业创新生态系统培育政策框架图

一、框架构建

（一）X 维度：政策工具维度

创新政策是国家为了提高产业竞争力，促进经济发展，用于帮助新兴产业减少其所面临的技术路线和市场的双重不确定性而制定的特殊政策[①]，同时激励企业增加创新投入与研发。Rothwell和Zegveld依据创新政策对科技创新产生的影响层面的不同，将创新政策分为供给面、需求面和环境面政策工具[②]。至今为止，国内外学者在创新政策分类方面已经达成了共识，普遍赞同将创新政策分为三个层次。本书将三个维度作为基本政策工具维度，即X维度。

1. 供给面政策工具

从世界级先进制造业创新生态系统知识优势培育政策角度出发，供给面培育

① 田志龙，陈丽玲，顾佳林. 我国政府创新政策的内涵与作用机制：基于政策文本的内容分析[J]. 中国软科学，2019，（2）：11-22.

② Rothwell R，Zegveld W. Industrial Innovation and Public Policy：Preparing for the 1980s and 1990s[M]. London：Frances Pinter，1981.

政策主要是指政府部门通过扩大创新投入，增加技术供给和提高成果转化效率来使企业有充足的创新资源投入创新活动中[①]，推动技术创新和新产品开发，并推动先进制造业尽快形成知识优势。具体形式包括以下几个方面[②]。

第一，人力资源。人力资源方面指政府建立起长期全面的人才发展规划，同时完善人才教育和培训体系，加强海外留学人才和国外相关人才的引入，使得完备的人才储备成为技术创新的地基。

第二，信息支持。信息支持是指政府建立全面、及时的信息基础设施，为技术创新服务提供信息服务，减少技术创新中的信息不对称。

第三，技术支持。技术支持是指政府加大技术基础设施的建设、鼓励研究机构进行技术和产品开发和鼓励企业引进国外先进技术。

第四，资金支持。资金支持指政府直接对技术创新提供资金，如提供研究经费等。

2. 环境面政策工具

环境面培育政策主要指政府通过财务金融、税收制度、法规管制等政策影响科技发展的环境因素，为技术创新等科技活动提供有利的政策环境，间接影响并促进科技创新和新产品开发，可细分为目标规划、金融支持、税收优惠、法规管制等[③]。

第一，目标规划。政府通过对未来科技发展方向进行规划，制定区域性政策、鼓励企业合并以及帮助企业进行技术引进。

第二，金融支持。金融支持指政府通过融资、补助、风投、信贷等政策帮助企业技术创新解决资金难题。

第三，税收优惠。税收优惠主要指政府对企业和个人进行减税，包括投资抵减、免税等政策。

第四，法规管制。法规管制指政府通过加强知识产权保护、加强市场监管、反垄断等措施，为创新提供良好环境。

3. 需求面政策工具

需求面培育政策是指政府为减少市场的不确定性，通过政府采购、外包、贸易管制和海外机构支持等做法积极开拓并稳定新技术应用的市场，从而拉动技术创新和新产品开发[②]。

---

① 袁永，张宏丽，李妃养. 奥巴马政府科技创新政策研究[J]. 中国科技论坛，2017，（4）：178-185.

② 张雅娴，苏竣. 技术创新政策工具及其在我国软件产业中的应用[J]. 科研管理，2001，（4）：65-72.

③ 赵筱媛，苏竣. 基于政策工具的公共科技政策分析框架研究[J]. 科学学研究，2007，（1）：52-56.

第一，政府采购。政府通过对技术创新商品进行大批量采购，减少企业创新初期所面对的市场不确定性，帮助企业进行持续的技术创新。政府采购包括中央或地方政府采购、公共事业采购等。

第二，外包。外包指政府将研究任务委托给企业研究机构，推动其技术研究。

第三，贸易管制。贸易管制指政府通过进出口相关政策对进出口商品进行管制，包括贸易协定、关税、货币调节等。

第四，海外机构支持。政府直接对企业在海外设立的机构进行支持。

（二）Y维度：知识优势维度

1. 知识生产（知识研究）

知识生产是在知识存量的基础上产生新知识的过程[1]。知识生产依赖于知识存量和知识类型。过去所形成的知识会对现在的研究产生积极的效果，进而使知识存量总数上升[2]。除此之外，知识生产也依赖着知识管理。知识会在不同企业间转移和溢出，企业能够在此过程中学习知识管理，也就是学习知识转移的经验[3]。世界级先进制造业创新生态系统知识生产，主要是高校和科研院所构建的先进的基础知识及专利产出等，其模式主要是通过"大学–产业–政府–社会"组成的动力机制[4]。这些论文、专著和专利等正是知识形成过程中的创新和价值创造。

2. 知识转化（知识开发）

知识转化是由高校或科研院所形成的基础知识及专利通过中介机构、孵化器等途径转化成为应用型知识，知识转化的过程是价值创造的过程。知识转化主要有两个层次——组织内知识转化和组织间的知识转化。

（1）组织内知识转化。组织内知识转化包括个体知识之间、个体知识与组织之间及组织知识之间的转化[5]。个体知识转化是员工对知识的直觉和理解过程[6]，个体知识转化是组织内知识形成的基础[7]，个体与组织之间的转化是通过彼此传

---

① 袁祥飞，关成华. 企业多样性与知识生产、经营绩效的关系研究：基于区域创新空间视角的分析[J]. 经济经纬，2020，37（2）：19-26.

② 李强，韩伯棠，李晓轩. 知识生产函数研究与实践述评[J]. 经济问题探索，2006，（1）：24-27.

③ 王颖，彭灿. 知识异质性与知识创新绩效的关系研究[J]. 科技进步与对策，2012，（4）：119-123.

④ 蒋文昭. 基于模式3的大学知识生产方式变革[J]. 黑龙江高教研究，2017，（4）：34-37.

⑤ 刘欣. 中华老字号的品牌激活研究：以知识转化为视角[D]. 山东大学硕士学位论文，2016.

⑥ Crossan M M, Lane H W, White R E. An organizational learning framework：from intuition to institution[J]. The Academy of Management Review，1999，24（3）：522-537.

⑦ Jang S, Hong K, Bock G W, et al. Knowledge management and process innovation：the knowledge transformation path in Samsung SDI[J]. Journal of Knowledge Management，2002，6（5）：479-485.

递的。组织知识向个体转化成为价值观、制度、流程等，而个体知识则向组织转化为工作过程、规则和机制。

（2）组织间知识转化。知识会跨越组织边界进行转移，不同组织间的知识会互相作用形成新知识，通过组织间动态作用，组织的新知识会触发其他成员的知识转移。例如，一项新的重要工艺会使得供应商产品革新，从而触发整个产业链的产品和服务的革新。顾客在接触产品的过程中也会对产品产生知识，这样的知识也会传递给企业，引发新一轮的革新。

3. 知识应用

知识应用可以理解为供应链企业依据整合后的新知识转化为生产力，物化到产品或服务的过程中，实现其自身的价值增值[①]。企业将知识应用在实际生产或产品当中，实现所创造的价值。同时用户也是知识应用过程中的重要参与者之一。此外，从先进制造业的三大基本特征[②]来看，知识应用还应该具有规模化和国际化的特点。企业的竞争优势是来自知识应用的，只有将知识运用到企业的产品和服务的开发上才能为企业带来竞争优势[③]。知识应用的实质就是通过拓展企业的竞争力来更好地完成任务，知识应用一般包含两个要素，即知识运用的充分性和有效性。不同企业在知识应用上有很大差别，高技术企业的知识应用会随着它的技术和经济基础的提高而提高。总的来说，知识应用就是将知识运用到实际运营的过程中。知识应用的影响因素主要是信息处理机制、组织信息冗余和信息处理能力及组织文化。

（1）信息处理机制。将知识运用到新产品的过程中需要获取相关知识，知识获取是一个个人行为，但是个人的能力并不是无穷的，个人往往擅长其专有领域，新产品开发却需要不同领域的知识，所以，快速的信息处理机制能协助将个人的知识和能力积聚起来促进新产品的开发。

（2）组织信息冗余。组织信息冗余是指组织中各部门之间的资源重叠。组织信息冗余可以作为信息处理的辅助机制，有助于降低信息处理需求，而具有较高常识水平的员工可以增加知识跨职能整合和应用的可能性[④]。

---

① 李全喜，张鹏，王楠. 供应链企业知识协同过程研究[J]. 情报科学，2015，33，（7）：150-154.

② 陈瑛，汤建中，邓立丽. 长三角世界级先进制造业基地建设的经济评析[J]. 上海经济研究，2005，（5）：62-67.

③ Grant R M. Toward a knowledge-based theory of the firm[J]. Strategic Management Journal，1996，17（S2）：109-122.

④ Nonoka I，Takeuchi H. The Knowledge-Creating Company：How Japanese Companies Create the Dynamics of Innovation[M]. New York：Oxford University Press，1995.

（3）信息处理能力。信息处理能力包括信息技术、员工职务轮换和关系网络。信息技术能提升企业的吸收能力，增加信息处理的有效性。员工职务轮换能帮助建立共同语言和表征[1]，增强企业吸收能力。关系网络同时存在于组织内部和外部，对关系网络的使用能够帮助企业提升知识处理能力。

（4）组织文化。组织文化会影响对外部环境中多元知识的识别、吸收、创造和分配。在封闭的组织文化影响下，组织成员在吸收知识后可能因为对信息源的不信任或趋于对应用知识存在风险的规避而放弃应用知识，而开放式文化则能够有效地吸收外部环境中优质的知识[2]。

（三）综合分析

1. 基于 X 轴的分析

从X轴来看，政府支持是对自主创新影响最广的外部动力[3]，培育政策为企业形成知识优势提供了制度环境方面的动力机制、实现机制和保障机制。

（1）供给面的培育政策为世界级先进制造业创新生态系统的形成提供动力机制，主要解决系统的价值创造问题。

随着科技创新与经济发展的紧密结合，政策决策者对于科技发展趋势的敏锐度极大地决定了供给面培育政策的支撑力。政府为各创新主体提供资金、技术、人才等资源支持，解决各主体在知识优势形成各阶段的资源缺失问题，提供政策助力研究开发，创新孵化促进科技成果转化，还以直接资助、提供信用担保和支持创投基金[4]等方式激励创新，为各主体培育知识优势提供了源源不断的动力。但由于交易成本、委托代理问题的存在，财政补贴也可能挤出创新主体的创新行为，导致创新主体将工作重心放在争抢项目与资源上[5]。各创新主体往往趋于短期创新，且各创新主体的背景差异也会导致资源分配、歧视、腐败问题，或造成财政支出浪费。政府则需要慎重考虑政策支持的实用性，延后部分财政支持，通过税收等措施保证支持创新目的的实现。

（2）需求面的培育政策为世界级先进制造业创新生态系统的形成提供实现

---

① van der Bij H, Song M, Weggeman M. An empirical investigation into the antecedents of knowledge dissemination at the strategic business unit level[J]. Journal of Product Innovation Management, 2003, 20 (2): 163-179.

② Damanpour F, Evan W M. Organizational innovation and performance: the problem of "Organizational Lag" [J]. Administrative Science Quarterly, 1984, 29 (3): 392-409.

③ 孙冰. 企业自主创新动力机制研究[J]. 软科学, 2007, (3): 104-107.

④ 李纪珍, 周江华, 赫运涛, 等. 从创新资金的供给面政策到创新券的需求面政策: 基于北京科技型中小企业的实证研究[J]. 技术经济, 2018, 37 (6): 25-33, 119.

⑤ 张继彤, 张静雨, 蒋伏心. "十四五"时期中国创新政策体系建设构想[J]. 江苏社会科学, 2021, (1): 44-51, 242.

机制，主要解决系统的价值实现问题。

企业知识学习的方向极大地依赖于市场规模①，市场潜力较大，竞争激烈会使企业会不断学习创新，确立产品优势以获取更大的竞争优势。若市场前景出现跨行业趋势，或企业掌握的知识无法独占市场时，企业往往会寻求同行业或跨行业的知识分享合作。在制造业数字化转型中，越来越多的传统企业跨行业寻求高技术企业的合作，形成企业之间的知识联盟。但一种新的产品或技术也有失败的可能，特别是处于产业形成期与成长期的企业，需要更多的政策支持。通过政府采购、外包等一系列政策，政府可以在创新型产品的市场需求较小的阶段为创新型产品创造需求，促进价值实现来激励企业持续创新。对处于行业衰退期的企业，政府可以通过引进海外优质企业等一系列政策，倒逼企业形成转型升级意识，寻求知识优势，实现创新能力的形成与转化。

（3）环境面的培育政策为世界级先进制造业创新生态系统的形成提供保障机制，主要解决系统价值创造和价值实现的保障问题。

知识漏斗效应与知识外溢等因素会造成企业知识优势的丧失与削弱②，企业的知识优势会通过员工的流动、其他公司的模仿等方式流出企业，创新成果的归属不能得到较好的保护，同时，拥有隐性知识的企业为了构建壁垒追求自身利益最大化，会抵制知识的共享，以形成知识版权垄断，降低市场的竞争程度。市场竞争程度较低时，少数企业市场占有率低，不利于产业的创新发展。可以通过完善知识产权保护等法律法规、培育创新创业环境，弘扬鼓励创新的文化氛围、提高政府服务质量等。政府应根据环境变化，不断梳理其在科技创新中的定位，通过放权与弱干预等方式，促进创新发展，以此保障世界级先进制造业创新生态系统的形成。

2. 基于 Y 轴的分析

从 Y 轴来看，知识优势的形成是一个知识生产、知识转化和知识应用的三阶段动态互动的发展过程。

（1）在知识生产过程中，企业通常选择再创新，即有选择地进行知识的吸收、整合与消化，稳定有效的知识获取渠道是前提。

由于知识本身可能零碎，隐性知识理解门槛较高，企业需要将零碎的新旧知识进行有效整合，并借助自身资源进行知识重构。知识专业化程度越高，进行生产和整合的难度就越大，企业通常需要投入大量资源，有一定风险。企业可以通过战略联盟、协同创新增强知识获取能力，获得互补性资源，借助政府出台的相

---

① 谢康，吴清津，肖静华. 企业知识分享 学习曲线与国家知识优势[J]. 管理科学学报，2002，（2）：14-21.
② 徐勇. 企业知识优势的丧失过程与维持机理分析[J]. 学术研究，2004，（5）：26-31.

关政策鼓励系统各创新主体进行创新投入[①]，引导高校、科研院所及其他新型研发机构等系统各创新主体协同创新共同研究、促进知识的再创新。

此外，政府还可通过加强高水平大学建设，培养与引进未来发展的一流研究团队与人才，促进生产先进知识。同时，政府也需注意基础研究和前沿技术研发知识的平衡。基础研究是技术前沿发展的基石，但我国目前基础技术领域研发较为薄弱。相比而言，美国政府始终保持较高的基础研究支出，同时积极布局优先突破的前沿技术[②]。

（2）在知识转化过程中，中介机构、孵化器、创业者、企业等对系统生产的知识进行开发和转化，在产学研合作创新网络中，企业、高校、科研机构、科技中介服务机构、创业者等是网络中节点，专注于在价值链中具有比较优势的活动并贡献核心能力[③]。

政府可通过政策加快科技成果转化和创业孵化，如在行业发展初期，较低的行业准入有利于各主体将知识进行商业化，转化智力资本为新产品或服务，同时，鼓励和保障产学研合作创新的顺利进行。在科研端形成基础研究与应用研究的不同评价体系，鼓励科研院所或高等学校将技术投入企业。发展科研中介机构，建立科技企业孵化器，推动三者之间的耦合互动，形成研究开发与产业发展的三螺旋转化链，实现创新向价值的转化[④]。

（3）在知识应用过程中，政府通过政策鼓励并引导企业积极应用所转化的知识，以价值共创为战略导向，开发创新型产品、服务或管理模式，积极与客户合作创新，提升创新绩效，从而实现价值获取。

如图9-2所示，知识生产、知识转化与知识应用是一个循环互动的动态发展过程，从长远来看，知识应用将成为驱动世界级先进制造业创新生态系统知识优势形成的关键环节。在知识应用到知识生产创新中，客户也是重要的创新主体。企业在知识应用的过程中会从用户端得到更多的反馈、发现问题，为解决这些问题，在市场需求的驱动下，企业又会主动引导系统各创新主体以价值获取过程中的问题为导向进行知识生产、知识转化和知识应用，从而促进该系统知识优势的不断提升，使系统知识优势实现"点-链-网"的跃升，形成其他系统难以破解、模仿和复制的世界级先进制造业创新生态系统知识优势。

① 雍兰利，冯雅昕. 自主创新机制结构整合研究：以我国制药企业自主创新实现机制构建为例[J]. 科技进步与对策，2009，26（14）：11-14.
② 袁永，张宏丽，李妃养. 奥巴马政府科技创新政策研究[J]. 中国科技论坛，2017，（4）：178-185.
③ 唐承林，顾新. 产学研合作创新网络知识优势来源与形成研究[J]. 科技管理研究，2010，30（11）：113-116.
④ 李其玮，顾新，赵长轶. 产业创新生态系统知识优势的内涵、来源与形成[J]. 科学管理研究，2016，34（5）：53-56.

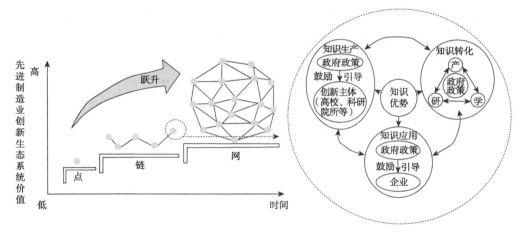

图 9-2　政策工具支持先进制造业创新生态系统知识优势的动态形成过程

二、运行机理

（一）政府政策与先进制造业创新生态系统的相互影响

世界级先进制造业创新生态系统的生命周期包括培育期、萌芽期、成长期、成熟期和衰退期，在世界级先进制造业创新生态系统的发展过程中，其知识优势的生命周期也包括培育期、成长期、成熟期和衰退期。如图9-3所示，在不同的生命周期阶段，世界级先进制造业创新生态系统及其知识优势的动态形成过程具有周期性也存在风险，政府支持在不同的生命周期阶段也具有不同的作用。Habib和Hasan[①]通过研究考察了企业生命周期不同阶段企业所承担的风险，发现在生命周期的引入和衰退阶段，风险承担程度较高，而在成长和成熟阶段，风险承担程度较低。创新是高风险的行为，突破性的创新性行为[②]。企业在创新的各个阶段都会面临失败的风险，同时，知识退化或大环境的技术革新都会对企业创新行为产生一定冲击。在培育期，由于创新的不确定性，客户和市场的不稳定性，企业等创新主体往往会因为核心刚性等顾虑不愿创新，导致先进制造业创新生态系统很难形成知识优势。同时，在知识优势形成的萌芽期和成长期，企业需要大量的资金支持，面临着一定程度的资金短缺风险。即使进入相对稳定的成熟期后，企

---

① Habib A，Hasan M M. Firm life cycle，corporate risk-taking and investor sentiment[J]. Accounting & Finance，2017，57（2）：465-497.

② 王海军，金姝彤，束超慧，等. 为什么硅谷能够持续产生颠覆性创新？——基于企业创新生态系统视角的分析[J].科学学研究，2021，39（12）：2267-2280.

业也可能因为技术范式演进面临失败的风险[1]，固守旧技术范式而不愿意继续对新技术范式进行创新研究，还可能会产生知识退化的风险。Yan和Wu[2]通过实证研究发现政府补贴发挥作用对实质性创新与战略创新有重大积极影响，因此，在培育期，政府通过培育政策体系对创新失败进行合理的补贴、对相关创新风险活动进行风险分担等政策具有举足轻重的作用。

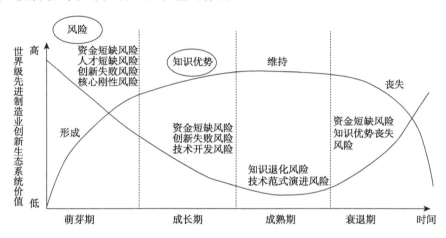

图 9-3 世界级先进制造业创新生态系统风险与知识优势变化趋势

（二）世界级先进制造业创新生态系统培育政策框架表

由于在先进制造业创新生态系统培育期，政策支持具有重要的作用，且我国世界级先进制造业创新生态系统还没有形成，因此，本书主要研究世界级先进制造业创新生态系统培育期的政策体系，即世界级先进制造业创新生态系统及其知识优势均处于培育期（萌芽期）的政策。

从本质来看，世界级先进制造业集群的内涵至少包括三个方面：一是强调"先进性"，"先进"是指从技术范畴扩展至生产组织方式及其与服务活动关联的模式的综合创新；产业内容是先进制造业，而非传统制造业，在制造模式、生产要素的获取、竞争策略的主旨及创新竞争战略等方面存在差异[3]。二是强调"集群性"，即先进制造业在特定区域的地理集中和空间集聚发展，向下延伸至销售渠道和客户，并侧面扩展到辅助性产品的制造商，以及与技能技术或投入相关的产业公司，也包括提供专业化培训、教育、信息研究和技术支持的政府和其他机构[4]。三是

① 李金生，宋丹丹. 技术范式演进下企业动态创新能力模型研究[J]. 科技进步与对策，2016，33（11）：73-79.

② Yan Y，Wu Z. Regional innovation distribution and its dynamic evolution: policy impact and spillover effect—based on the perspective of innovation motivation[J]. PLoS One，2020，15（7）：1-29.

③ 黄烨菁. 何为"先进制造业"？——对一个模糊概念的学术梳理[J]. 学术月刊，2010，42（7）：87-93.

④ 陈剑锋，唐振鹏. 国外产业集群研究综述[J]. 外国经济与管理，2002，（8）：22-27.

强调"世界性",即该特定区域的产业集群在全球分工和世界经济格局中具有重要的地位[1],产业规模在行业内占有较大的比重,拥有世界一流的行业领军企业,具有世界领先的核心技术和持续创新能力[2]。也有学者认为世界级先进制造业集群的本质特征是主导全球价值链,引领世界科技创新、品牌创新、国际化创新、网络创新和集群治理创新[3]。

产业集群已成为推动区域经济发展的新力量。目前,全球先进制造业主要以模块型生产网络——美国硅谷高科技产业集群、关系型生产网络——德国阿德勒斯霍夫科技园、控制型生产网络——日本丰田汽车产业群为代表[4]。我国先进制造业集群还处于发展初期,存在着很多不足。我国应以国情为出发点,以创新为驱动,高标准探索适合我国先进制造业发展的新模式,打造世界级先进制造业创新生态系统。党的二十大报告提出"坚持把发展经济的着力点放在实体经济上","推动战略性新兴产业融合集群发展","促进数字经济和实体经济深度融合,打造具有国际竞争力的数字产业集群",这为新时代培育发展世界级先进制造业集群提出了新要求。我国的先进制造业的数量和质量虽然不断增加,但距离成为世界级先进制造业集群还有一段距离。与传统制造业集群不同,先进制造业集群依靠的是先进技术和高端装备的竞争优势,其来源不在于产业规模和企业数量,而在于技术含量、附加值和产业控制力的高低[1]。从我国与世界的比较看,要基于产业组织结构的空间布局调整,提升产业集聚的水平和高度,推进高质量经济的发展[5],都需要政府培育政策的有力支持。因此,本书结合先进制造业特征,综合考虑X轴和Y轴,构建了世界级先进制造业创新生态系统培育政策框架表(表9-1)。

表 9-1　培育政策框架表

项目	供给面	需求面	环境面
知识研究 (知识生产)	1. 人力资源支持 2. 科技信息支持 3. 创新研发资金支持 4. 基础研究和前沿技术研发	1. 实施国家科技重大专项计划 2. 国家发展愿景 3. 刺激高校、科研院所和企业自身需求 4. 消费者需求信息提供 5. 市场需求信息提供 6. 行业发展方向信息提供	1. 知识产权保护 2. 创新创业环境培育 3. 法律、法规管制 4. 技术标准建立 5. 合理薪酬体系建立

① 杜宇玮. 培育世界级先进制造业集群的中国方案[J]. 国家治理, 2018,(25): 10-19.
② 白洁. 长江经济带建设背景下湖北打造世界级产业集群的对策研究[J]. 湖北社会科学, 2017,(7): 64-71.
③ 冯德连. 加快培育中国世界级先进制造业集群研究[J]. 学术界, 2019,(5): 86-95.
④ 袁红林, 辛娜. 全球生产网络下我国先进制造业集群的国际经验与政策建议[J]. 国际贸易, 2019,(5): 61-68.
⑤ 刘志彪. 攀升全球价值链与培育世界级先进制造业集群: 学习十九大报告关于加快建设制造强国的体会[J]. 南京社会科学, 2018,(1): 13-20.

续表

项目	供给面	需求面	环境面
知识开发 （知识转化）	1. 科技基础设施建设 2. 技术研发中心建设 3. 产、学、研三方合作 4. 创业孵化 5. 研发补贴 6. 技术许可和转让政策 7. 科技中介机构建设	1. 跟踪国家科技重大专项计划开展 2. 政府采购 3. 提供专项资金 4. 科技成果向企业转移	1. 知识产权保护 2. 制度扶持 3. 金融政策支持 4. 营造创新政策环境 5. 构建知识开发监督、评价体系
知识应用	1. 公共服务 2. 加大资金投入 3. 人才支持 4. 政府协调政策 5. 风险资本政策	1. 政府采购 2. 外包 3. 贸易管制 4. 海外机构管理 5. 用户政策（消费补贴） 6. 发挥市场机制	1. 市场环境 2. 政府服务 3. 税收优惠 4. 积极的金融政策 5. 产业政策

第十章 发达国家培育政策的经验和启示

本章对全球先进制造业发展较好的发达国家——美国、德国、日本、英国、韩国、新加坡等对先进制造业创新的培育政策进行分析，以此作为我国构建世界级先进制造业创新生态系统培育政策的借鉴。

第一节 美国先进制造业创新的培育政策

一、知识生产阶段的培育政策

（一）促进军民技术融合的科技政策（知识生产供给面政策）

冷战结束后，美国加强经济建设，削减国防投入，同时还要保持军事优势，因此，1994年美国国会技术评估局在《军民一体化的潜力评估》研究报告中，首次提出"军民融合"将军民一体化作为长远发展规划形成国家战略总体设计。2014年，美国推出"以创新驱动核心、以发展改变未来战局的颠覆性技术群为重点"的第三次"抵消战略"，在此背景下，美国国防创新试验小组于2015年成立，旨在帮助美军快速融入各地创新生态系统中，实现国防部的具体需求与创新企业精准对接和快速签约。军事技术是民用技术的重要来源之一，是国家技术发展的核心来源之一。

（二）科技创新资金投入政策（知识生产供给面政策）

美国持续增加联邦政府研发支出。2021年，美国联邦政府研发经费预算总投入为1 422亿美元，比2020财年预算增加增长6%，占联邦政府预算总支出的3.0%，居世界领先地位。在人工智能领域，2021年美国国家科学基金会的人工智能研发和跨学科研究机构预算超过8.3亿美元，比2020年预算增长了70%以上。在量子信息科学领域，与2020年预算相比，2021年研发投资增加了50%以上。

（三）人才培养引进政策（知识生产供给面政策）

1. 大力实施STEM（科学、技术、工程和数学）教育计划

美国政府，特别是在奥巴马政府时期，已经把教育下一代科学技术作为国家的优先事项。自2009年以来，美国政府实施了STEM教育计划、创新教育和尊重计划，以培养优秀的STEM教师，扩大STEM人口，并鼓励学生探索STEM领域。

2. 推进高等教育大众化

美国政府推动实施联邦佩尔助学金计划，大大增加了助学金总额。2020~2021年，最高单项补助金额已达6 345美元，并将随着居民消费价格指数的逐年上升而增加。2015年3月，奥巴马总统签署了《学生援助权利法案》（Student Aid Bill of Rights），该法案保证每个学生都有获得高质量、负担得起的高等教育的权利。

3. 多渠道支持高技能人才培养

奥巴马政府充分发挥社区学院在培养高技能人才方面的作用，推动社区学院合作税收抵免计划，并与企业签署协议培训高技能人才。

4. 推动移民改革以吸引和留住人才

2013年，美国出台《移民改革法》，免除特殊人才、杰出教授等高层次人才绿卡配额，为在美国创业的外国企业家设立"创业签证"，并增加了能够从美国大学获得STEM领域硕士学位的移民人数。通过"为STEM毕业生提供培训"，美国企业可以让毕业生在美国持续工作长达29个月。因此，美国拥有一批世界级的大学和高素质的科技移民，是世界上创新人才和团队最集中的国家。

（四）基础研究和前沿技术研发政策（知识生产供给面政策）

美国政府认为基础研究对于科技的长远发展和科技的革命性进展具有深层作用，因此，美国政府始终保持较高的基础研究支出，积极布局优先突破的前沿技术。2019年，美国联邦政府研发预算支出总额为1 544亿美元，再创新高，其中，基础研究经费增长近5%，国家科学基金会、国立卫生研究院、能源部科学办公室

等5大基础研究资助机构的基础研究经费均至少增加2.9%（国防部高达19.4%）^①。

（五）美国国家实验室建设政策（知识生产供给面政策）

美国拥有主要隶属能源部、国防部和国家航空航天局等联邦部委的庞大国家实验室体系。奥巴马执政期美国政府在全国布局建设制造创新机构，支持建设国家实验室等高端研发平台，大力发展孵化器、创客空间等新型孵化载体，并探索"创新社区"园区建设新模式。截至2019年，凭借管理体制灵活、科研经费充足、政府统一协调、科研资源共享的特点，仅能源部下属17家国家实验室就产生了80多个诺贝尔奖，获得800个"R&D 100"大奖，帮助美国在材料、先进计算、3D打印等多个领域位居全球领先地位。

（六）美国拥有一套完善的科技管理体制（知识生产环境面政策）

1. 建立科技创新决策审查和咨询机构

在国家最高领导层面，美国建立了科技创新决策审查和咨询机构，从国家最高层面对国家科技创新发展战略进行统一规划和控制，并能从国家整体利益出发，协调各部门的预算和行动。美国政府以白宫为联邦政府宏观决策和领导科技的核心，其中有三大科技机构：白宫科技政策办公室，国家科学技术委员会（National Science and Technology Council，NSTC），总统科学技术顾问委员会。白宫科技政策办公室具有强大的行政职能，另外两个是协调和咨询委员会。这三个机构与管理和预算办公室在科学和技术预算方面的作用相辅相成，以协助全面领导全国的科技问题。

2. 建立协调的科技预算管理制度

美国建立了协调的科技预算管理体系，避免了政府预算管理的碎片化和反复分权化，并围绕既定的国家优先战略任务促进有限的科研经费的有效分配。在美国，联邦科学技术研发经费分散在20多个部门和机构中，但美国由管理和预算办公室负责，与白宫科技政策办公室共同指导国家重点研发部门研发预算编制方法，使美国部门分散的研发预算始终聚焦于国家优先发展任务。

3. 建立完善的科技管理和监督体系

在美国，除了国会政府问责局外，拨款委员会和各种专业委员会通过预算控制和对行政官员的质询和听证，密切监督政府行政部门和机构的工作，政府行政

---

① 张义芳. 创新型国家科技管理体制的特点及演进趋势[J]. 全球科技经济瞭望，2017，32（5）：33-38.

管理体系本身也建立了完整的内部审计和内部控制组织体系。政府的管理和预算办公室和司法部长办公室是按照分权制衡理念设立的行政机构，对政府的部门起到了定期、制度化的监督作用，大力推进管理，确保政府工作的效率、效果和诚信。

4. 建立全面的科技绩效评价体系

从1993年克林顿政府的《政府绩效与结果法案》（Government Performance Results Act of 1993，GPRA），到布什政府"总统管理议程"和项目评估定级工具的推广，从奥巴马政府对首席绩效官的任命到2010年国会通过的政府绩效与结果法案修正案，美国政府一直在大力推行绩效考核制度，并力求不断深化和完善。在这个过程中，联邦科学技术基金和监管机构，如国家科学基金会和国立卫生研究院，还结合科技工作的特点和政府绩效与GPRA的要求，认真开展自身绩效规划和评价工作。对于科技计划和科研机构的评估，除了体现在下属政府部门的绩效评估外，更强调由权威的、独立的第三方机构进行专业评估。例如，美国的国家纳米技术计划被授权由国家研究委员会和国家纳米技术咨询委员会进行评估，迄今为止已经进行了多次评估。

二、知识转化阶段的培育政策

（一）建立产学研合作机制（知识转化供给面政策）

坚持与美国产业链深度融合创新链，诞生了产学研合作机制，并在发展过程中产生了多种生产、发展模式，包括影响广泛的科技产业园、企业孵化器、许可与技术转移模式、高技术企业发展模式、产学研合作研究中心和工程研究中心模式。这些模式使学术界和产业界建立了多种形式的联系与合作，从而促进了科研成果的产业化。

（二）构建制造创新网络的科技政策（知识转化需求面政策）

2012年3月，奥巴马政府提出建立全国制造业创新网络，推动学术界、产业界和政府部门共同努力，加快科技成果的研发、商业化和大规模商业化应用。2014年12月，美国国会通过《振兴美国制造业和创新法案2014》，将制造业创新网络立法。2016年2月，美国商务部向国会提交了《国家制造业创新网络计划战略计划》，提出了建立45个制造业创新机构的目标。此后，美国东北部制造业创新生态系统的活力大大增强，极大地推动了美国东北部传统制造业从"铁锈带"向"技术带"的转型。

（三）制定完善的知识产权法律（知识转化的环境面政策）

美国颁布了世界上最全面的知识产权法，包括《专利法》、《版权法》和《兰哈姆法》。为促进知识产权的创造和保护，奥巴马政府推动了美国发明法案，第一项发明就是改变了发明人制度的应用制度，每三年实施一次知识产权执法联合战略计划，并使美国发明法案，以侵犯蟑螂知识产权和专利为重点，加强对创造知识产权的保护。

三、知识应用阶段的培育政策

（一）良好的税收政策激励企业增加研发投入（知识应用的供给面政策）

1981年，《经济复兴法案》出台，首次提出了企业研发支出税收抵免政策，以此来鼓励企业加大研发投入，同时，为了鼓励企业进行技术更新，法案规定企业进行技术更新改造时必要的设备投资可以按照其投资额的10%抵免当年的应纳税所得额。到奥巴马政府时期，美国政府正积极推动"企业研究和试验税收抵免"政策永久化，同时，简化了抵免流程，并将抵免额提高了20%，使企业有更大的动力增加研发投资。美国的各种优惠政策有效减轻了企业的税收负担，使企业有更多的资金用于投资和研发。

（二）美国具有完备的政府采购政策（知识转化和知识应用需求面政策）

美国政府采购法律体系完善，国防采购和民用采购分别立法。前者遵守《武器装备采购法》，而后者遵守《联邦财产和管理服务法》。但是，国防部和民事机构都必须统一执行《联邦采购条例》的规定。与此同时，美国政府采购也建立了完善的监督机制，保护政府采购方的利益。利益受损的供应商可以向合同争议委员会上诉，或向总会计办公室投诉，或向联邦索赔法院起诉。此外，美国政府采购在强调节约财政资金的同时，也应充分反映相关的社会、经济和政治政策，如购买美国产品、支持中小企业、保护环境等。

（三）完善的风险投资体系（知识应用环境面政策）

美国的风险投资市场是典型的"官助民营"的发展模式，在此模式下，银行的作用较小，政府为其创造宽松、稳定的政策环境，主要通过立法、金融调控等进行间接干预。美国风险投资者意识到高科技企业的发展潜力，为高科技产业提供充足的资金支持，帮助这些产业的研发成果转化为现实的生产力。在美国的马萨诸塞州等地汇集了世界上许多著名的风险投资公司和高科技企业，两者相互作用、共同发展。这种将风险投资与高科技产业的发展有效结合起来的模式极大地促进了美国创新生态系统的发展。

第二节　德国先进制造业创新的培育政策

一、知识生产阶段的培育政策

（一）科技创新资金投入政策（知识生产供给面政策）

德国联邦政府强调对科学研究与开发经费的投入。在科技总投入、国内生产总值比重及人均投入资金比例等方面，德国[①]在世界主要发达国家科技投入中常年位列前五。根据德国政府发布的《联邦研究与创新报告2020》，2018年德国政府和经济界在研发领域投入约1 050亿欧元，占GDP比重已达3.13%，预计到2025年德国的科研投入占GDP比例将提高至3.5%。

（二）大力发展基础教育，重视基础研究（知识生产供给面政策）

德国建设了一批具备较强基础研究的大学，并成立了马克斯·普朗克科学促进学会（简称马普学会）。德国拥有一大批优秀的高等院校，并且科研活动分工十分明确：专注于基础研究的综合性大学；以新产品开发、产品设计、技术创新等技术应用型研究为主的单科型工业大学；为企业提供技术开发和服务等技术运用的应用技术大学。马普学会是一个独立的非营利研究组织，以德国联邦政府和州政府立项、拨款及私人捐助为经费来源，从事自然科学、生命科学和人文社科方面的基础研究，并与各高校及其他研究机构合作，开辟了许多新的基础研究领域并提供相关资金及设备支持。马普学会与德国的众多科研院校一起，成为德国基础研究的主力，使德国的研发机构与研发体系趋于完整。

（三）制定一系列促进创新的科技政策，创新环境开放自由（知识生产环境面政策）

德国联邦政府在加快国家科学技术事业发展及提高创新效率方面做出了不懈的努力与明确的政策导向。德国基本法规定德国科技发展政策的基本原则是"科

① 袁永，张宏丽，李妃养. 奥巴马政府科技创新政策研究[J]. 中国科技论坛，2017，（4）：178-185.

学自由、科研自治、国家干预为辅、联邦分权管理"。长期以来，德国政府一直坚持科技政策的基本原则，促进科技发展。2006 年，德国联邦政府出台了首部全国性、跨领域、跨部门和涵盖所有政策范围的国家科技发展战略——"德国高技术战略"，提出开辟新市场、新领域和新空间，促进各界资源整合，为创新型人才、企业和科研人员提供全面支持，重点发展尖端技术，提升国家创新能力。2012年，德国联邦议院制定了《科学自由法》，赋予德国马普学会等政府资助的非大学学术和研究机构在投资、财务和人事决策、建设管理等方面更多的独立自主权。同年，德国政府经济技术部颁布"技术激情——勇于创新，加强增长，塑造未来"的创新纲领，为德国科技进步与创新发展提出了更具体的目标。

（四）德国完善的科技管理体制（知识生产环境面政策）

（1）采用单一综合部门与多部门相结合的科技管理体系。教研部在国家科技预算中处于主导地位，具有较强的科技预算编制能力。它不仅为国家科技计划提供经费，还负责本部门所辖科研机构的科研经费分配和监督管理，并在协调其他部门的科技预算方面发挥一定的作用。

（2）建立决策（政策制定）与执行分离的科技管理体制。德国的基础研究和应用研究由联邦政府委托的两个小组管理。基础研究项目，尤其是大学的研究项目，通常由德国研究联合会管理。应用研究项目通常由若干个项目管理办公室管理。目前，德国共有7个项目管理办公室，全面管理联邦教育研究部委托的项目，大大提高了科技项目管理的专业性、独立性和灵活性。

（3）建立完备的科技体制评估体系。德国科研机构的评估主要由德国最高权威的科技咨询和评估机构——科学委员会进行。德国科学委员会每五年对四大科研机构进行系统评估，也建立了常态化、专业化的内部自评机制，聘请外部专家组对下属研究所进行定期评价。两方面力量共同构成德国科研机构的绩效评价体系，并形成制度化实践。①

二、知识转化阶段的培育政策

德国建立了促进产学研协同创新有机链条产生的科技体制（知识转化供给面政策）。高校、研究所、企业是德国创新体系的三个主体。高校定位在科学技术研究，高校几乎所有最高等级的教授都有大企业研发部门任职甚至高管的工作经历。研究所定位在应用技术研究，一方面，将高校的科学研究成果转化到

---

① 黄群，张义芳，孙浩林. 德国科学委员会科研机构绩效评价研究[J]. 全球科技经济瞭望，2018，33（3）：35-41.

具体某个应用领域，展现技术可能的应用价值；另一方面，面向企业以"合同科研"模式承接具体的技术研究任务，解决企业产品研发遇到的具体技术难点。企业内部设有研发部门，对各个应用技术进行组装，实施面向市场的产品和服务创新。因此，在德国的科技体制下，国家进行职业教育引导，高校开展基础教育培训，应用技术研究机构提供实践指导，企业提供就业机会，促进了产学研协同创新链条的产生。

三、知识应用阶段的培育政策

德国建立了严格的知识产权保护体系（知识应用环境政策）。德国知识产权法律体系的建立晚于英国和美国，但它是最严格的法律，保护了发明者的利益。德国的专利制度与许多国家不同，对不正当竞争的监督是由政府通过行政手段进行的，属于公共权利法范畴。德国反不正当竞争法属于私权法，体现了德国立法部门的初衷。他们想要保护的不仅是创造力和智慧，还包括企业在生产产品过程中投入的成本、劳动力、技术等因素，以及产品品牌在长期经营过程中在消费者中建立的良好信誉和口碑，从而维护健康的市场竞争态势，消除不正当竞争。此外，德国拥有高效的知识产权纠纷解决机制。德国的诉讼费用在欧洲专利公约的成员国中最低。在德国，侵权诉讼只审查侵权是否发生，而不审查专利是否有效。

第三节　日本先进制造业创新的培育政策

一、知识生产阶段的培育政策

（一）强大的资金支持（知识生产的供给面政策）

2014年，日本政府投资45亿日元实施"以3D建模技术为核心的产品制造革命"项目，并追加30亿日元用于改善公共基础设施。日本政府投资18.1亿日元开展中小企业人才项目，培训和派遣具有先进制造经验、物联网、机器人等技术的人才，帮助中小制造企业升级。

（二）高层次人才的培养与吸收（知识生产的供给面政策）

人才是创新的核心关键，日本在2003年出台了《职业型研究生院设置基准》，用于培养日本经济社会急需的高端职业技术人才。吸收人才方面，日本政企积极面向全球范围尤其是亚洲地区招收优秀人才。日本于2008年启动"30万留学生交流计划"，缓解了日本生育率低的问题，同时也吸引高层次人才留日，为日本产业经济的发展提供支撑。[①]

（三）集中的集群发展策略（知识生产的需求面政策）

自20世纪50年代起，日本制定了全国性的促进产业集群发展的规划。在2001年日本经济产业省推出了"产业集群计划"，文部科学省推出了"知识集群计划"，之后又推出了"城市区计划"。2010年，日本开始实施"新增长战略"。

二、知识转化阶段的培育政策

（一）以创新机构为核心（知识转化的供给面政策）

集群内部的工科高校和研究所等创新机构作为先进制造业集群的中心，在集群形成的初期发挥核心地位和凝聚的作用。

（二）发挥科技中介服务机构的作用（知识转化的供给面政策）

在日本，科技转移机构等科技中介服务机构是日本专利转让和技术转移的主体力量。自2014年以来，日本技术转移机构的数量保持在36个左右，既包含公立机构又包含私营机构。其中较为有名的是日本中小企业事业团、日本科学技术振兴事业团、先进科学技术孵化中心、关西TLO公司、日本大学国际产业技术商务育成中心和早稻田大学外联推进室等。大量的科技中介服务机构保障了科研成果的技术化和产业化的渠道顺畅，使新技术能在企业生产中快速应用。

（三）利用降税、补贴等方式推动创新成果的转化与运用（知识转化的供给面政策）

2014年，日本出台《生产率提高设备投资促进税制》，提出先进制造企业对技术设备的投资减税5%，此举吸引了大量企业采用新型设备改造提升传统生产线。同时，引进先进设备的先进制造业的中小企业还可在此基础上再享受30%的价格折扣，或再获得7%的税费减免，大幅降低了中小企业应用新技术的门槛。购买3D打印机等本国先进制造企业设备的部分大学、高中、初中，政府补助最高达购买

---

① 吴丽华，罗米良. 日本创新产业集群形成及特征对我国产业群聚的借鉴[J]. 科学管理研究，2011, 29（3）: 58-61.

费的三分之二①。

三、知识应用阶段的培育政策

（一）健全的法律制度保障集群发展（知识应用环境面政策）

1995年颁布的《科学技术基本法》是日本经济由模仿创新型向自主创新型转变的标志，《科学技术基本法》为先进制造业集群发展不可或缺的机构合作、信息网络构建、产学官研结合、技术创新等做出了明确保障。此后，日本政府不断推出新的法律法规来适应国家战略变化和国内先进制造业产业集群发展的需要。立法有效保障和促进了企业和科研机构共享科技资源，有效提高了科技资源利用率，减少了重复投入和资金资源浪费，有效提升了先进制造业集群内部的科技转化能力。

（二）贸易流通推进技术成果出口（知识应用需求面政策）

日本政府与世界上许多国家一起建立了制造业贸易准入标准，促进国内制造业市场与国外市场的流通和贸易，促进国外技术的传播和进入国内贸易的方式，从而使国内制造企业良好地吸收国外技术，提高国内制造企业的技术能力，提升了企业的国际竞争力。

第四节　英国先进制造业创新的培育政策

一、知识生产阶段的培育政策

（一）建设新型研发机构（知识生产供给面政策）

英国于2011年启动了"科技创新中心网络计划"，2013年英国技术战略委员会启动并运营了7个科技创新中心，2014年又新建了2个科技创新中心。截至2016年12月，已建成高附加值制造、细胞与基因治疗、沿海可再生能源、卫星应用、数字经济、未来城市、交通系统、能源系统、精准医疗等9个技术创新中心。①

---

① 张秋菊，惠仲阳，李宏. 美日英三国促进先进制造发展的创新政策重点分析[J]. 全球科技经济瞭望，2017，32（7）：15-20，69.

（二）制订完善的高端人才培育计划（知识生产供给面政策）

2014年英国财务部和商业、创新与技能部共同发布《科学与创新增长规划》[①]，提议在数字产业、风能和先进制造等关键领域建立新的高校；对学位授予制度进行单独审查；设立研究生贷款制度用于支持研究生攻读高等学位。2015年，英国技术战略委员会发布《英国量子技术发展路线图》，提出在英国培育量子技术的研发、生产人才，不仅包括物理研究人才，还包括工程、设计、生产工艺、商业营销和创业等方面的人才。

（三）制订人才吸引计划（知识生产供给面政策）

2010年，英国政府宣布将东伦敦科技城建设为科技企业聚集区和类似美国硅谷的世界级科技中心，并推出"创业签证"，以降低申请英国签证的难度，吸引创意人才来英国创业。

二、知识转化阶段的培育政策

（一）鼓励产学研合作（知识转化供给面政策）

2013年，英国宣布与产业界建立合作伙伴关系，成立英国研究伙伴投资基金，以支持大学与产业界之间的长期合作研究项目。例如，谢菲尔德大学先进制造研究中心与许多制造公司合作，建立了"先进制造工厂2050项目"，总投资4 300万英镑。2014年，英国研究伙伴投资基金资助了先进制造领域的航空航天产业和汽车产业建设，政府和企业分别出资7 000万英镑和1.175亿英镑。

（二）促进技术转移转化（知识转化需求面政策）

英国技术战略委员会在2015年启动了"改善人机交互：可行性研究"，帮助中小微企业向用户介绍他们的产品，以进行体验、推广和改进。该政策从市场出发，通过政府资助促进新技术的转化和应用。

三、知识应用阶段的培育政策

完善知识产权制度，促进创新应用（知识应用环境政策）。2010年，英国公布了伦敦东区城市科技发展计划，英国知识产权局宣布对知识产权制度进行改

---

① TSB. A Roadmap for Quantum Technologies in the UK[R/OL]. https://www.gov.uk/government/uploads/system/uploads/attachment_data/file/470243/InnovateUK_QuantumTech_CO004_final.pdf.2015-10-23.

革，增加了类似于美国的"合理使用"规定，扩大企业规模，利用知识产权进行创造性创新，同时，尝试"同行评议"专利计划，众包允许一项专利申请进行评估。

第五节　韩国先进制造业创新的培育政策

一、知识生产阶段的培育政策

（一）建立一系列集群计划（知识生产供给面政策）

2004年，韩国启动了7个产业集群发展示范项目，2007年，项目增加至12个，形成了以电子信息产业为核心的全国产业集群的基本形态。2009年，韩国启动了《新增长动力规划及发展战略》将17个行业列为韩国未来发展的新增动力点，并于2010年推出"广域集群计划"，将原有的12个产业集群整合成"5+2"个先进制造业广域集群。

（二）集群内部微管理（知识生产供给面政策）

韩国先进制造业集群中的微集群常以特定领域中多个企业共同面临的共性问题和关键问题为基础，以企业为主体，联合研究机构和其他相关机构，形成特别兴趣小组，就这些共性问题和关键问题展开合作。微集群不但灵活高效，还可以吸纳其他地区或者其他产业集群中的企业加入兴趣小组，有效提高了资源使用率和先进制造业集群间的合作水平和创新能力。

（三）全力推进人力资源培训（知识生产供给面政策）

支持企业投资兴办职业院校，成立人才投资培训委员会，实施国家人才培养路线图，大幅增加终身教育和在职培训机会。

（四）推动研发体系革新（知识生产供给面政策）

韩国政府计划到2030年投入7 000亿韩元，开发一批"颠覆性技术"。积累行业核心技术，获得广泛认可的技术。构建金融体系，建立"超大型私募股权基金"，投资创新型制造企业。三星电子计划启动制造业创业计划，2020年专用基金规模扩大到12万亿韩元。产业结构升级计划向中小企业提供10万亿韩元（最长

15年）的长期资金，并在日后增加2.5万亿韩元[①]。2021年，以色列和韩国研发强度达到了4.9%和4.6%，研发强度全球最高。

二、知识转化阶段的培育政策

产业园区改造打造区域制造创新中心（知识转化需求侧政策）。重建工业园区，建设创新中心，建设制造业创新前沿基地。打造世界级制造创新集群（龙仁半导体集群、松岛生物集群），整合企业、研究和教育设施，支持区域创新组织和区域制造创新中心加强联系，全面支持制造业创新发展。培育世界一流企业，加强对出口支持。

三、知识应用阶段的培育政策

（一）推进资金支持，确保创新（知识应用需求面政策）

企业结构革新基金的规模扩大到5万亿韩元。政府计划对汽车优惠担保（1万亿韩元）、公司债券发行（1万亿韩元）等暂时出现流动性问题的汽车零部件和造船设施提供支援。

（二）深耕国际合作，为先进制造业带来行业最新资讯（知识应用需求面政策）

韩国在全球设立了 100 多个贸易馆，借助贸易馆开展企业和当地政府的交流；将国际合作作为考核评估先进制造业集群建设成果的重要指标。建立面向企业的信息推送机制，定期向企业推送国外相关产业的行业发展情况、市场发展需求、最新技术进展、政策法规等资讯，让企业及时掌握全球相关企业、产业集群和产业的发展情况，提高韩国参与全球先进制造集群的合作深度和效率。[②]

（三）完善先进制造业相关行业标准制定（知识应用环境面政策）

制定新的行业监管创新路线图，建立创新型的基础设施，如建立5个生物技术行业数据平台。制定沿海地区国际标准制定战略，4年内提出300项国际标准。

---

① 于晓飞，林丽民. 韩国制造业复兴蓝图对浙江的启示[J]. 浙江经济，2020，（8）: 68-70.
② 赛迪智库《世界级先进制造业集群白皮书》。

第六节　新加坡先进制造业创新的培育政策

一、知识生产阶段的培育政策

（一）制定研发投入政策（知识生产供给面政策）

20世纪80年代末以来，特别是90年代以后，新加坡政府不断加大对科技的投入。自1991年以来，政府已经在四个五年科技计划中投资了总计255.5亿新元，而研究、创新和企业2015计划（research innovation and enterprise 2015，RIE2015）的预算为161亿新元。据世界银行官网统计，2018年新加坡的研发投资达到70亿美元。

（二）积极开展科技人才国际合作（知识生产供给面政策）

新加坡政府致力于吸引高层次人才，对外籍高层次人才采取了优惠政策，如优惠的外籍劳务税、长期工作签证、永久居民身份等。经济发展局与人力资源部一起建立了一个名为"联系新加坡"的网络，在澳大利亚、北美、欧洲、亚洲和其他地方的主要城市设有办事处，为新加坡雇主在全球招聘人才。新加坡政府还设立了几个研究项目，以吸引外国科技人才。国家研究基金会的新加坡奖学金计划具有全球竞争力，吸引了来自世界各地的年轻科学家和研究人员在新加坡进行自由研究。新加坡的卓越中心项目招募世界级的科学家来领导研究中心，并为他们提供充足的自由支配资金。新加坡旅游局设立了一系列奖学金，吸引外国学生到新加坡的大学和研究机构进行博士和博士后研究。据统计，从1991年到2000年，外国移民对新加坡经济的贡献为41%，而知识和技术移民的贡献为37%。根据新加坡国家研究与发展调查的数据，2010年，外国公民占新加坡4万名研发人员的27%以上，其中博士占39%，研发科学家和工程师占23%，博士候选人占74%[①]。

（三）以企业为中心，全方位支持本地创新与创业的科技政策（知识生产供给面政策）

为了促进中小微企业的发展，新加坡政府在2000年初制定了《新加坡中小企业21世纪10年发展计划》，旨在在10年内增强中小微企业的实力。为此，新加坡政府制定了一揽子政策或计划，从以下几个方面予以支持：降低服务成本，提供技

---

① 陈强，左国存，李建昌. 新加坡发展科技与创新能力的经验及启示[J]. 中国科技论坛，2012，（8）：139-145.

术支持，鼓励科技创新，培养创业人才，加强服务引导，缓解资金约束，主要包括创新券政策、成长型企业科技推广计划及科技创新计划。为了进一步改造和升级中小微企业，建设富有生产力、竞争力和活力的中小微企业，新加坡政府自2013年4月推出了一系列新举措，如企业能力增强合作计划和国际企业合作计划。由此可见，新加坡政府非常重视中小微企业的技术创新和能力提升。近年来，我国对中小企业实施了一些优惠政策，但这些政策是零散的、不完整的，其有效性有待进一步提高。新加坡编织的全景式创新创业政策网络可以为我国的政策设计提供借鉴。

（四）优先发展重点领域的科技政策（知识生产需求面政策）

在不同时期，新加坡根据全球科技和产业的发展趋势，选择和调整其重点产业，然后选择以产业为导向的科技发展重点领域。20世纪80年代，新加坡致力于发展IT技术。自90年代以来，生物技术，特别是生物医学技术，已成为新加坡发展的另一个重点。早在1991年，新加坡就成立了国家科技局，定期出台国家科技发展5年计划、科技补助和奖励计划等[1]。2005年将生物医学列为发展的关键领域之一。2010年选择了生物医学、环境和水技术、互动和数字多媒体技术作为战略领域。2015年还选择了电子技术（数据存储、半导体）、生物医学（转化与临床研究、营养与医疗技术）、信息通信与多媒体（交互与数字多媒体）、工程技术（精密工程、交通工程、航空与导航）、清洁技术等领域。

（五）改革国家创新系统（知识生产环境面政策）

新加坡国家科学技术委员会成立于1991年，2001年被改组为科技局。科技局亦承担多项职能，包括科技管理、研究及发展、科技成果商品化及人才培训等。2006年，研究、创新和企业委员会和国家研究基金会成立，在更广泛的层面上领导和促进技术和创新的发展。同时，改组和设立了一些公共研究机构；改革大学体制，转型为知识经济服务型大学，创办新加坡管理大学；吸引跨国公司的重点从生产基地转移到研发中心；积极鼓励地方企业技术改造，鼓励和支持企业创新创业。目前，新加坡已形成研究、创新和企业委员会、国家研究基金会、教育部、贸易工业部为主要管理机构，企业（主要是跨国企业、稳步发展的本地企业）、大学、技术学院、科技局下属医院和科研院所为主要实施主体的研发框架体系。

① 李威. 新加坡促进科技创新的实践及启示[J]. 决策咨询，2012，（3）：13-15.

（六）利用跨国公司为本国科技发展服务的科技政策（知识生产环境面政策）

新加坡的制造业是以跨国公司为主体、以本地企业为支撑的格局，外国公司研发支出占私营部门研发支出的比重始终保持在60%以上。为吸引跨国公司在新加坡进行投资研发活动，新加坡政府采取了大量措施。在第一个国家技术计划期间，新加坡政府设立了20亿新元的科技发展公共基金，大部分用于鼓励外国企业在新加坡进行研发投资，第二和第三个国家技术计划期间，此基金增至40亿新元和70亿新元。据新加坡国家科学技术委员会统计，1991~1999年，跨国公司研发每投资1美元，则政府匹配投资30美分，这极大地激励了跨国公司在新加坡研发活动的开展。在跨国公司设立研发机构后，政府又根据国家重点发展行业需要采取措施加以引导。为了发展生命科学，政府不断拨款作为生命科学研究基金，吸引美国、瑞士等著名医药公司在新加坡设立研发机构。一开始，新加坡在生物医学领域基础薄弱，但新加坡通过设立研究机构、吸引人才、引进跨国企业和支持本地企业，在较短的时间内建立了雄厚的研发能力和活跃的工业部门。

二、知识转化阶段的培育政策

（一）设立专门的金融科技监管机构

新加坡金融管理局（Monetary Authority of Singapore，MAS）是新加坡的中央金融监管机构。MAS负责金融科技领域的政策监管和发展战略，以促进技术创新，更好地管理风险和提高效率，提升新加坡金融业的竞争力。借鉴新加坡的经验，建立专门的监管机构来指导和管理金融科技行业的发展，有助于更好地监管市场行为，提高监管效率，逐步实现从被动监管向主动监管的转变，从而为经济增长注入新的活力。

（二）打造金融科技行业创新项目和创新推动者

由MAS管理的FTIG（Fintech and innovation group，金融科技创新团队）在金融部门启动了2.25亿新元的技术和创新计划，以鼓励全球金融行业在新加坡建立创新和研发中心，以支持金融科技项目的开发和应用。随着2016年11月首届新加坡金融科技节的举办，MAS继续宣布了一系列创新监管举措。与此同时，Fintech Singapore致力于打造立足新加坡、面向东南亚、辐射整个亚太、连接世界的金融科技生态平台。为了充分利用创业训练营，并将来自世界各地的合作伙伴聚集在一起，新加坡政府于2006年成立了国家研究基金会，以开展技术孵化计划、早期投资基金、概念验证和其他项目，对创新企业和科研人员进行资助。

（三）制定良好的金融科技监管规则

2012年，MAS发布《金融科技监管沙盒指南》，逐步实施金融科技监管，并在多个领域进行立法创新尝试。在网上银行方面，MAS于2001年7月发布了《网上银行技术风险管理指引》，要求所有从事网上银行业务的机构遵守《指引》的要求，实行统一、全面的监管，并关注流动性风险。在支付改革方面，MAS于2016年8月发布征求意见稿，开始制定统一的基于行为的支付监管框架，并成立全国支付委员会，统一现有的对支付系统、储值设备和汇款业务的监管。在众筹领域，MAS已经采取措施，让初创企业和中小企业更容易利用股权或证券众筹。证券众筹平台如无豁免，应当符合招股说明书和许可证的相应要求。从新加坡到不同的金融风险防范和科技领域的监管经验来看，我国可以从现有的监管差距和监管领域的重叠入手，针对不同的金融科技领域，通过对业务性质的判断，推进金融业混合监管试点，实行分业监管和混业监管相结合的协同监管模式，打破部门间的壁垒，稳步适度推进渗透监管，建立更加有效的监管协调机制。

（四）实施监管沙盒制度

继英国之后，MAS于2016年6月引入了沙盒机制，规定在监管沙盒期间，允许任何沙盒金融科技公司在不事先通知的情况下从事与现有法律法规冲突的活动，MAS将放宽申请人必须遵守的具体监管要求，鼓励采用创新和安全的金融技术。新加坡的监管沙盒制度在事前监管、保护消费者、重视信息反馈机制和设置退出机制、实现平稳过渡四个方面表现出极大的优势。新加坡将金融科技创新的风险限制在监管沙盒中，简化市场准入标准和程序，规定了企业参与的准入条件、暂停方法和退出条件，并建立了严格的消费者保护和补偿机制。通过监管沙盒测试后，允许企业推进金融科技创新[①]。

三、知识应用阶段的培育政策

制定良好的知识产权政策（知识应用环境政策）。2001年，新加坡成立了知识产权办公室，开始制定一系列保护私人知识产权的规章制度。此外，还与美国、欧盟、日本等签署了双边知识产权保护协议。2003年，新加坡成立了知识

---

① 胡文丰. 金融科技监管的政策考量——以英国和新加坡两国金融科技监管政策的实施为视角[J]. 河南财政税务高等专科学校学报，2018，32（4）：25-33.

产权研究院，进一步加强对本国私人创新的研究和保护。新加坡的知识产权保护有助于企业增强商业优势，增加投资和科研。其中，知识产权融资计划帮助企业通过专利等方式获得社会融资。在亚洲，新加坡在知识产权保护和执法方面排名靠前。

第十一章　中国培育世界级先进制造业创新生态系统的政策建议

中国的先进制造业的数量和质量虽然不断增加，但与发达国家相比，先进制造业的发展还有一定的距离。与传统制造业不同，先进制造业依靠的是先进技术和高端装备的竞争优势，其来源不在于产业规模和企业数量，而在于技术含量、附加值和全球产业价值链控制力的高低实现，因此，中国制造业的高质量、跨越式发展需要形成国际领先的核心竞争力，需要形成具有知识优势的世界级先进制造业创新生态系统。从全球领先国家的发展经验看，产业组织结构的空间布局调整，产业集聚的水平和高度的提升，高质量经济的发展的推进，都需要政府培育政策的有力支持。在先进制造业创新生态系统的培育期，由于创新的不确定性、客户和市场的不稳定性，企业等创新主体会由于资金短缺风险、人才短缺风险、创新失败风险、核心刚性风险等顾虑而不愿创新，先进制造业创新生态系统很难形成核心创新体，从而难以自发形成知识优势。因此，在培育期，政府通过培育政策体系对创新失败进行合理的补贴、对相关创新风险活动进行风险分担等政策具有举足轻重的作用。在先进制造业创新生态系统培育期，借鉴美国、德国、日本、韩国、新加坡等国促进先进制造业发展的政策，基于知识优势视角的世界级先进制造业创新生态系统培育政策框架，本章从供给面、需求面、环境面三个维度，结合知识生产、知识转化、知识应用三个方面提出中国培育世界级先进制造业创新生态系统的政策建议。

第一节　供给面培育政策

在世界级先进制造业创新生态系统培育期，供给面的培育政策主要是解决系统中企业等创新主体缺乏知识生产、知识转化、知识应用方面的供给问题。供给面培育政策主要是指政府部门通过扩大创新投入，增加技术供给和提高成果转化效率来使企业有充足的创新资源投入创新活动中，推动技术创新和新产品开发，并推动先进制造业尽快形成知识优势。

一、知识生产供给面政策

（一）人力资源支持

先进制造业创新生态系统培育期，基础研究和共性研究具有风险大、成功率低、复杂性高、对产业原始创新具有重要影响的特点，从事基础研究和共性研究的人才需要政府制定相关政策引进和培养。筛选重点先进制造业发展领域，研究我国在重点产业的基础研究和共性研究领域的人力资源布局，制定人才引进和人才培育政策。

1. 人才引进政策

完善引进高水平创新创业团队的人才政策，加大对紧缺急需的海外高层次人才的引进力度，加快推进国家科学中心人才体制机制创新。着重引进一批布局未来先进制造业发展的基础研究团队和国际一流技术研究团队及相关人才。加强国际科技合作专项对人才引进的支持力度，吸引世界水平的科学家和有潜力的中青年科学家来华开展合作研究，继续引进重点产业领域国家急需的基础研究和共性技术研究领域的科技创新人才。

2. 人才培育政策

（1）创新教育体制，重视STEM教育，把从小培养学生的科技理工素养作为重要教育战略导向。强化对基础教育的支持力度，不断加大STEM教育的财政投入，培养一批高素质的STEM专业教师，在各教育阶段培养学生的STEM理念和创新意识。深入推进高水平大学建设，对高校、科研院所进行分类发展，设立世界一流大学建设专项资金，加大政策支持和财政投入。夯实研究型大学的科学研究能力，改革职称评价体系，鼓励在科学上进行自由探索，使研究型大学成为我国原始创新的动力源。培养学生创新导向的多维度综合素质，为知识生产提供人力支持。

（2）使科研人员树立正确的科研观和价值观。支持科研人员参与国际大科学计划和国际重大合作研究计划项目。支持科研人员到国际科技组织任职，支持科研人员的国际高层次学术交流和合作研究，为科研人员到国际组织工作等提供条件便利和保障。围绕先进制造业创新生态系统重点发展领域，选派优秀科研人员到国外知名机构学习、培训，与国际知名学者共同发表有影响力的论著、申请专利，支持科研人员与国际知名机构和学者建立长期联系①。

（二）科技信息支持

（1）建立先进制造业创新生态科技信息服务中心，制定科技信息跟踪制度。成立专门团队定期收集全球先进制造业基础研究和共享研究领域的最新科技信息，并把所收集的信息定向发布给先进制造业创新生态系统中的相关创新主体。

（2）继续加快完善网络基础设施，大力建设宽带网络、云计算基础设施。在硬件上支持先进制造业创新生态系统的形成，实现先进制造业创新生态系统各创新主体的显性知识在系统中自由流动。

（三）创新研发资金支持

（1）在先进制造业的关键核心技术、卡脖子技术领域设立创新研发资金，采用揭榜挂帅的方式，大力提拔一批青年骨干力量，主要资助重点领域的原始性创新、颠覆性创新。科技创新投入产出具有积累性和滞后性，创新研发资金应持续攻坚关键核心技术和底层技术，提升原始创新能力。政策的支持要具有战略性眼光，要为中国培育世界级先进制造业创新生态系统打下坚实的基础。

（2）为保证研发资金的有效使用，应完善科学评价体系。一方面，确保科技评价体系的规范化与制度化，健全科技评价专家的资格认证制度；另一方面，完善第三方评价体系与机制，从而促进我国科技评价工作的全球性。

（3）注意积累重点领域核心技术，在全球范围内收购广泛认可的技术并继续研发、创新。

（四）基础研究和前沿技术研发

2016年，中国基础研究投入的比例占总R&D的5.2%，是10年来最高水平，2019年基础研究占比首次突破6%，但与发达国家对R&D的投入占GDP的15%~20%相比，中国对基础研究的投入仍然不足。建议逐年提高基础研究投入，设立基础研究专项资金，提高基础研究财政投入占财政科技资金比例，鼓励有条件的高校院所开展先进制造业创新生态系统中重点产业领域的基础研究和前沿技术研发。

---

① 盛明科，罗娟. 中印科技创新战略与政策比较研究：以印度 STI 和中国《国家创新驱动发展战略纲要》为例[J]. 科技进步与对策，2018，35（18）：127-134.

二、知识转化供给面政策

（一）科技基础设施建设

（1）建设科技基础设施，搭建科技创新平台。重点进行先进制造业基础研究、共性研究所需要的科技基础设施建设。加强对国家实验室、大科学装置、大数据中心、金融数据中心、软件攻关平台等科技基础设施建设的政策倾斜。

（2）继续加快后发地区高速公路、高铁基础设施建设，推动创新基础要素向后发地区流动。

（二）技术研发中心建设

根据先进制造业重点发展领域，制订新型研发平台计划。支持创新平台建设促进产业链上下游和大中小企业融通发展，对重点实验室、工程技术研究中心、技术创新中心等设立专项进行重点支持。加大对新型研发机构、新型联合研发体、产业技术研究院等的财政支持力度。重点建设先进制造业创新生态系统重点产业领域内的研发类功能型平台。

（三）产学研合作

鼓励大学特别是研究型大学积极与先进制造业创新生态系统中核心创新体的龙头企业、专精特新企业等合作，积极推动产学研合作创新，构建先进制造业技术创新战略联盟。鼓励并支持大学与核心企业研发机构组建联合研究机构，在承担政府科研项目、税收优惠、土地出让、技术和设备进口、人才引进等方面向具备研究实力的产学研合作机构倾斜。探索并建立大学与核心企业研发机构的人才合作培养机制，聘请核心企业研发部门专家兼职导师，在核心企业研发机构建立高校实习基地，鼓励学生在与核心企业合作研发过程中完成毕业论文，鼓励并支持高校的教师到核心企业研发部门培训。鼓励高校制定产业创新生态系统导向的人才引进措施，聘请核心企业高级管理、技术研发人员兼职担任学科带头人。搭建沟通平台，促进高校与核心企业研发人员进行正式和非正式交流，鼓励高校举办以培育先进制造业创新生态系统为导向的国际国内论坛，促进高校与核心企业的交流、沟通与合作。

（四）创业孵化

（1）降低创业成本，鼓励创业者在先进制造业创新生态系统鼓励发展的领域创业，形成蓬勃发展的创业氛围。

（2）加快建设孵化器、创新创业载体等，整合风险投资、产业基金、政府基金、产业专家等资源提高创业者的成功率。

（3）鼓励大型企业设立公司创业机构，将该机构独立于企业本部进行创业孵化，一方面，鼓励大企业在本地进行知识溢出，提升本区域先进制造业创新生态系统的知识优势；另一方面，为大企业应对产业技术变革提供缓冲和试验场，帮助先进制造业创新生态系统核心创新体中的龙头企业顺利跨越技术范式变革的风险期。

（五）研发补贴

先进制造业创新具有高风险的特征，在先进制造业创新生态系统培育期，技术前景不明确时，很多企业不愿意投入研发。政府应采用研发补贴的形式，建立以研发为导向的产业政策。加大对具备研发实力且有研发意愿的企业的补贴力度，根据不同产业领域研发的情况，研究制定多样化的补贴形式，提高研发补贴的资源配置效率。

（六）技术许可和转让政策

先进制造业创新生态系统培育期需要特别重视技术许可和转让政策的制定和实施，健全的知识产权保护制度能鼓励系统中形成尊重知识产权、注重专利保护的文化氛围。加强互联网、大数据等新业态新领域的知识产权保护。完善知识产权评价制度，实施专利申请快速通道建设计划，建立专利申请快速授权渠道、完善专利快速维权和确权通道，对知识产权进行快速确权、定价和保护，保护专利所有者的合法权益和利益，在系统中形成鼓励创新的氛围。

（七）科技中介机构建设

加快建设以先进制造业创新生态系统知识优势培育为导向的科技中介机构，如知识产权服务机构、律师事务所、会计师事务所、智能化服务等专业中介机构，为系统中核心创新体的发展和合作提供全方位的专业信息、技术和服务支持。

三、知识应用供给面政策

（一）公共服务

（1）严格保护市场主体经营自主权、财产权等合法权益，加强产权和知识产权保护，形成长期稳定发展预期，鼓励创新、宽容失败，营造激励企业家干事创业的浓厚氛围。

（2）构建公平的竞争环境。公平竞争既体现在资源、资金、人才等要素获取方面，也体现在政府采购、市场准入等需求侧。这些方面是否公平、公正、公开，在客观上给企业家提供了不同的激励选择。

（3）优化市场秩序。严格执行相应的质量安全和环保标准，对不符合标准的要严格处罚。加强对相关认证认可、检验检测机构的监管，提高服务和竞争力，使高质量的产品能够得到消费者的认可。对假冒伪劣、侵犯知识产权等行为，要加大打击和处罚力度。

（二）加大资金投入

提高政府补贴资源配置效率，有效促进企业增加研发投入。提高政府补贴的资源配置效率，使研发补贴发挥其最大效用。识别出具有研发投入意愿，且具备研发所需资金实力的企业，并对其加大补贴力度以保证政府补贴资金的有效利用。

（三）人才政策

（1）在推动制造业高质量发展中，企业家是最主要、最直接也是最关键的主体。企业家的战略选择和盈利手段在很大程度上决定了企业的战略远见，甚至是企业的管理水平、技术水平和产品质量。我们需要激发和弘扬企业家精神，以培养企业家精神为重点，针对不同层级的民营企业家、企业管理人员开展专题培训，帮助其提升爱国意识、拓展世界眼光、提升战略思维、增强创新精神。

（2）加快制定出台中国紧缺职业清单，建立与紧缺职业清单相关联的优惠制度，引导各类政府机构、用人单位引进从事清单内职业的外籍人才，实现人才精准引进。

（四）政府协调政策

先进制造业创新生态系统是在一定地域范围内，以先进制造业为基础形成的创新生态网络。先进制造业创新生态系统中包括多元创新主体，需加强各政府部门间的沟通和协调，提供不同等级政策制定者之间的协同度，建议设立先进制造业创新生态中心对各部门进行协同，以确保各类政策制定的合理性和系统性。完善先进制造业创新生态系统科技政策供给体系，协调多元创新主体在实践中的需求，减少政策供给缺位和供需错位的问题[①]。

（五）风险资本政策

（1）要加大对先进制造业创新生态系统建设的中长期资金支持，发展供应链金融，增强产业链供应链自主可控能力。构建完善的科技金融体系，建立投资先进制造业企业的私募基金。实施产业结构升级计划，为中小型企业提供超长期资

---

① 张宝建，李鹏利，陈劲，等. 国家科技创新政策的主题分析与演化过程：基于文本挖掘的视角[J]. 科学学与科学技术管理，2019，40（11）：15-31.

金，并适当、适时扩大规模。

（2）创新培育先进制造业创新生态系统的科技金融市场化机制，完善先进制造业创新生态系统资本市场运行机制，拓宽先进制造业创新生态系统发展的资金要素供给种类和范围。推进传统融资渠道的创新，鼓励银行贷款对先进制造业创新生态系统重点领域和核心主体发展的扶持能力，引导银行的金融资源向先进制造业创新生态系统流动。加强对风投市场、股票、证券的管理引导，引导更多的社会资金资源向科技创新领域集中①。重视风险投资在促进先进制造业创新生态系统知识优势培育过程中的重要性，积极借鉴硅谷等地风险投资的运作模式，吸引更多社会资本、天使投资人以风险投资的形式参与到先进制造业创新生态系统培育过程中。增加先进制造业创新生态系统的中小企业融资渠道，优化中小企业的股权融资环境，基于系统中的数字化共生平台，运用大数据技术、供应链金融模式、区块链技术等控制金融风险，为中小企业提供更多融资机会②。

第二节　需求面培育政策

世界级先进制造业创新生态系统培育期，需求面培育政策主要解决先进制造业创新生态系统在知识生产、知识转化、知识应用等方面的需求问题。需求面培育政策是指政府为减少市场的不确定性，通过政府采购、外包、贸易管制和海外机构支持等做法积极开拓并稳定新技术应用的市场，从而拉动技术创新和新产品开发。

一、知识生产需求面政策

继续实施国家科技重大专项计划。先进制造业研发创新难度极大，需要政府支持，如在燃气轮机领域，发达国家都制订了燃气轮机的专项发展计划，美国的ATS（Advanced Turbine System Program，先进透平系统计划）和CAGT（Advanced Gas Turbine Cooperation Program，先进燃气轮机合作计划）、欧共体的EC-ATS（European Community-Advanced Turbine System Program）、日本的"新日光"计划和"煤气化联合循环动力系统"等。国家科技重大专项计划是高校、科研院所科研工作的重要导向，是央企、国企等制订研发计划、选择技术创新发展领域的

---

① 张双才，刘松林. 我国先进制造业创新驱动要素供给机制的完善研究[J]. 科学管理研究，2021，39（1）：69-75.

② 樊利，李忠鹏. 政府补贴促进制造业企业研发投入了吗？——基于资本结构的门槛效应研究[J]. 经济体制改革，2020，（2）：112-119.

重要指挥棒。应组织专家团队，从国家层面筛选先进制造业发展的关键核心技术、卡脖子技术等重点领域，制订国家科技重大专项计划，加大资助力度，选定重点技术领域后应长期持续进行资金支持。鼓励先进制造业创新生态系统核心创新体联合申报国家科技重大专项计划，促进核心创新体各创新主体形成长期持续的合作创新关系，以此刺激高校、科研院所和企业自身对创新的需求。通过新型举国体制，举全国之力共同突破原始创新的瓶颈，制定先进制造业重点领域的技术路线图，全面掌握全球产业发展及核心技术和企业的布局，协助先进制造业发展获取消费者需求、市场需求、行业发展方向等信息。

二、知识转化需求面政策

加快建设制造业创新发展中心，将科技成果向企业转移，发挥企业的主体作用。优化政策供给，加强政策黏性和可操作性，为知识转化提供有力保障。加大研发投入等相关政策的力度，增加创新资金的投入。运用财政政策促进创新，对科创企业给予财政补贴、减免税收等优惠政策。优化政策工具结构，提高重大科技基础设施政策供给在政策中的比重，增加前沿技术供给，给予专项资金支持。实施科技成果转化的相关孵化政策，促进产业链融合、打通，弹性赋予高校、科研机构以科技成果资产处置权，鼓励高校科研机构向企业或其他组织转移科技成果。明确政策实施部门的职责，建立专门机构为知识转化提供保障。建立先进制造产业研究院（实际操作中可以分重点行业细化实施），解决我国科技成果转换中科技成果碎片化、自建孵化模式很难形成规模效应的问题。建议有实力的科研院所在国家政策的帮扶下成立产业技术研究院，结合先进制造业创新生态系统制定战略发展规划，引导科研院所基础研究和应用技术研发不断孵化提升先进制造业原始创新的研究成果。

三、知识应用需求面政策

先进制造业创新生态系统培育期的市场需求不稳定，需加强政府采购政策在政策体系中的作用，政府制定政策对创新产品进行大宗采购，为企业提供一个明确、长期、稳定的市场预期，减少企业创新过程中所面临的不确定性，刺激企业创新的决心。补贴创新产品的消费，设定创新产品的市场标准，特别注重对原始创新产品的保护和鼓励，对市场采购符合标准的新产品给予财政补贴，缩短新产品推广周期。注重以创新型产品和服务为导向的政府采购，以技术研发采购为主的商业化采购等政策，挖掘政府对创新产品的公共需求，为新技术、新产品提供初始市场。通过贸易管制等方法，制定有关进出口的贸易协定、关税等管制措施，保护我国先进制造业创新生态系统的培育[1]。

第三节　环境面培育政策

世界级先进制造业创新生态系统培育期，环境面培育政策主要解决先进制造业创新生态系统在知识生产、知识转化、知识应用等方面的环境问题。环境面培育政策主要指政府通过财务金融、税收制度、法规管制等政策影响科技发展的环境因素，为技术创新等科技活动提供有利的政策环境，间接影响并促进科技创新和新产品开发。

一、知识生产环境面政策

（一）知识产权保护

培育世界级先进制造业创新生态系统，需要加强知识产权保护领域的法治保障，为知识生产创造良好的知识产权保护的法治环境，强化对先进制造业新技术、新产品、新发明、新设计的专利保护。知识产权保护政策对社会创新有正向激励作用，完善知识产权环境，有利于鼓励市场主体增加创新投入，促进企业研发投入良性循环。在建设世界级先进制造业创新生态系统的过程中，专利制度是促进新产品开发和技术进步的重要手段，它能鼓励企业在新技术领域和实施发明方面踊跃投资，增加社会科学知识的累积，推动新技术、新知识、新产品的交流与传播，进而促进产业发展[2]。加快建立世界级先进制造业专利申请信息技术平台，提高重点产业领域的专利申报工作效率。建立优先审查制度，加快专利审查流程。借鉴发达国家对先进制造业专利保护的经验，基于中国实际，给先进制造业的专利申请人和持有人更大的选择空间。

（二）创新创业环境培育

良好的创新创业环境，是知识研究的"培养皿"。要注重保护市场，以市场需求为导向，同时承担国家发展战略需要，充分发挥科研人员的主动性，在新兴先进制造业优势领域实现"弯道超车"。引导先进制造业创新生态系统内的企业建立

---

① 魏世杰. 中国创新政策体系存在的问题和完善思路[J]. 中国科技论坛, 2017, （2）: 5-10.
② 李金华. 中国先进制造业的发展现实与未来路径思考[J]. 人文杂志, 2020, （1）: 22-32.

专业化分工的产业链，以龙头企业为核心，中小型企业在地理上集中，与骨干企业协同合作，实现相互之间的核心专长互补，形成大中小企业之间的创新协作网络。确保知识资源通过创新协作网络在集群内企业间扩散，提升创新生态系统内企业的网络关系效率并有效处理网络成员间的关系。

（三）法律、法规管制

培育世界级先进制造业创新生态系统，需夯实基本创新制度和法律法规。建立健全基础性的法律法规进行管制，是政府在培育世界级先进制造业创新生态系统中应该发挥的重要作用之一。除加强知识产权保护领域的法律法规保障，还要完善相关法律法规指导先进制造业转型升级和支持培育世界级先进制造业创新生态系统，鼓励中小企业创新和龙头企业分享科技创新成果，逐步完善科技资源、科技经费配置制度，建立创新人员权益保护制度。

（四）技术标准建立

推动世界级先进制造业创新生态系统技术标准创新基地建设，发挥创新基地在技术创新、标准创新、技术标准化方面的孵化和示范引领作用，扩大世界级先进制造业创新生态系统的辐射范围，带动周边地区协同发展。深化技术创新、标准化的管理体系与运行机制改革，加强政府与企业的联系，推动科技创新成果标准化，优化标准化的环境、程序和政府服务保障，优化技术标准化服务平台。

二、知识转化环境面政策

先进制造业创新生态系统培育过程中，由于先进制造业创新的复杂性，知识转化具有不确定性强、风险高的特点，所以需要政府具备前瞻性眼光，积极引导知识转化发展方向，并降低潜在风险。先进制造业创新生态系统在产业共性基础、基础研发方面的创新成果具有公共产品的特征，具有极强的外部性，政府作为"有形的手"则可运用宏观调控来弥补市场失灵，从而为知识转化提供保障，因此，政府要注重规划和引领。

（一）金融政策支持

通过科技创新券制度等创新政策红利，支持先进制造业创新生态系统中企业研发导向的创新，引导企业以市场为导向进行持续创新投入，提高企业研发投入强度，提高企业的知识转化能力，鼓励企业积极进行知识转化，进而推动创新生态系统内企业创新绩效的提升。同时，政府应积极引导社会资本参与创新企业知识转化阶段的融资，满足新技术转化为新产品阶段企业的融资需求，出台政策鼓励银行等金融机构结合创新企业融资需求和资金结构为企业发放贷款①。

（二）营造创新政策环境

强化科技创新的战略研究，同时要建立多渠道的政策需求收集机制，建立政策储备，并继续发挥我国良好政策试点传统，积极开展政策创新和试点，培育具有示范和辐射作用的世界级先进制造业创新生态系统，降低系统内知识开发转化成本。政府不仅要颁布单项政策，还应重视政策组合，将具体单一的创新政策向更具综合性的创新政策转变，从单纯关注知识生产转变为关注知识创新各阶段的需求。发挥创新政策与经济政策的协同效应，在培育期重视科技和产业等实体型科技政策，同时关注财政、税收和金融等服务型经济政策，提高创新生态系统内的知识转化效率，强化科学技术与社会经济发展的融合。保持政策体系的弹性和与时俱进。随着先进制造业创新生态系统内创新活动规律的不断演进，知识转化政策也要保持与时俱进。为营造良好的创新政策环境，必须要坚持改革精神，坚持不懈研究总结知识转化活动中存在的体制机制障碍，通过不断推进改革的方式加以调整和优化。要坚持做好政策评估与政策审计，不断淘汰不合时宜的政策措施，根据培育世界级先进制造业创新生态系统的需要及时修订和完善政策。

三、知识应用环境面政策

（一）市场环境

培育世界级先进制造业创新生态系统的关键就是要激发企业创新的内生动力。公平、高效的市场环境能够有效保护企业通过创新获得的合法利益，从而激发企业应用知识创新产品和服务的动力。政府应营造公平的竞争环境，加强公共服务创新，提供多元化、全方位的政策支持，推动创新技术和产品的应用和推广，发挥先进制造业创新生态系统的协同和辐射带动作用，实现先进制造业创新生态系统的持续健康发展。

（二）政府服务

政府通过政策调控，鼓励先进制造业创新生态系统中的企业设立研发机构，

---

① 张婕，金宁，张云. 科技金融投入、区域间经济联系与企业财务绩效：来自长三角 G60 科创走廊的实证分析[J]. 上海财经大学学报，2021，23（3）：48-63.

支持核心创新体中企业与高校和科研院所合作，推动产学研协调创新，开展关键核心技术研发合作。扶持系统中的中小企业应用新技术，提高生产效率。为企业提供知识产权保护、营销策略、商业模式、政府优惠政策等方面的培训，加强政府与企业之间的联系，为政企沟通搭建平台，及时了解企业在知识应用方面的需求和障碍，并及时反馈和完善，推动政府服务与企业需求的匹配。

（三）税收优惠

强化政府补助和减税降费对企业创新激励的有效性。根据不同类型先进制造业企业的发展状况对税收优惠进行动态调整，充分发挥税费减免对创新的促进作用。政府在通过税收优惠推动培育世界级先进制造业创新生态系统的同时，应注重鼓励企业提升"造血"能力，逐渐减少企业对政府"输血"的依赖，引导企业主动成为创新投入与应用的主体[①]。

（四）积极的金融政策

通过积极的金融政策释放先进制造业重点领域研发项目具有良好投资前景的积极信号，引导商业银行、风险投资等市场主体积极参与世界级先进制造业创新生态系统的培育。一方面，通过发挥杠杆作用撬动市场资本，政府除了对企业直接提供贷款贴息之外，还可以给予金融机构风险补贴、税收优惠等，鼓励金融机构向企业提供贷款，解决先进制造业企业的融资问题，弥补企业进行技术创新的成本支出，对企业的研发投资产生正向的激励作用。另一方面，多方市场主体共同参与先进制造业创新生态系统的培育，可以在政府引导下，引导市场主体建立多方制衡机制，提高金融资产的配置效率。

（五）产业政策

在先进制造业重点领域，通过深入研究、准确判断国际市场，实时跟踪产业发展前沿，制定具有前瞻性、科学性的细分产业政策，引导先进制造业创新生态系统中的多元创新主体结合自身资源，制定符合国家产业政策的发展战略，从而推动先进制造业创新生态系统形成知识优势，实现持续健康成长。

---

① 伍红，郑家兴. 政府补助和减税降费对企业创新效率的影响：基于制造业上市企业的门槛效应分析[J]. 当代财经，2021，（3）：28-39.

第十二章 结论与展望

第一节 研究结论

一、世界级先进制造业创新生态系统及其知识优势的界定

本书通过梳理国内外相关文献和理论，界定了世界级先进制造业创新生态系统及其知识优势，分析了世界级先进制造业创新生态系统知识优势的类型和来源。

（1）本书提出世界级先进制造业创新生态系统是一个由创新资源、创新主体、创新环境构成的，包括共生主体、共生基质、共生平台、共生网络、共生环境五大共生要素的一个不断演化的产业创新系统，其目标是获取某一产业的世界级竞争力。具体而言，该系统是以根植于某一区域的世界级龙头企业为主导，以独角兽企业、"专精特新"中小企业、核心研发机构、核心创新创业载体等构成的基于数字化共生平台的核心创新体为中心，依托区域创新环境（共生环境）的保障和支撑，构建数字化共生平台，从而在全球范围内吸引创新主体和创新资源（共生基质）形成知识生产群落、知识转化群落、价值实现群落；创新群落各主体在长期持续的竞合互动中形成共生网络，通过共生网络的持续强化与拓展，形成在某一先进制造业领域拥有世界级规模、世界级技术创新力和世界级品牌影响力的可持续发展的产业创新系统。

（2）先进制造业创新生态系统知识优势是指该系统所形成的基于知识和创新的动态竞争优势，其表现形式是产业竞争力，衡量指标包括市场规模、创新能力和品牌影响力，具有能动性、动态可持续性、边际效益递增性等特征。先进制造业创新生态系统的知识优势分为客户与市场知识优势、产业链整合知识优势、产学研合作知识优势三类。客户与市场知识优势是指先进制造业创新生态系统中的企业通过更快、更高效地理解客户与市场的最新和潜在需求，通过更多的渠道获取与客户合作创新的机会而形成的竞争优势。产业链整合知识优势是指先进制造业创新生态系统中的企业通过更快、更高效地获取竞争对手的实力、策略、产

品等方面的信息，供应商的新产品、新技术、新思想等方面的信息，新创企业的产品、技术资源、核心能力、战略等方面的信息，通过更多的渠道获取与产业链上下游企业合作创新的机会而形成的竞争优势。产学研合作知识优势是指先进制造业创新生态系统中的企业通过更快、更高效地获取高校及科研院所研究实力、最新研究成果、研究项目等方面的非公开信息，获取与高校及科研院所研究团队负责人及关键成员深入沟通与熟悉的机会，通过更多的渠道获取与高校及科研院所合作创新的机会而形成的竞争优势。

二、先进制造业创新生态系统的形成机理

结合先进制造业创新生态系统的实证研究和案例分析，通过研究知识优势的形成过程、演化阶段、影响因素、评价体系，探析了先进制造业创新生态系统知识优势的形成机理。

（1）本书从"主体-资源-环境"的视角，运用生命周期理论、生态学理论和混沌理论，基于先进制造业创新生态系统的演化特征，将先进制造业创新生态系统知识优势的演化分为点式-生命周期阶段、链式-生态进化阶段和网络-混沌共生阶段，构建"点-链-网"立体演化模型，揭示了先进制造业创新生态系统知识优势的演化规律。

（2）通过对美国硅谷和中国四川省成德高端能源装备制造业集群两个案例的研究，验证了所构建的"点-链-网"立体演化模型，提出：先进制造业创新生态系统知识优势是支撑先进制造业创新生态系统形成的关键因素；政府是先进制造业创新生态系统的关键架构者，是先进制造业创新生态系统知识优势演化的重要推动者；先进制造业创新生态系统知识优势的形成与系统的主导产业密切相关，消费者主导型产业创新生态系统知识优势的形成更多是通过市场机制发挥作用，生产者主导型产业创新生态系统知识优势的形成更多是通过多主体互动，政府及龙头企业在其中起着极其关键的作用。

（3）本书基于网络嵌入理论、知识整合理论、制度经济学理论、产业创新生态系统理论，构建了"网络嵌入—知识整合—政府支持—先进制造业创新生态系统知识优势"理论模型，并基于我国10省市29个先进制造业集群/高新技术区313个创新型企业的问卷调查数据进行了实证检验。研究结果表明：关系嵌入和结构嵌入对先进制造业创新生态系统知识优势具有促进作用，但结构嵌入对先进制造业创新生态系统产学研合作知识优势的促进作用不显著，说明产学研合作知识优势主要由创新主体之间的信任和理解程度决定，而企业是否占据网络的中心位置和结构的异质性对先进制造业创新生态系统知识优势的形成并不具有决定性意

义；外部知识整合和内部知识整合在结构嵌入与先进制造业创新生态系统知识优势之间起链式中介作用；政府支持正向调节网络嵌入、外部知识整合、内部知识整合对先进制造业创新生态系统知识优势的影响。

（4）本书构建了一套先进制造业创新生态系统知识优势的评价指标体系和主客观综合评价方法，并利用中国10个省市29个先进制造业集群/高新技术区313个创新型企业的调查数据，采用主客观赋权法，对10个省市的先进制造业创新生态系统知识优势进行了评价和分析，补充和完善了相关研究。从实证研究可得到一些重要结论：在先进制造业创新生态系统的培育期，客户与市场知识优势是最重要也是最受重视的维度，产业链整合知识优势次之，最后是产学研合作知识优势；各省市先进制造业创新生态系统在三类知识优势及知识优势综合得分上都普遍较低，客户与市场知识优势得分最高，产学研合作知识优势得分最低，东部省市得分明显高于西部省市。

三、世界级先进制造业创新生态系统的培育政策

本书基于先进制造业创新生态系统知识优势的形成机理，结合世界级先进制造业创新生态系统相关政策的收集和分析，探索了世界级先进制造业创新生态系统的培育政策。

（1）本书借鉴先进制造业、产业创新生态系统、政策工具、知识优势等领域的相关研究成果，将政策工具和知识优势动态形成过程相结合，构建了世界级先进制造业创新生态系统培育政策二维框架图。

（2）在先进制造业创新生态系统培育期，本书借鉴美国、德国、日本、韩国、新加坡等国促进先进制造业发展的政策，基于知识优势视角的世界级先进制造业创新生态系统培育政策框架，从供给面、需求面、环境面三个维度，结合知识生产、知识转化、知识应用三个方面提出了我国世界级先进制造业创新生态系统的培育政策。

第二节　政策建议及研究展望

美国针对我国重点先进制造业采取全面技术封锁与遏制策略，使先进制造业如何突破关键核心技术，以应对国内外各种风险挑战，成为"十四五"时期我国发展现代产业体系、建设制造强国亟待解决的重大任务。以原始创新和颠覆性创新为主要特征的基础研究能力和应用研究能力是先进制造业突破关键核心技术的

基础，而知识优势是基于知识和创新的动态竞争优势，是培育和发展产业基础研究能力和应用研究能力的关键。本书在三年跟踪调研的基础上，分析了我国先进制造业创新生态系统及其知识优势发展的现状及问题，提出加快培育具有知识优势的世界级先进制造业创新生态系统的建议。

一、我国先进制造业创新生态系统及其知识优势的现状

本书对我国10个省市29个先进制造业集群/高新技术园区管委会、高校、科研院所、孵化器及其中313家企业进行了实地调研和深度访谈，提出知识优势是我国培育世界级先进制造业创新生态系统的突破口。先进制造业创新生态系统知识优势包括客户与市场知识优势、产业链协同知识优势、产学研合作知识优势三类。本书构建了知识优势评价指标体系，对我国先进制造业创新生态系统及其知识优势现状进行了研究。

（1）处于培育期，创新活力显现，集群式发展成效显著。课题组2018年调研数据显示，各地积极筹备、筛选具有世界级潜力的先进制造业集群；2020年调研数据显示，各地已制定详细发展规划，着力建设世界级先进制造业集群。调查发现我国先进制造业集群中已开始聚集多元化创新主体，形成了高校、科研院所、新型研发机构等开展基础研究和应用研究的组织为主体的知识生产群落，以孵化器、投资机构及各类共生平台等促进基础知识和应用知识转化为商业化技术的组织为主体的知识转化群落，以企业、客户、市场等为商业化的知识和技术创造市场价值并获取价值的组织为主体的价值实现群落，各创新主体开展了生动的创新实践。工业和信息化部分别于2019年8月和2020年5月，启动了第一批和第二批先进制造业集群初赛，共25个集群胜出。2020年31个省（自治区、直辖市）政府工作报告中，有29个省（自治区、直辖市）明确提出产业集群式发展，占比达93.5%。

（2）政府支持在先进制造业创新生态系统知识优势形成过程中具有决定性影响。调查数据显示，96%以上的企业对政府支持满意度较高（平均分4.3分，总分5分），90.3%的企业负责人认为所在集群/园区的基础设施建设较完善，政府对企业和集群/园区的资金支持和政策支持力度较大，园区硬件环境、财政和税收优惠政策等对企业吸引力较强。政府通过鼓励与产业创新生态系统内企业/机构合作、帮助产业创新生态系统内的企业/机构挑选合作伙伴、为产业创新生态系统的企业/机构合作提供政策支持、为产业创新生态系统的企业/机构合作提供资金和资源支持等途径，促进了先进制造业创新生态系统三类知识优势的形成和提升。

（3）企业知识嵌入能力和知识整合能力对先进制造业创新生态系统知识优势具有显著影响。在成德高端能源装备制造业集群、株洲轨道交通装备产业集群、

深圳电子信息产业集群突破该领域关键核心技术的案例中，企业利用知识嵌入和知识整合能力获取知识，再通过"干中学"迭代提升企业吸收能力将知识转化为创新，从而突破关键核心技术，形成具有知识优势的先进制造业创新生态系统。现阶段我国先进制造业企业仍需积极搜索全球先进知识资源并以有效的方式主动嵌入世界级企业知识生态系统，通过提升知识整合能力，利用国内市场的海量数据迭代创新，实现关键核心技术的自主突破，促进所在区域先进制造业创新生态系统知识优势的形成和完善。

二、我国先进制造业创新生态系统及其知识优势的问题

虽然我国先进制造业创新生态系统的培育取得了一定的成效，但还存在一些问题。

（1）缺乏培育世界级先进制造业创新生态系统的组织机构，创新主体、创新资源和创新环境之间未形成共生。在所调研的集群中，常常出现多头管理的现象，没有组织机构专门负责培育世界级先进制造业创新生态系统，各地在培育世界级先进制造业创新生态系统的过程中出现政策体系不尽完善、具体实施政策指导较少、信息共享平台较缺乏、创新主体之间沟通机制不尽完善、产业共性技术研究较少、国际交流合作平台较少等问题。各创新主体的分布及创新能力差异较大，东部地区明显强于西部地区，且同一集群/园区内三大群落之间长期持续合作及互动较少，三大群落与本区域创新资源、创新环境之间共生程度较低，尚未完全形成共生。

（2）缺乏基于数字化共生平台的核心创新体和具有区域根植性的龙头企业。76.4%的企业负责人认为所在集群/园区的内容、软件及氛围建设较缺乏，主要表现在：具有区域根植性的平台生态型龙头企业较少，由龙头企业、独角兽企业、"专精特新"企业、核心研发机构、核心孵化器等构成的基于数字化共生平台的核心创新体较少，有效促进创新主体之间频繁沟通、交流的平台和机制较少，鼓励创新创业的文化氛围和历史底蕴较为欠缺。

（3）先进制造业创新生态系统知识优势普遍较低，特别是产业链协同知识优势和产学研合作知识优势较低。调查发现我国先进制造业创新生态系统处于培育期，知识优势普遍较低（平均分3.4分，总分5分），且许多企业以活下来为主要目标，客户与市场导向的知识优势是企业最关注的维度，产学研合作知识优势是最不受重视的维度。说明我国先进制造业创新生态系统创新动力不足，系统内产业链协同效应不显著，产业共性基础知识未得到应有的重视，创新孤岛现象未得到有效改善，知识生产群落并未与知识转化和价值实现群落形成生态共生的协同创新格局。

三、培育具有知识优势的世界级先进制造业创新生态系统的建议

本书提出培育世界级先进制造业创新生态系统的"1-1-3"模式，即"一个中心，一个主体，三个抓手"：以具有区域根植性的龙头企业为中心，以基于数字化共生平台的核心创新体为主体，以客户与市场知识优势、产业链协同知识优势、产学研合作知识优势为抓手。从顶层设计、产业规划和企业发展三方面提出以下建议。

（1）在顶层设计方面，瞄准国际前沿，利用"关键核心技术攻关新型举国体制"优势，夯实产业基础研究和应用研究基础，设立先进制造业创新生态运营中心，培育基于数字化共生平台的核心创新体。一是瞄准国际前沿和中国优势，筛选重点先进制造业关键技术领域，设立国家专项计划，夯实产业基础研究和应用研究基础，吸纳社会资本，激发各创新主体协同攻关的积极性，实现关键核心技术全面自主突破。二是鼓励区域差异化定位和协同发展，各区域设立先进制造业创新生态运营中心，立足区域产业知识优势特色，统筹规划先进制造业创新生态系统的行业布局，打造各具特色的区域品牌。三是优化数字创新环境，建设基于数字化共生平台的核心创新体，通过政府政策和资金支持，围绕产业链培育龙头企业、独角兽企业、"专精特新"企业、核心研发机构、核心孵化器等，勇于革新束缚创新要素流动的体制机制、突破关键核心技术。

（2）在产业规划方面，制定先进制造业创新生态系统知识优势评价指标体系，推动先进制造业创新生态系统三类知识优势的动态耦合发展，培育根植于本地且在全球产业链具有价值分配与获取能力的龙头企业。一是制定先进制造业创新生态系统知识优势评价指标体系，纳入工业和信息化部先进制造业集群评价体系，跟踪本区域先进制造业创新生态系统知识优势发展情况，精准识别本区域先进制造业创新生态系统知识优势存在的短板，以三类知识优势为抓手，有针对性地提出改进对策。二是由先进制造业创新生态运营中心负责对标全球领先国家/区域，持续跟踪具有区域根植性的龙头企业需求，形成负面清单。三是在政府绩效考核指标中加入在全球产业链具有价值分配与获取能力的龙头企业、独角兽企业、"专精特新"企业的数量、本地根植能力及产业链协同程度的衡量指标。

（3）在企业发展方面，鼓励企业设立首席数字创新生态运营官，积极布局工业互联网，以更开放的姿态建设世界级先进制造业创新生态系统。一是鼓励企业将产业创新生态系统发展观融入企业战略发展规划中，设立首席数字创新生态运营官，提升知识嵌入能力、知识整合能力和吸收能力。二是加快研究制定相关支持政策，鼓励企业寻求与世界级企业知识生态系统中各类创新主体合作突破关键核心技术的新途径，采用多种形式进行后补助。三是利用国内市场力量，通过政

府招标等方式，支持有条件成为龙头的企业，积极建设工业互联网、参与世界级大工程建设、参与行业国际标准的制定，以打造世界级企业为使命和目标，强化社会责任感和历史使命感。

四、研究展望

近期，产业创新生态系统成为研究的热点，但产业创新生态系统如何获取知识优势，仍存在一些理论缺口，学者们围绕这个领域开始了一些研究，特别是研究如中国一样的新兴市场国家，如何在数字化时代，构建具有知识优势的产业创新生态系统，这具有较强的理论价值。

在新形势下，培育具有知识优势的世界级先进制造业创新生态系统是我国建设制造强国的必由之路。但经过三年多的实地调研，本书发现我国并没有形成先进制造业创新生态系统，各地仍处于培育期。因此，先进制造业创新生态系统的培育和建设是一个具有理论价值和现实意义的重大课题。

未来，作者仍将根植于先进制造业创新生态系统研究领域，结合数字经济、生态系统战略等热点问题进行持续的探索，增加调研的数据和样本，跟踪中国先进制造业创新生态系统的成长过程，提炼中国智慧，讲好中国故事，以丰富和完善产业创新生态系统领域的研究，为政府培育世界级先进制造业创新生态系统提供决策参考。